Rick Woodford

VOLLWERTFUTTER
für Deinen besten Freund
(und Dich)

Rick Woodford

Vollwertfutter
für Deinen besten Freund
(und Dich)

85 leckere Rezeptideen für Deinen Hund

IMPRESSUM

Rick Woodford
Vollwertfutter für Deinen besten Freund (und Dich)
85 leckere Rezeptideen für Deinen Hund
1. deutsche Auflage 2018
2. deutsche Auflage 2020
ISBN: 978-3-946566-97-7
© 2018, Narayana Verlag GmbH

Titel der Originalausgabe:
Feed Your Best Friend Better: Easy, Nutritious Meals and Treats for Dogs
Copyright © 2012 by Rick Woodford. Originally published by Andrews McMeel Publishing, a division of Andrews McMeel Universal, Kansas City, MO 64106 U.S.A.

Übersetzung aus dem Englischen: Shiela Mukerjee-Guzik
Layout: Holly Ogden
Satz: Narayana Verlag GmbH
Coverlayout: Tim Lynch
Coverfoto Vorderseite © PK-Photos - istockphoto.com, Coverfoto Rückseite © Alicia Dickerson Griffith

Herausgeber:
Unimedica im Narayana Verlag GmbH, Blumenplatz 2, 79400 Kandern
Tel.: +49 7626 974 970-0
E-Mail: info@unimedica.de
www.unimedica.de

Alle Rechte vorbehalten. Ohne schriftliche Genehmigung des Verlags darf kein Teil dieses Buches in irgendeiner Form – mechanisch, elektronisch, fotografisch – reproduziert, vervielfältigt, übersetzt oder gespeichert werden, mit Ausnahme kurzer Passagen für Buchbesprechungen.

Sofern eingetragene Warenzeichen, Handelsnamen und Gebrauchsnamen verwendet werden, gelten die entsprechenden Schutzbestimmungen (auch wenn diese nicht als solche gekennzeichnet sind).

Die Empfehlungen dieses Buches wurden von Autor und Verlag nach bestem Wissen erarbeitet und überprüft. Dennoch kann eine Garantie nicht übernommen werden. Weder der Autor noch der Verlag können für eventuelle Nachteile oder Schäden, die aus den im Buch gegebenen Hinweisen resultieren, eine Haftung übernehmen.

Für Jackson, meinen besten Freund

Da ist ein Winseln an der Türschwelle,

Da ist ein Kratzen auf dem Boden,

An die Arbeit! An die Arbeit!
Um Himmels Willen!

Der Wolf ist an der Tür!

— C. P. S. GILMAN

INHALT

Vorwort xi
Einleitung: Mein bester Freund Jackson xii
Beste Freunde haben es besser verdient xvi

EIN BALANCEAKT: NÄHRSTOFFE IM HUNDEFUTTER   1
Protein (Eiweiß) 2
Kohlenhydrate 3
Ballaststoffe 4
Fett 4
Mineralstoffe 5
Vitamine 9
Ergänzungsstoffe 13

WIE MAN DIE GRÖSSE DER PORTION BESTIMMT   19

MAHLZEITEN FÜR SIE UND IHREN HUND   27
Nahrungsmittel, die Ihr Hund meiden sollte 28
Nahrungsmittel, die mit Vorsicht zu genießen sind 31
Nahrungsmittel, die Sie mit Ihrem Hund teilen können 32

BELOHNUNGSHÄPPCHEN   53

KEKSE   81

MAHLZEITEN   103

WIE MAN HERANWACHSENDE WELPEN FÜTTERT   137

STÄRKENDE MAHLZEITEN FÜR KRÄNKELNDE HUNDE   145
Allergien 148
Arthritis 150
Diabetes 154
Krebs 156
Herzkrankheiten 160
Leberkrankheiten 164
Magen-Darm-Erkrankungen 166
Nierenerkrankungen 171
Gewichtsreduktion 176

**DIE AUSWAHL VON HANDELSÜBLICHEM
TROCKENFUTTER**   **179**
    Im Tierfutterladen 182
    Wie man zu einem anderen Futter wechselt 188

RUND UM DIE MAHLZEIT   **191**
    Es ist angerichtet 192
    Die Glocke zum Abendessen ertönt 193
    Problematische Verhaltensweisen bei der Fütterung 196

Danksagung 204
Weiterführende Informationen 206
Bezugsquellen 207
Index 209
Abbildungsverzeichnis 215

VORWORT

Im Laufe der letzten fünfzehntausend Jahre haben Hunde und Menschen eine tiefe und enge Beziehung aufgebaut, die mit keiner anderen auf diesem Planeten zu vergleichen ist. Im Zentrum dieser Beziehung steht die Nahrung. Die tägliche Versorgung unserer Hunde mit Futter ist Teil des ungeschriebenen, stillschweigend geschlossenen Vertrages, mit dem sie uns wiederum ihres Schutzes versichern, uns bei der Jagd unterstützen, unsere Herden hüten und, was heutzutage wohl die größte Rolle spielt, uns in unserem Leben begleiten. Wir lieben es, unsere Hunde zu füttern, und unsere Hunde lieben es zu fressen.

Was unseren Teil dieses Handels angeht, so haben wir viele Möglichkeiten, womit und wie wir unsere felligen Freunde ernähren möchten, nicht anders als bei uns selbst. Unser Lebensstil, Budget, Gesundheitsbewusstsein und unsere kulinarischen Vorlieben beeinflussen, was auf unseren Tellern und in den Näpfen unserer Hunde landet. In diesem Buch stellt Rick Woodford eine Reihe von sorgfältig zusammengestellten und küchenerprobten Rezepten für den Hund vor und richtet sich damit an alle Menschen, die gerne kochen.

Für all diejenigen, die nur wenig Zeit haben oder davor zurückschrecken, das Futter für ihren Hund selbst zuzubereiten, hat Rick Tipps parat, wie man ein qualitativ hochwertiges kommerziell erhältliches Hundefutter als Grundlage für eine ernährungsphysiologisch ausgewogene Fütterung auswählt. Und dann geht der Spaß erst richtig los. Auf Sie und Ihren besten Freund warten Dutzende von schmackhaften und vollwertigen Mahlzeiten, die vor frischen und nahrhaften Zutaten nur so strotzen. Rick hat aber nicht bloß Gaumenfreuden für unsere Hunde entworfen. Er bringt dem Leser die Verantwortung nahe, die er bei der Auswahl der Bestandteile des Futters für seine Haustiere übernimmt, und gibt ihm Hilfestellungen, wie er die Gefahren umgeht, die mit der Fütterung von unausgewogenem Futter über einen längeren Zeitraum verbunden sein können.

Als ganzheitlich arbeitende Tierärztin erlebe ich die heilsame Wirkung der Nahrung aus erster Hand, sei sie kommerzieller Herkunft oder selbst gemacht, sofern sie mit Verstand und Liebe zubereitet wird. Wenn Ihr Hund mit dem Futter, das Sie ihm geben, nicht gedeiht, sollten Sie unbedingt Ihren Tierarzt um Rat fragen. Aber auch, wenn es ihm hervorragend zu gehen scheint, sind jährliche Vorsorge- und Blutuntersuchungen dennoch wichtig, vor allem wenn Sie sein Futter regelmäßig selbst zubereiten.

Die Fütterung Ihres Hundes sollte sowohl für Sie als auch für Ihren Hund ein freudiges Ereignis sein. Mithilfe des vor Ihnen liegenden Buches können Sie nicht nur das Beste in Ihrem Hund und seine Gesundheit fördern, sondern auch die Bindung zwischen Ihnen und Ihrem besten Freund stärken. Viel Spaß damit!

Nancy Curran
Doktor der Veterinärmedizin
Two Rivers Veterinary Clinic, PC

EINLEITUNG: MEIN BESTER FREUND JACKSON

Jackson und ich lebten seit drei Monaten zusammen, als unser erster gemeinsamer 14. April herannahte. Kaum hatte ich die Tür geöffnet, prallten wir schon zusammen, so glücklich waren wir, nach einem achtstündigen Arbeitstag wieder vereint zu sein; meiner bestand darin, Daten zu analysieren und Datenbanken zu erstellen, Jacksons in der lautstarken Bewachung des Hauses, während er gemütlich in meinem Bett lag. Im Gespräch mit Jacksons vorherigen Besitzern erfuhr ich zu meiner Überraschung, dass wir beide am selben Tag Geburtstag hatten: am 14. April. An unserem ersten gemeinsamen Geburtstag bekamen wir ein Päckchen von meiner Mutter mit unseren Geburtstagsgeschenken. Ich hielt den Karton fest und ließ Jackson das braune Packpapier zerreißen. Dann inspizierte ich den Inhalt: ein Spielzeug für Jackson, das er zerfleddern konnte, und ein Hundekochbuch für mich. Das Buch war sehr unterhaltsam, und die Idee, etwas für den eigenen Hund zu kochen, erschien mir auch wirklich nett, aber dennoch landete das Buch sehr schnell im Regal und wurde auch niemals wieder aufgeschlagen. Schließlich fressen Hunde Hundefutter, oder nicht?

    Im Alter von fünf Jahren verbreitete Jackson auf Spaziergängen immer noch Angst und Schrecken, und unbeaufsichtigt war er ein echter Spitzbube. Ein Elternteil war ein Belgischer Malinois gewesen, und das machte ihn zu einem abschreckenden Wachhund und intelligenten Schüler. Das andere Elternteil muss ein Labrador Retriever gewesen sein; im Haus war Jackson verspielt und lieb. Seine genetische Mischung ließ Jackson jedenfalls mit Ohren zurück, die gemessen an seinem faltenreichen Apfelkopf lächerlich klein waren, und sein Kopf war wiederum zu klein für seinen Körper. Nichtsdestotrotz war er einfach bezaubernd, und seine verspielten Possen zogen jeden, der ihm begegnete, in seinen Bann.

Ich wollte einen Hund, weil ich mich in meinem Junggesellendasein einsam fühlte, und das Gefühl, tagtäglich die Tür zu einem leeren Haus zu öffnen, war schlichtweg deprimierend. Mit Jacksons Ankunft änderte sich mein Leben schlagartig. Vor der Arbeit sausten wir zu einer nahegelegenen Lagune, und nach dem Abendessen machten wir lange Spaziergänge in der Umgebung. Ich versteckte mich und Jackson versuchte mich zu finden oder ich versteckte ein Spielzeug und wir machten Suchspiele. Wenn wir nicht gerade ein Zerrspiel mit der leeren Hülle eines Plüschtieres spielten, war Unterricht angesagt, und Jackson lernte, wie man eine Lampe anmacht, Türen schließt und Dinge für mich holt. Ich nahm Jackson überallhin mit, und Hunderte von Kilometern unter Turnschuhen und Pfoten verwandelten unsere Beziehung von einfachen Zimmergenossen zu allerbesten Freunden.

Als unsere Freundschaft bereits drei Jahre währte, bemerkte ich einen kleinen Knubbel an Jacksons Hals. Ich dachte mir: „Vielleicht schon wieder ein Bienenstich." Ein paar Wochen später war der Knubbel etwas größer geworden. Nach einer Reihe von Tierarztbesuchen und Untersuchungen wurden wir an einen Onkologen überwiesen. Wir gingen schließlich nur noch ein paar Häuserblocks weit und unsere Wettrennen hörten vollkommen auf. Jacksons Appetit nahm immer weiter ab, und er verbrachte die Tage nur noch in seinem Körbchen und wollte weder von Futter noch von Spaziergängen etwas wissen. Es hatte den Anschein, als stünde er bereits mit drei Pfoten im Grab und ich hielt verzweifelt die vierte fest.

Ein paar Tage vor Weihnachten war ich gerade unterwegs um einzukaufen, als Dr. Freeman, unsere tierärztliche Onkologin, anrief, um die Hiobsbotschaft zu verkünden: „Jackson hat ein Lymphom, und wenn er gut auf die Behandlung anspricht, hat er vielleicht noch neun bis zwölf Monate zu leben." Der Handyempfang in dem Laden war schlecht, und so stand ich vor der Fleischtheke und hatte Angst, dass die Verbindung abbrechen könnte. An diesem Abend verließ ich das Geschäft mit zwei Steaks und Tränen in den Augen. Es war Jacksons erste selbst gekochte Mahlzeit, und er bekam jeden Bissen aus der Hand.

Eine ausgelassene Mahlzeit bereitete mir Sorgen, aber eine ganze Reihe von Tagen ohne Futter bedeutete, dass Jackson überhaupt keine Nährstoffe aufnahm, die ihn in seinem Kampf unterstützen könnten. Um seinen Appetit zu steigern, begann ich damit, Putenfleisch und Gemüse in einen Topf zu werfen. Jackson fraß alles auf und kehrte dann zu seinem Körbchen in der Ecke zurück. Ich bereitete ihm nun ab und zu seine Mahlzeiten selber zu und bemerkte, dass er das selbst gekochte Futter immer eifrig auffraß, die Nahrung aber oft verweigerte, wenn es nur Trockenfutter gab. Als Jacksons Interesse an Futter ebenso wie seine Lust spazieren zu gehen wieder zunahm, begann ich, die Menge an selbst gekochtem Futter zu steigern und das Trockenfutter langsam abzusetzen. Mit neuer Lebenskraft jagte Jackson nun wieder im Garten hinter unserem

Welpen Raleigh her, und seine Aktivität bildete einen starken Kontrast zu der Diagnose, die für ihn gestellt worden war.

Als ich den Unterschied bei Jackson sah, hatte ich das Gefühl, dass ich anderen Hunden vielleicht ebenso helfen könnte. Ich kündigte meinen Job, um jedes tiermedizinische Handbuch und jedes Kochbuch für Hunde zu lesen, dessen ich nur habhaft werden konnte. Ich analysierte die Nährwerte von Hunderten von Rezepten. Nach sechs Monaten eröffnete ich „Dog Stew", sodass alle Hunde von einer echten Ernährung profitieren konnten. Mein Logo war Jackson, der vor seinem Napf saß und sich die Lippen leckte. Besorgte Hundeeltern baten mich um Rat bei Hautproblemen, Nierenerkrankungen, Herzkrankheiten, Diabetes, Krebs und Leberproblemen. Ich versagte ihnen nie meine Hilfe, aber ich versprach ihnen auch keine Erfolge, bevor ich nicht die ernährungsphysiologischen Besonderheiten und Anforderungen einer jeden Krankheit gänzlich erforscht hatte. Jeder Hund fraß mit Genuss, und bei jedem besserte sich auch der Krankheitszustand. Mit Unterstützung meiner Mutter kochte und lieferte ich jeden Monat Tausende von Mahlzeiten, und meine Kunden begannen, mich „den Hundefutter-Profi" zu nennen.

Tierärzte, die ich aufsuchte, um ihnen meine Dienstleistungen vorzustellen, bekundeten vorsichtiges Interesse. Da ich ihr Zögern verstand, bot ich ihnen an, mich versuchsweise hinzuzuziehen, wenn alle anderen Maßnahmen versagt hatten.

Einige Wochen später erhielt ich einen Anruf von Wilmas Besitzern. Wilma war eine entzückende Dalmatiner-Hündin mit einer Nierenerkrankung, die schon seit Längerem in den Hungerstreik getreten war. Ich bereitete einige Portionen Futter zu und lieferte diese so schnell ich konnte aus. Wilmas Besitzer war außer sich vor Sorge. Ich fragte ihn, ob Wilma an diesem Morgen etwas zu sich genommen hätte, und er bedachte mich mit einem Blick, der mir sagte, was für eine unsinnige Frage ich gestellt hatte. Er sagte: „Sie frisst überhaupt niemals." Ich zeigte ihm, wie er das Futter portionieren und mit ein wenig Wasser aufwärmen konnte, worauf er mich plötzlich unterbrach und sagte: „Nehmen Sie es sich nicht zu Herzen, wenn sie Ihr Futter nicht anrührt." Wir stellten den Napf auf den Boden, und Wilma beschnupperte das Futter argwöhnisch. Dann schaute sie uns einmal an und versenkte ihren Kopf in der Schüssel. Sie blickte erst wieder auf, als der Napf vollkommen geleert war und sie sich auch noch mehrfach vergewissert hatte, dass auch wirklich kein Krümel übrig geblieben war. Plötzlich packte mich ihr Besitzer am Arm und umarmte mich ganz fest. Er wiederholte immer wieder: „Danke, danke, danke." Durch Wilma und viele andere Hunde fand ich nicht nur heraus, was das Futter für die Hunde bedeutete, sondern auch, dass es für die Menschen, die ihre Tiere liebten, noch sehr viel mehr bedeutete.

Achtzehn Monate, nachdem bei Jackson die Diagnose Lymphom gestellt worden war, zeigte er keine Anzeichen für eine Verschlechterung. Bei einer Kontrolluntersuchung gab Dr. Freeman ihr abschließendes Urteil ab: „Ich kann das den Leuten nur sehr selten sagen, aber Sie brauchen mit Jackson nicht mehr wiederzukommen. Er ist in Remission." Wir machten die Chemotherapie für den Stillstand des Tumorwachstums verantwortlich, sahen aber in der Futterumstellung die Ursache für seine wiedererwachte Lebenskraft und einen Grund, um weiterzukämpfen. Anstatt immer weiter dahinzusiechen, war Jackson jetzt wieder ein fröhlicher und lebendiger Hund.

Leider erwischte mich die Konjunkturflaute und meine Finanzierung lief aus. Die Kunden flehten mich an weiterzumachen und boten sogar an, mehr für meine Produkte zu bezahlen. Eine Kundin kaufte einen meiner Gefrierschränke unter der Bedingung, dass ich ihn mit dem Futtervorrat für vier Monate für ihre beiden Hunde befüllte. Mein Traum nahm noch eine ganz andere Gestalt an, als mir klar wurde, dass ich meine Forschungen und Erfahrungen dazu nutzen konnte, um dieses Buch zu schreiben.

Ich verbrachte viele Tage in der Küche, um Rezepte auszuprobieren. Im Verlauf von Tausenden von Mahlzeiten, Keksen und Spaziergängen vertieften Jackson, Raleigh und ich weiter unsere Bindung. Jackson begann sogar wieder, mit mir laufen zu gehen. Als ich dann der Liebe meines Lebens begegnete, gesellten sich noch drei weitere Mitglieder zu unserem Rudel: Duncan, Baxter und Chloe. Das Haus erbebte unter den Schritten unserer „Horde von Schnüfflern", und im Bett wurde es richtig eng. Jackson stolzierte geradezu, wenn er sein Rudel auf den Spaziergängen anführte. Dass Jacksons Körper schließlich doch müde wurde, war einfach seinem Alter geschuldet. Anstatt ihn vom Krebs besiegen zu lassen, gaben ihm gutes Futter und viel Liebe nach seinem letzten Besuch bei der Onkologin noch drei weitere schöne Jahre. Ich bin extrem dankbar dafür, dass mir die Zeit, die ich in der Küche verbracht habe, noch so viele zusätzliche Jahre mit meinem besten Freund geschenkt hat. Ich wünschte mir, ich hätte schon damit angefangen, für ihn zu kochen, als ich mein erstes Kochbuch bekam.

Lassen Sie mich Ihnen zeigen, wie Sie Ihren Hund mit einfachen und praktischen Mahlzeiten, die aus echten Zutaten bestehen, ernähren können. Ich bin ein Informations-Junkie; ich kümmere mich um die Aufarbeitung der schwer verdaulichen Daten, Sie dagegen brauchen nur einen Löffel in die Hand zu nehmen. Während Sie das Abendessen zubereiten, können Sie vielleicht ein paar wertvolle Antioxidantien mit Ihrem Hund teilen, anstatt sie einfach wegzuwerfen. Teilen Sie die richtigen Nahrungsmittel mit Ihrem Hund, sodass auch er ein glückliches, gesundes und langes Leben führen kann. Wenn die Großmutter der Familie einen Hund hat, den sie liebt, animieren Sie die Enkel, ein paar Weihnachtskekse für den Hund zu backen. Sie werden sich beide über einen Pfefferkuchenmann (Seite 97) freuen, wann immer die Keksdose geöffnet wird. Hat Ihr Hund Geburtstag, statuieren Sie ein Exempel für Ihre Kinder. Legen Sie Wert auf einfache Ernährung, indem Sie einen Topf selbst gemachten Eintopf in den Schongarer stellen, bevor Sie zur Arbeit gehen, statt zu zuckerüberladenen Leckerlis zu greifen. Sie bereiten damit die Mahlzeiten für eine Woche für Ihren Hund zu, und Sie werden überrascht sein, dass Sie sich nicht jeden Tag die Arbeit machen müssen. Die meisten Dinge können Sie einmal im Monat neben Ihrem eigenen Abendessen zubereiten. Sie können das Futter auch zur Hälfte mit einem qualitativ hochwertigen Trockenfutter mischen, wenn das für Sie die beste Option darstellt.

Haben Sie ein bisschen mehr Zeit zur Verfügung und möchten Sie alle Mahlzeiten für Ihre ganze Familie aus natürlichen Zutaten zubereiten? Die Ergänzungsmischung (Seite 16) stellt in Verbindung mit den meisten in diesem Buch enthaltenen Rezepten eine ernährungsphysiologische Bereicherung für Ihre vierbeinigen Kinder dar, die noch

IN DER NAHRUNG VERSTECKT SICH MEHR ALS MAN GLAUBT

Sekundäre Metaboliten sind organische Verbindungen, die nicht zur Gruppe der essenziellen Proteine, Fette, Vitamine und Mineralstoffe zählen. Obwohl ihr Fehlen nicht zwangsläufig zu Krankheit führt, fördert das Vorhandensein bestimmter sekundärer Metaboliten in der Ernährung doch eindeutig den allgemeinen Gesundheitszustand. Zu den sekundären Metaboliten gehören Enzyme oder andere in Fleisch enthaltene Aminosäuren, aber auch pflanzliche Stoffe. Letztere bilden eine große Gruppe verschiedener chemischer Verbindungen, die natürlicherweise in Pflanzen vorkommen. Dabei kann es sich um Vitamine, Antioxidantien oder andere Verbindungen handeln, die zum Geschmack, Geruch und der Farbgebung von Pflanzen beitragen. So ist beispielsweise Vanillin die Grundlage für den Duft nach Vanille, während Kurkumin für die leuchtend gelbe Farbe von Gelbwurz (Kurkuma) verantwortlich ist.

weit über eine vollwertige und ausgewogene Ernährung hinausgeht. Frische Nahrungsmittel, die voller Antioxidantien stecken, können uns allen helfen, zu aktiven und gesunden Erwachsenen heranzuwachsen. Da unsere Hunde etwas schneller altern als wir, brauchen sie manchmal ein bisschen mehr Liebe und spezielle Mahlzeiten für ihre Beschwerden. Sprechen Sie mit Ihrem Tierarzt über die Möglichkeit, stärkende Mahlzeiten für Ihren Hund zuzubereiten, anstatt ihm ein Futter zu geben, das überwiegend aus Mais besteht.

Wenn Sie eine Analyse der Nährstoffe für eines der in diesem Buch enthaltenen Rezepte benötigen, gehen Sie auf die Seite www.dogfooddude.com. Dort finden Sie kostenfreie Analysen, die auf den Nährstoffdaten des USDA [United States Department of Agriculture – Landwirtschaftsministerium der Vereinigten Staaten] und den Empfehlungen des National Research Council [Nationalen Forschungsrates] beruhen. Füttern wir unsere besten Freunde genauso wie viele von uns sich selbst ernähren – mit frischen Zutaten aus der Region, kombiniert mit Lebensmitteln, die leicht erhältlich, aber definitiv kein Junk Food sind. Ob es sich um ein Stück Apfel, ein Ei, Kohl oder ein kleines Stückchen Käse handelt, jedes Nahrungsmittel verleiht der Mahlzeit ein einzigartiges Aroma und ernährungsphysiologisches Profil. Beginnen Sie mit der Zugabe von tee- und esslöffelweisen Mengen und Sie werden feststellen, dass die Ernährung mit echten Zutaten etwas ist, was jeden zum Wedeln bringt.

BESTE FREUNDE HABEN ES BESSER VERDIENT

In den 15.000 Jahren, in denen Menschen und Hunde zusammenleben, haben zahllose Hunde mit uns gejagt, unsere Familien beschützt, uns mit ihren Albernheiten unterhalten, Behinderte unterstützt und einsamen Menschen Gesellschaft geleistet. Wir revanchieren uns dafür, indem wir ihnen einen warmen Schlafplatz geben und unsere Nahrung mit ihnen teilen. Futter und Liebe sind die Währung in unserem Vertrag mit Hunden.

Wir quetschen uns in eine kleine Ecke unseres Sofas, um zusammen mit unseren besten Freunden auf vier Pfoten fernzusehen, und wir lassen sie das Bett mit Beschlag belegen. Wir kaufen ihnen Spielzeug, das sie in Stücke reißen, und Leckerlis, um sie zu motivieren. Unsere Hunde beschützen unsere Familien und unser Heim und begrüßen uns immer mit fröhlichem Gebell und enthusiastischem Schwanzwedeln. Wir überschütten sie mit Liebe und Zuneigung, ungeachtet der vielen Hundehaare, die an unserer Kleidung haften, wenn wir das Haus verlassen. Allerdings enthalten wir ihnen oft eine Sache vor, die unglaublich viel Gutes bewirken kann, und das ist echtes Futter.

Langsam beginnt ein Umdenken in unserer Kultur, und wir erkennen, welchen Einfluss nachhaltig erzeugte Nahrungsmittel und qualitativ hochwertige Zutaten auf unser Wohlbefinden haben. Die Menschen fangen in zunehmendem Maße an, auf Fertignahrung zu verzichten und dafür einfachen Mahlzeiten aus frischen Zutaten den Vorzug zu geben. Diese schmecken nicht nur besser, sondern stellen auch eine gesündere Form der Ernährung dar. Unsere Hunde beobachten uns dabei voller Neid und warten darauf, dass es etwas Interessanteres als Trockenfutter geben möge, welches letztendlich nichts anderes ist als Fast Food, das mit einem Multivitamin gewürzt wurde. Es ist an der Zeit, dass wir aufhören, alles, was sich in unserer Speisekammer und unserem Kühlschrank befindet, als „Menschenfutter" zu etikettieren. Natürlich sollte Lasagne mit den darin enthaltenen Zwiebeln, Salz, Pfeffer und reichlich Käse dem Menschen vorbehalten sein. Aber Nudeln, frisches Fleisch, Kräuter und sogar ein bisschen Käse sind einfach nur Lebensmittel – Lebensmittel, die wir in Maßen mit unseren besten Freunden teilen können.

Frische Zutaten in den richtigen Mengen sind im Napf unseres Hundes ebenso wertvoll wie auf unseren eigenen Tellern. Es bedeutet nur getrennte Töpfe auf dem Herd. Wenn wir unseren Haustieren frisches Futter anbieten, bekommen sie Mahlzeiten, die sie nicht nur zum Wedeln bringen, sondern darüber hinaus auch nahrhaft sind und die Gesundheit fördern. Damit erfüllen wir den Vertrag mit unseren besten Freunden erst wirklich voll und ganz.

Wer rümpft beim Gedanken an Hundefutter nicht die Nase? Es riecht meist nicht sonderlich gut, und nur wenige von uns würden wagen, es in den eigenen Mund zu stecken. Die Nährstoffanalyse ist mysteriös, und die Zutaten können wir oft nicht mit uns bekannten Nahrungsmitteln verbinden. So stehen wir dann vor dem Regal mit Tierfutter und fragen uns, was der Unterschied zwischen Hühnernebenprodukten und Hühnermehl ist. Das Einzige, was uns versichert wird, ist, dass das Futter vollwertig und ausgewogen ist.

Der Haken an handelsüblichen Futtermitteln ist der, dass sie einzig und allein im Hinblick auf die vorgegebenen Standards für Vitamine, Mineralstoffe, Fett, Eiweiß und Kohlenhydrate vollwertig und ausgewogen sind. Allerdings enthalten Nahrungsmittel Tausende von Inhaltsstoffen, nicht nur die uns bekannte kurze Liste von Vitaminen und Mineralstoffen. Und es werden ständig neue Inhaltsstoffe entdeckt. Nehmen wir beispielsweise Lycopin. Noch vor ein paar Jahren hatte kaum jemand etwas von Lycopin oder auch nur von der größeren Stoffgruppe der Antioxidantien gehört. Dann fand man heraus, dass Lycopin, das in roten Lebensmitteln wie Tomaten, Wassermelonen und Papaya enthalten ist, beim Menschen eine krebsvorbeugende Wirkung haben kann. Kürzlich wurde dies auch bei Hunden untersucht. Wenn man sich aber die Zutaten und Analysen auf einer Futterpackung ansieht, findet man nach wie vor nur die Standardvitamine und -mineralstoffe, die in das kommerzielle Futter Eingang gefunden haben. Die Antioxidantien, Pflanzeninhaltsstoffe und sekundären Metaboliten, die in frischen Lebensmitteln reichlich enthalten sind, werden von den Tierfuttermittelherstellern nicht als notwendiger Bestandteil eines „vollwertigen und ausgewogenen" Hundefutters betrachtet. Deshalb bleiben sie außen vor.

Ein Nährstoff, der in der Ernährung von Hunden oft nur unzureichend enthalten ist, ist die Gruppe der Omega-3-Fettsäuren. Wir wissen inzwischen, dass es gesundheitsfördernd sein kann, wenn wir den Anteil von Omega-3-Fettsäuren in unserer Ernährung steigern. Auch bei Hunden haben sie eine positive Wirkung bei Hauterkrankungen gezeigt. Die American Association of Feed Control Officials (AAFCO) legt den Standard für die Nährstoffprofile in der Tierfuttermittelindustrie fest. Weil sie Omega-3-Fettsäuren nicht als essenziellen Nahrungsbestandteil einstuft, sind die Tierfuttermittelhersteller nicht verpflichtet, diese aufzunehmen. Wird es Ihren Hund umbringen, wenn er keine Omega-3-Fettsäuren im Futter hat? Nein, aber sein Gesundheitszustand kann sich deutlich verbessern, wenn er sie bekommt. Ohne einen vorgegebenen Standard kann die Marketing-Abteilung eines Herstellers damit prahlen, dass einem Futtermittel „Omega-3-Fettsäuren zugesetzt" sind, selbst wenn es sich nur um einen Tropfen handelt.

Wenn bei einem Hund die Diagnose Krebs gestellt wird, fragen mich die Besitzer oft, ob die Erkrankung durch das Futter ausgelöst worden sein könnte. Krebs ist ein Mysterium – er entwickelt sich oft aus unerklärlichen Gründen und kann jedes Körperteil befallen. Die Frage ist nicht, ob handelsübliches Futter Krebs auslösen kann, sondern vielmehr die, ob es ausreicht, um Krebs vorzubeugen. Unsere Ärzte beschwören uns, unserer Gesundheit zuliebe weniger hoch verarbeitete Nahrungsmittel und weniger Zucker, Salz, Fett und Fleisch zu konsumieren. Sie raten uns, mehr Obst und Gemüse zu essen, die uns mit ihren Kohlenhydraten nicht nur Energie liefern, sondern auch durch die darin enthaltenen Vitamine und Mineralstoffe unsere Gesundheit aufrechterhalten. Als zusätzlichen Bonus versorgen uns frische Lebensmittel mit einer Fülle von Antioxidantien, welche die Grundlage für ein Leben ohne Krankheit bilden. Antioxidantien finden erst langsam Eingang in Tierfuttermittel, und nur allzu oft beschränkt sich der Zusatz auf nur einen oder zwei der vielen tausend antioxidativ wirkenden Stoffe, die in frischen Lebensmitteln enthalten sind. Wenn Sie selber frischen Produkten in Ihrer eigenen Ernährung den Vorzug geben, ist es nicht weit bis zu der Erkenntnis, dass diese auch ihrem Hund nutzen könnten.

„Ernährung ist der Schlüssel zu guter Gesundheit." Das hört sich so einfach und banal an, war aber in Wirklichkeit der wichtigste Satz, auf den ich stieß, während ich versuchte, mehr über die Ernährung von Hunden herauszufinden. Meine Erfahrungen mit Jackson und Hunderten anderer Hunde haben gezeigt, dass die Ernährung mit echten Lebensmitteln einen großen Einfluss auf das Wohlbefinden eines Hundes haben kann. Die Rezepte für Hackbraten, Eintöpfe und Menüs aus dem Schongarer sind unkompliziert und leicht zuzubereiten. Sie werden überrascht sein, wie wenig Mühe dafür erforderlich ist. Die Ergebnisse sind überwältigend, und die Hunde reagieren durchweg positiv auf die neuen kulinarischen Erfahrungen. Wenn Sie Ihren Hund mit frischen Futtermitteln versorgen, die eine große Bandbreite verschiedenster Nährstoffe enthalten, wird Sie sein Schwanzwedeln viele glückliche Jahre lang begleiten.

Es gibt kein perfektes Futter und keine perfekte Mahlzeit oder Fütterungsmethode. Die Möglichkeiten sind ebenso zahlreich wie die Anzahl von Rassen im American Kennel

Club [Amerikanischer Rassehundeverband]. Glauben Sie nicht, dass Sie ganz auf sich allein gestellt sind und alles selbst machen müssen. Tatsächlich ist es einfacher für Sie und auch von größerem Nutzen für Ihren Hund, wenn Sie handelsübliches Hundefutter mit einer Vielfalt frischer Mahlzeiten bereichern, denn so bezieht Ihr Hund Vitamine und Mineralstoffe aus dem damit ergänzten kommerziellen Futter und natürliche Antioxidantien aus den frischen Zutaten.

Die Anleitungen und Rezepte in diesem Buch behandeln alle Aspekte, die uns davon abhalten, die Fülle der Natur mit unseren besten Freunden zu teilen. Meinen Schwerpunkt bildet in erster Linie die Versorgung mit essenziellen Nährstoffen über elementare Futtermittel, ergänzt durch zwei meiner bevorzugten Zusatzrezepte, die Ergänzungsmischung (Seite 16) und das Eierschalenpulver (Seite 17).

- Wenn Sie Ihrem Hund einfach nur ein paar Tischreste abgeben möchten, finden Sie im Kapitel „Nahrungsmittel, die Sie mit Ihrem Hund teilen können" (Seite 32) Angaben zu den angemessenen Mengen für Ihren Hund und einige Rezepte, die Ihnen beiden munden können.
- Die Rezepte ab Seite 41 helfen Ihnen bei der Zubereitung von Gerichten, die sowohl Sie als auch Ihr bester Freund mit nur geringen Abänderungen genießen können.
- Zeigen Sie Ihrem Hund Ihre Liebe, indem Sie ihn mit ein paar aus dem Ofen gezauberten Leckerbissen verwöhnen; eine Vielzahl von Rezepten für delikate und nahrhafte Leckerlis finden Sie im Kapitel „Belohnungshäppchen" (Seite 53).
- Neben den Leckerlis können die selbst gemachten Delikatessen, die Sie im Kapitel „Kekse" (Seite 81) finden, das Training noch auf eine ganz andere Ebene heben. Außerdem eignen sie sich hervorragend als Geschenke und Mitbringsel.
- Der Teil „Mahlzeiten" in diesem Buch (Seite 103) liefert eine Fülle von Rezepten, die hinsichtlich ihrer Makronährstoffe (Fett, Eiweiß, Kohlenhydrate und Ballaststoffe) entsprechend den tiermedizinischen Richtlinien ausgewogen sind. Vervollständigt werden sie durch Hinweise, wie man diese Mahlzeiten ergänzen kann, damit sie kommerziellen Futtermitteln im Hinblick auf Vollwertigkeit und Ausgewogenheit in nichts nachstehen.
- Manche Hunde haben aufgrund von Erkrankungen besondere Bedürfnisse. Das Kapitel „Stärkende Mahlzeiten für kränkelnde Hunde" (Seite 145) enthält Rezepte, die einem kranken Hund schnell wieder auf die Beine helfen sollen. Sprechen Sie aber unbedingt mit Ihrem Tierarzt, ob diese Rezepte auch für Ihren Hund geeignet sind.
- Die talentierte Tierfotografin Alicia Dickerson Griffith illustriert in diesem Buch mit ihrer Fotoserie „Dein bester Freund" unsere enge Verbindung zu unseren Hunden. Ich hoffe, dass Sie einige dieser Bilder an Ihren eigenen Hund erinnern werden.

Fünfzehntausend Jahre nach unserer ersten Begegnung sind Hunde immer noch unsere treuen Begleiter. Tagtäglich stellen sie ihre Hingabe und Zuneigung auf vielfältige Weise unter Beweis. Teilen Sie Ihre eigenen Bilder und Geschichten mit mir auf www.dogfood-dude.com (auf Englisch). Ich hoffe sehr, dass Ihnen und Ihrem Hund die Rezepte in diesem Buch gefallen und Sie viele glückliche Jahre miteinander erleben.

Gaumenschmaus für Hunde,

Rick Woodford

EIN BALANCEAKT:
NÄHRSTOFFE IM HUNDEFUTTER

Für Mensch und Hund ist die Versorgung mit der richtigen Menge an Nährstoffen gleichermaßen wichtig; es besteht lediglich ein Unterschied in Bezug auf das Verhältnis der einzelnen Nährstoffe zueinander. Viele Tierärzte haben Vorbehalte gegenüber selbst zubereiteten Mahlzeiten, da sie die Befürchtung hegen, dass diese einen Mangel an für die Gesundheit unabdingbaren Vitaminen und Mineralstoffen aufweisen könnten. Einige Vitamine und Mineralstoffe müssen tatsächlich zugeführt werden, aber andere kann der Hund selbst synthetisieren, und bei manchen genügt wiederum die maßvolle Fütterung von frischen Nahrungsmitteln. Nachfolgend erhalten Sie einen Überblick über die Nährstoffe, die für eine gute Gesundheit notwendig sind, und ihre Funktionen sowie Beispiele, wie der Bedarf durch frische Futtermittel gedeckt werden kann.

PROTEIN (EIWEISS)

Kommt man auf Hundefutter zu sprechen, so erhält die Gruppe der Proteine meist die größte Aufmerksamkeit. Allerdings sind es die Aminosäuren, d. h. die Eiweißbausteine, um die es tatsächlich geht. Im Verdauungstrakt werden die mit der Nahrung aufgenommenen Eiweiße durch Säuren und Enzyme in ihre Bausteine aufgespalten, und diese wiederum werden anschließend im Körper für den Aufbau von Zellen, Muskeln, Hormonen, Antikörpern, Blut und sogar anderen Aminosäuren verwendet. Von den 22 Aminosäuren, die ein Hund braucht, können 12 aus anderen im Futter enthaltenen Aminosäuren synthetisiert werden. Die verbleibenden 10 werden als sogenannte essenzielle Aminosäuren bezeichnet und müssen dem Körper in ausreichender Menge zugeführt werden. Der biologische Wert von Proteinquellen bemisst sich danach, wie schnell sie resorbiert und verwertet werden. Eier erreichen auf der entsprechenden Skala den Spitzenwert von 94 Prozent, gefolgt von Fisch mit 76 Prozent und Rindfleisch mit 74 Prozent. Die meisten Getreidesorten liegen bei um die 60 Prozent. Je höher die Qualität einer Eiweißquelle ist, desto weniger muss davon aufgenommen werden. Wenn es um die Energieversorgung geht, bevorzugt der Körper allerdings Fett und Kohlenhydrate. Wird zu viel Protein aufgenommen, können einige Aminosäuren zwar gespeichert werden, aber nicht in dem Ausmaß wie Fett und Kohlenhydrate. Zu viel Eiweiß belastet die Nieren, deshalb sollten kranke Hunde nur so viel Protein erhalten, wie der Tierarzt empfiehlt. Für einen durchschnittlichen erwachsenen Hund werden 18 Prozent empfohlen, wohingegen heranwachsende Welpen, Arbeitshunde und säugende Hündinnen 28 Prozent brauchen.

Die essenziellen Aminosäuren sind an allen bereits genannten Körperfunktionen beteiligt. Einige haben darüber hinaus aber noch besondere Aufgaben:

- Arginin – spielt eine Rolle bei der Zellreplikation und dem Zellwachstum, deshalb benötigen Tiere im Wachstum mehr davon. Es unterstützt außerdem die Entgiftung von Ammoniak, das im Rahmen der Eiweißverdauung entsteht, und stimuliert die Harnbildung, um überschüssigen Stickstoff auszuscheiden.
- Histidin – ist am Sauerstofftransport im Blut beteiligt.

- Isoleucin – die einzige bekannte Funktion ist die Synthese von Proteinen.
- Leucin – ist ebenfalls an der Eiweißsynthese beteiligt und beugt Muskelschwund vor.
- Lysin – eine getreidereiche Ernährung enthält weniger davon; allerdings wird umso mehr Lysin benötigt, je proteinreicher die Nahrung ist, um das aufgenommene Eiweiß zu verstoffwechseln und andere notwendige Proteine daraus zu synthetisieren.
- Methionin – wird für die Replikation von DNA und RNA und die Synthese von Zystin gebraucht, einem Hauptbestandteil der Haare.
- Phenylalanin – ist an der Farbgebung von schwarzen Haaren beteiligt, ebenso wie an der Synthese der Aminosäure Tyrosin und der Schilddrüsenfunktion.
- Threonin – unterstützt die Gesunderhaltung der Haut, die Wundheilung und das Immunsystem.
- Tryptophan – soll eine Wirkung auf aggressionshemmende Neurotransmitter haben.
- Valin – spielt eine Rolle beim Transport von Fetten und der Milchbildung.

Die empfohlene Tagesmenge an Protein und essenziellen Aminosäuren kann bei einem 18 kg schweren Hund mit ⅓ Pfund Hähnchenbrust gedeckt werden, das aber nur 15 Prozent der täglich benötigten Kalorien liefert, sodass noch genügend Spielraum für die richtigen Fette, Gemüse und sogar etwas Getreide bleibt.

Eine weitere Aminosäure, das Taurin, kann von Hunden aus dem im Futter enthaltenen Methionin und Zystin synthetisiert werden. Obwohl es hier keine festgelegten Richtlinien für den Bedarf bei Hunden gibt, können Hunde, die eine Veranlagung zu Herzkrankheiten haben, aber auch Rassen wie Neufundländer und Cockerspaniel, von einer Supplementierung profitieren. Taurin erhalten Sie entweder in Pulverform oder indem Sie Fisch in die Ernährung einbauen.

KOHLENHYDRATE

Während für die meisten Nährstoffe festgesetzte Vorgaben hinsichtlich des Bedarfs bestehen, liegt es bei Kohlenhydraten ganz in Ihrer Hand als Besitzer, wie viel Sie Ihrem Hund geben. Hunde haben keinen biologischen Bedarf an Kohlenhydraten, und sie sind auch ganz glücklich, wenn ihr Napf nur Fleisch enthält. Allerdings gibt es zahlreiche Gründe, die für die Aufnahme von Getreide und Gemüse in die Ernährung des Hundes sprechen:

- Kohlenhydrate sind eine schneller verfügbare Energiequelle als Eiweiß und kalorienärmer als Fett.
- Kohlenhydrate verlangsamen den Verdauungsvorgang, sodass mehr Zeit für die Resorption anderer Nährstoffe zur Verfügung steht und ein längeres Sättigungsgefühl besteht.

- 😺 Kohlenhydrate sind eine gute Quelle für essenzielle Vitamine, Mineralstoffe und Antioxidantien, die nicht in Eiweiß oder Fett enthalten sind.
- 😺 Kohlenhydrate kosten weniger als Protein.

Das Wachstum und die Produktion von Getreide und Gemüse hat weniger Auswirkungen auf die Umwelt, verbraucht weniger Boden, Wasser und fossile Rohstoffe und erzeugt weniger Kohlendioxid, um dieselbe Kalorienzahl zu liefern wie Eiweißquellen.

Ein Problem bei vielen kommerziellen Futtermitteln, besonders jenen von minderer Qualität, liegt darin, dass sie so viele Kohlenhydrate enthalten, weil ihre Proteinquellen auch oft pflanzlicher Herkunft sind. Sie können in Abhängigkeit von Ihren eigenen Vorstellungen und finanziellen Möglichkeiten entscheiden, wie viele Kohlenhydrate das Futter Ihres Hundes enthalten soll, und das bedeutet nicht Alles oder Nichts. Dieses Buch enthält eine Vielzahl von Rezepten, aus denen Sie wählen können und die getreidefrei sind oder wenig Kohlenhydrate enthalten oder deren Verhältnis von Eiweiß und Kohlenhydraten ausgewogen ist.

BALLASTSTOFFE

Wenn ein Tier Kohlenhydrate aufnimmt, verzehrt es damit gleichzeitig Ballaststoffe. Diese bleiben zum größten Teil unverdaut und verlangsamen den Verdauungsvorgang. Damit regulieren sie den Wassergehalt im Darm und sorgen für einen gesunden Dickdarm. Gleichzeitig unterstützen sie die gesunde Darmflora und fördern so die Resistenz gegenüber schädlichen Bakterien und anderen Verdauungsproblemen. Es wird nur eine geringe Mange an Ballaststoffen benötigt (weniger als 5 Prozent), denn ein Zuviel kann zu Gasbildung führen, je nachdem, wie schnell sie fermentiert werden.

FETT

Genau wie Kohlenhydrate und Eiweiß kann auch ein Übermaß an Fett zu Übergewicht und Fettleibigkeit führen. Fett hat im Vergleich zu Kohlenhydraten und Eiweiß 225 Prozent mehr Kalorien. Allerdings ist es wichtig, Fett in die Ernährung zu integrieren, damit die fettlöslichen Vitamine A, D, E und K resorbiert werden können. Auch für die Hormonproduktion, die Gesundheit von Haut und Haaren, das Immunsystem und als Energiequelle spielt Fett eine wichtige Rolle. Es gibt zwei Arten von essenziellen Fettsäuren:

- 😺 Omega-6-Fettsäuren sind in einer Ernährung, die pflanzliche Öle oder tierische Fette enthält, meist reichlich enthalten; 1½ TL Maiskeimöl liefern genügend Linolsäure, um den Tagesbedarf eines 18 kg schweren Hundes zu decken. Omega-6-Fettsäuren sorgen überdies in Verbindung mit Zink für ein gesundes Haarkleid. Allerdings kann ein Zuviel an Omega-6-Fettsäuren (d.h. mehr als

das Vierfache der empfohlenen Tageshöchstmenge) zu einer Zunahme von entzündungsfördernden Substanzen im Körper führen.
- 🐾 Omega-3-Fettsäuren sind in hohen Konzentrationen in Fisch und Fischöl enthalten; bereits ¼ TL Lachsöl oder 1 EL Makrele deckt den Tagesbedarf eines 18 kg schweren Hundes. Omega-3-Fettsäuren haben eine starke entzündungshemmende Wirkung; sie vermindern das Risiko einer Herzerkrankung, unterstützen die Wundheilung und verbessern die Immunabwehr. Trotz all dieser Vorzüge wurden bislang seitens der AAFCO keine verbindlichen Vorgaben erhoben, da es an Studien fehlt, die belegen, dass ein Mangel an Omega-3-Fettsäuren zu Krankheiten führen kann. Da es sinnvoll ist, Omega-3-Fettsäuren in die Hundeernährung aufzunehmen, um die Gesundheit Ihres Vierbeiners grundlegend zu unterstützen, finden Sie in jedem Kapitel dieses Buches Rezepte mit Fisch, sodass Sie Ihren Hund mit diesen ernährungsphysiologischen Kraftwerken versorgen können.

MINERALSTOFFE

Mineralien sind anorganische chemische Elemente, die natürlich im Erdboden vorkommen. Sie werden von Pflanzen resorbiert und dann wiederum von pflanzenfressenden Tieren aufgenommen. Es gibt 12 Mineralstoffe, zu denen umfangreiche wissenschaftliche Studien hinsichtlich des täglichen Bedarfs eines Hundes vorliegen.

Makromineralien
- 🐾 Calcium ist das Mineral, das am meisten im Körper Ihres Hundes vorkommt. Es spielt eine wichtige Rolle für starke Zähne und Knochen, die Weiterleitung von Nervenimpulsen, die Blutgerinnung und Muskelkontraktion. Bei diesem Mineral ist die Gefahr am größten, dass es in selbst zubereiteten Mahlzeiten in zu geringer Menge enthalten ist, daher sollte es immer ergänzt werden, wenn mehr als die Hälfte des Futters für Ihren Hund selbst gekocht ist. Man bräuchte fast 150 g Spinat oder Mozzarella-Käse, um den Tagesbedarf eines 18 kg schweren Hundes zu decken. Aber anstatt einen großen Salat für Ihren Hund zu machen, können Sie das Rezept für Eierschalenpulver (Seite 17) nehmen, von dem Sie dann in diesem Fall nur einen ¾ TL benötigen.
- 🐾 Phosphor ist ebenso wichtig wie Calcium, da sie zusammenarbeiten und im Blut in einem ausgewogenen Verhältnis vorliegen müssen. Der Löwenanteil Phosphors findet sich in den Knochen. Ansonsten spielt der Phosphor ebenfalls eine wichtige Rolle bei der Weiterleitung von Nervenimpulsen, hält den pH-Wert im Blut im Gleichgewicht und unterstützt die Umwandlung von Fett, Eiweiß und Kohlenhydraten in Energie. Obwohl man 340 g Hühnerfleisch braucht, um den Tagesbedarf eines 18 kg schweren Hundes zu decken, kommt es selten zu

Deinem besten Freund macht Nieselregen nichts aus.

einem Mangel, da Phosphor in vielen Nahrungsmitteln reichlich enthalten ist, insbesondere in Organen, Fisch und Geflügel.

- Die größte Konzentration von Magnesium findet sich, ebenso wie bei Phosphor und Calcium, in den Knochen, aber auch in Organen und Körperflüssigkeiten. Dort fördert es die Ausscheidung von Giftstoffen aus dem Körper, unterstützt die Herzfunktion und ermöglicht die Wirkung von Hormonen. Magnesium ist reichlich in Pflanzen und Fleisch enthalten, aber man benötigt 150 g Lachs oder 255 g gekochte Quinoa, um den Tagesbedarf eines 18 kg schweren Hundes zu decken. Ein Mangel kann Epilepsie auslösen und das Risiko für eine Herzerkrankung erhöhen. Daher empfiehlt es sich, Magnesium zu ergänzen, wenn Sie mehr als die Hälfte des Futters für Ihren Hund selbst zubereiten.
- Natrium hält das Gleichgewicht der Flüssigkeiten in den Zellen aufrecht und unterstützt damit die Zufuhr von Nährstoffen und Beseitigung von Abfallstoffen. Ein 18 kg schwerer Hund benötigt ca. 230 mg Natrium pro Tag. Die Hälfte davon ist bereits in 57 g Hüttenkäse enthalten. Viele kommerzielle Futtermittel haben einen Natriumgehalt von mehr als 400 Prozent des Tagesbedarfs eines 18 kg schweren Hundes (um die Schmackhaftigkeit zu verbessern), aber auch frische Nahrungsmittel wie Fleisch, Fisch und Käse liefern genügende Mengen, um einem Mangel vorzubeugen.
- Chlor hält den pH-Wert im Gleichgewicht und wird für die Eiweißverdauung benötigt. Chlor ist reichlich in Fleisch und Pflanzen enthalten. Einen besonders hohen Chlorgehalt weisen Tafelsalz, Seetang und Tomaten auf. Im Allgemeinen ist keine Ergänzung notwendig, da der Bedarf gedeckt ist, wenn ausreichend Natrium zugeführt wird.
- Kalium findet sich vor allem in der Zellflüssigkeit. Dieses Mineral ist essenziell an der Übertragung von Nervenimpulsen und der Muskelkontraktion beteiligt. Kartoffeln, Yamswurzel, Bananen und Vollkorngetreide sind gute Quellen. 200 g Yams decken den Tagesbedarf eines 18 kg schweren Hundes.
- Eisen ist v. a. im Blut enthalten, wo es maßgeblich am Transport von Sauerstoff in alle Körperzellen beteiligt ist. Organe, Rindfleisch und Fisch sind reich an Eisen; 150 g Puteninnereien (Putenklein) liefern genug Eisen, um den Tagesbedarf eines 18 kg schweren Hundes zu decken.
- Jod wird von den Schilddrüsenhormonen für das Wachstum und die Aufrechterhaltung der Stoffwechselfunktionen benötigt. Weil es im Körper nicht gespeichert wird, muss täglich eine geringe Menge aufgenommen werden, beispielsweise in Form von Seetang. $^1/_8$ TL reicht bereits aus, um den Tagesbedarf eines 18 kg schweren Hundes zu decken.
- Kupfer ist notwendig, um die Gesundheit von Knochen und Bindegewebe zu gewährleisten. Darüber hinaus ist es an der Blutbildung und der Synthese von Pigmenten im Haar beteiligt. Rinderleber, Quinoa und Hirse sind ausgezeichnete Kupferquellen; bereits 15 g Leber liefern den Tagesbedarf eines 18 kg schweren Hundes.

- Mangan unterstützt den Fett- und Kohlenhydratstoffwechsel, das Wachstum, die Fortpflanzung und die Knochenbildung. Der Tagesbedarf eines 18 kg schweren Hundes wird mit weniger als 20 g Haferflocken gedeckt.
- Zink wird im Rahmen des Wachstums, der Heilung, Fortpflanzung sowie des Kohlenhydrat- und Eiweißstoffwechsels von mehr als 200 Enzymen im Körper verwendet. Der Tagesbedarf eines 18 kg schweren Hundes wird mit 300 g magerem Rinderhackfleisch gedeckt.
- Selen ist entscheidend an der antioxidativen Aktivität in den Zellen beteiligt und soll vor Krebs schützen. Weiterhin spielt Selen eine wichtige Rolle bei der Synthese von Schilddrüsenhormonen, der Fortpflanzung und für das Immunsystem. Vollkorngetreide und Organe sind hervorragende Quellen. Am meisten Selen enthalten allerdings Paranüsse, und schon eine Nuss vermag den Tagesbedarf eines 18 kg schweren Hundes zu decken.

Mikromineralien (Spurenelemente)

Es gibt einige Mikromineralien, die sehr nützlich sind, aber nur in Spuren benötigt werden. Da in diesem Bereich nur wenig geforscht wird, finden sie in handelsüblichen Futtermitteln oft keine Berücksichtigung, obwohl sie natürlicherweise in frischen Lebensmitteln vorkommen.

- Bor ist am Stoffwechsel von Mineralien beteiligt, die für das Knochenwachstum, die Übertragung von elektrischen Impulsen im Gehirn und die Regulation von Parathormon verantwortlich sind. Weiterhin kann es u. U. die Symptome von Arthritis lindern. Bor findet sich in Vollkorngetreide, Obst und Gemüse. Bereits 80 g Gemüse decken den Tagesbedarf eines 18 kg schweren Hundes.
- Chrom unterstützt den Körper bei der Umwandlung von Fett in Energie und dient dem Erhalt der Muskelmasse. Außerdem verstärkt es die Wirkung von Insulin. Chrom ist reichlich in Fleisch und Pflanzen enthalten, wobei Hefeflocken und Weizenkeime die höchsten Konzentrationen aufweisen. Ein Ei deckt den Tagesbedarf eines 18 kg schweren Hundes.
- Molybdän ist am Wachstum, der Eisenverwertung und Fortpflanzung beteiligt. Es findet sich in Getreide, dunkelgrünem Blattgemüse und Organen. Man geht davon aus, dass eine Babykarotte den Tagesbedarf eines 18 kg schweren Hundes deckt.

VITAMINE

Ernährungsphysiologisch bedeutsame organische Verbindungen können in zwei Gruppen aufgeteilt werden: fettlösliche Vitamine (A, D, E und K), die in den Fettzellen und Organen des Körpers gespeichert werden können, und wasserlösliche Vitamine (B-Komplex und C), die regelmäßig aufgenommen werden müssen, um die Körperfunktionen aufrechtzuerhalten.

Vitamin A, D, E und K

- Vitamin A unterstützt das Immunsystem, das Knochen- und Muskelwachstum, die Sehkraft und Hautgesundheit sowie die inneren Schleimhäute des Körpers. Vitamin A ist in Fischöl, Leber, Eiern, Milch und vielen Wurzelgemüsesorten enthalten. Der Tagesbedarf eines 18 kg schweren Hundes kann mit ½ TL Dorschlebertran gedeckt werden.
- Vitamin D ist an der Resorption von Calcium und Phosphor und damit am Aufbau gesunder Knochen beteiligt. Es unterstützt die Blutgerinnung und die Weiterleitung von Nervenimpulsen. Vitamin D findet sich in Fischöl, und ½ TL Dorschlebertran deckt den Tagesbedarf eines 18 kg schweren Hundes.
- Vitamin E ist eines der stärksten Antioxidantien und wird in kommerziellem Tierfutter häufig als Konservierungsmittel eingesetzt. Außerdem unterstützt es die Gesundheit der Muskulatur, die Nervenfunktion, den Fettstoffwechsel und die Hormonproduktion. Vitamin E ist in Ölen und manchen Gemüsesorten wie Spinat und Butternusskürbis enthalten. Der Tagesbedarf eines 18 kg schweren Hundes kann mit 1½ TL Weizenkeimöl gedeckt werden.
- Vitamin K kann im Dickdarm des Hundes synthetisiert werden. Es ist an der Blutgerinnung und Knochenbildung beteiligt. Die meisten Hunde benötigen keine Ergänzung von Vitamin K, es sei denn, sie bekämen Antibiotika. Grünes Blattgemüse ist eine ausgezeichnete Vitamin K-Quelle; 1 EL Petersilie liefert genug Vitamin K, um den Tagesbedarf eines 18 kg schweren Hundes zu decken.

B-Vitamine

Die B-Vitamine spielen eine wichtige Rolle im Fett-, Eiweiß- und Kohlenhydratstoffwechsel. Für die Gesundheit Ihres Hundes sind sie von entscheidender Bedeutung:

- Vitamin B_1 (Thiamin) ist wichtig für das Wachstum, die neurologischen Funktionen und zur Vorbeugung von Kotfressen. B_1 ist in Hefeflocken, Organen und Vollkorngetreide enthalten. 1¼ TL Hefeflocken decken den Tagesbedarf eines 18 kg schweren Hundes.
- Vitamin B_2 (Riboflavin) unterstützt die Wirkung anderer Vitamine und stärkt die Gesundheit von Augen und Haut. B_2 ist in Organen und Milchprodukten

enthalten. Der Tagesbedarf eines 18 kg schweren Hundes kann mit 30 g Lammleber gedeckt werden.
- Vitamin B_3 (Niacin) ist für den Energiehaushalt und den Erhalt starker Muskeln von besonderer Bedeutung. B_3 ist in Huhn, Fisch und Hefeflocken enthalten. 55 g Hähnchenbrust decken den Tagesbedarf eines 18 kg schweren Hundes.
- Vitamin B_5 (Pantothensäure) unterstützt die Hormonproduktion, Verdauung und Fortpflanzung. B_5 ist in Fleisch, Eiern, Hefeflocken und dunkelgrünem Gemüse enthalten. Der Tagesbedarf eines 18 kg schweren Hundes kann mit 1 EL Hefeflocken gedeckt werden.
- Vitamin B_6 (Pyridoxin) fördert die Bildung von roten Blutkörperchen und die Funktion von Enzymen. B_6 ist in Fleisch und Hefeflocken enthalten. 55 g Hähnchenbrust decken den Tagesbedarf eines 18 kg schweren Hundes.
- Vitamin B_{12} (Cobalamin) ist notwendig für die Bildung von roten Blutkörperchen, Übertragung von Nervenimpulsen und Herzgesundheit. B_{12} findet sich nur in Fleisch wie z. B. Huhn und Organen sowie in Fisch. 55 g Puteninnereien decken den Tagesbedarf eines 18 kg schweren Hundes.
- Biotin hilft bei der Umwandlung von Aminosäuren in Muskelgewebe und verbessert die Gesundheit von Haut und Haaren. Ein Grund, warum man keine rohen Eier an Hunde verfüttern sollte, ist der, dass das im Eiweiß enthaltene Avidin die Resorption von Biotin verhindert. Biotin ist in Eigelb, Leber und Hefeflocken enthalten. Der Tagesbedarf eines 18 kg schweren Hundes kann mit 1 Eigelb gedeckt werden.
- Folsäure leistet einen wichtigen Beitrag für das Wachstum und die Teilung der Zellen, die Bildung von roten Blutkörperchen und zur Vorbeugung von Anomalien während der Schwangerschaft. Folsäure ist in grünem Blattgemüse, Leber und Hefeflocken enthalten, aber auch in Reis und Nudeln, die oft mit Vitaminen und Mineralstoffen angereichert werden. 100 g gekochter weißer Reis liefern genug Folsäure, um den Tagesbedarf eines 18 kg schweren Hundes zu decken.
- Cholin ist kein echtes Vitamin, aber ähnlich wie die B-Vitamine am Fettstoffwechsel beteiligt; außerdem ist es ein Baustein für Neurotransmitter im Gehirn. Eier und Organe liefern zwar Cholin, aber man bräuchte 4 Eier bzw. 2 EL Sojalecithin, um den Tagesbedarf eines 18 kg schweren Hundes zu decken. Es wird empfohlen, Ergänzungsmittel zu wählen, die auch Cholin enthalten.

Vitamin C

- Vitamin C (Ascorbinsäure) ist ein Antioxidans, an der Synthese von Kollagen und Hormonen sowie am Wachstum und der Erhaltung von Zellgewebe beteiligt. Obst und Gemüse enthalten viel Vitamin C, außerdem können Hunde es in der Leber synthetisieren. Daher ist bei gesunden Hunden im Allgemeinen keine Ergänzung erforderlich.

Vielleicht kennen Sie einen Großteil dieser Nährstoffe bereits aus Ihrer eigenen gesundheitsbewussten Ernährung, allerdings unterscheiden sich die ernährungsphysiologischen Bedürfnisse eines Hundes doch von den unseren. Nehmen wir beispielsweise einen Hund und ein Mädchen, die beide 22 kg wiegen und dieselbe Kalorienzahl pro Tag benötigen. Hunde brauchen vergleichsweise mehr Calcium, Selen, B-Vitamine, Kupfer und Zink. Kommerziellen Futtermitteln werden diese Stoffe zugesetzt, um eine „vollwertige und ausgewogene" Ernährung sicherzustellen. Dasselbe erreichen wir mit einem Multivitamin-Präparat und einer ausgewogenen Mahlzeit, die zudem die Vorteile frischer Nahrungsmittel bietet.

Sorgfältig entwickelte und angereicherte selbst gekochte Mahlzeiten werden sogar in dem Fachbuch *Small Animal Clinical Nutrition* [Klinische Ernährung von Kleintieren] empfohlen, das auf dem Schreibtisch Ihres Tierarztes liegt. Wenn Sie Ihren Hund ab und zu füttern, ohne Ergänzungsmittel unterzumischen, richten Sie damit keinen Schaden an, aber auf Dauer käme es zu Defiziten, die Haut, Haare, Augen, Skelett und die Funktion innerer Organe in Mitleidenschaft ziehen könnte.

Die Ergänzung von Nährstoffen kann so einfach sein wie die tägliche Zugabe von Eierschalenpulver (Seite 17) und einem Multivitamin-Präparat zu dem selbst gekochten Futter. Wenn Sie noch mehr Nährstoffe aus natürlichen Quellen zuführen möchten, empfehle ich meine Ergänzungsmischung (Seite 16), da diese natürliche Nahrungsmittel in Kombination mit einem Multivitamin-Präparat und dem Eierschalenpulver enthält. Sie kann allen in diesem Buch enthaltenen Rezepten hinzugefügt werden, es sei denn, es wäre im Rahmen spezifischer Erkrankungen etwas anderes angegeben.

BIS ZU 50 PROZENT DER GESAMTEN RATION SELBST GEKOCHT

Handelsübliche Futtermittel enthalten oft mehr als 200 Prozent der empfohlenen Tagesdosis von Vitaminen und Mineralstoffen.

Die unten beschriebene Ergänzung ist optional, aber empfehlenswert.

MEHR ALS 50 PROZENT DER GESAMTEN RATION SELBST GEKOCHT

Die unten beschriebene Ergänzung ist äußerst empfehlenswert.

Geben Sie 2½ TL Eierschalenpulver nach dem Abkühlen zu den fertig gekochten Gerichten und zusätzlich ein Vitaminpräparat entsprechend den Angaben des Herstellers.
oder
Mischen Sie 80 ml der Ergänzungsmischung mit 160 ml Wasser und geben Sie dies nach dem Abkühlen zu den fertig gekochten Gerichten.

12 VOLLWERTFUTTER FÜR DEINEN BESTEN FREUND (UND DICH)

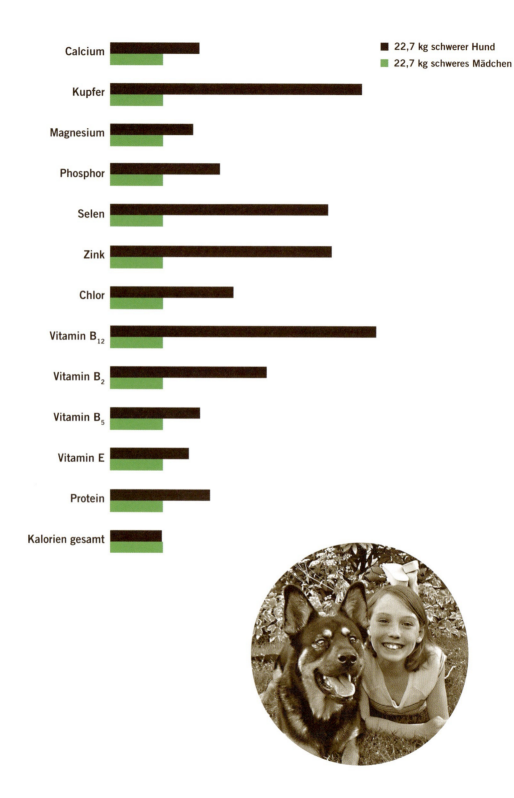

ERGÄNZUNGSSTOFFE

Ihr Hund wird das in den Rezepten enthaltene Fleisch und Gemüse lieben, das allein schon viele Antioxidantien, Vitamine und Mineralstoffe liefert. Aber auch wenn diese Zutaten wirklich großartig sind, gibt es doch keine Kombination, die wirklich alle ernährungsphysiologischen Bedürfnisse Ihres Hundes vollständig decken würde. Ich schaue immer, ob ich den Bedarf an Vitaminen und Mineralstoffen durch natürliche Zutaten decken kann. Nachstehend habe ich einige Nahrungsmittel aufgelistet, die einfach zu beschaffen sind und selbst gekochte Mahlzeiten ideal ergänzen. Die Nährstoffe verteilen sich im gesamten Rezept, sodass eine Dosierungsangabe für jede einzelne Mahlzeit entfallen kann.

- Paranüsse sind reich an Selen, das in Verbindung mit Vitamin E als Antioxidans fungiert und damit Zellschäden vorbeugt und die Gesundheit von Herz, Gelenken und Haut unterstützt.
- Sojalecithin liefert Cholin und Linolsäure für den Transport von Fettsäuren aus der Leber und für die normale Nervenfunktion.
- Hefeflocken strotzen nur so vor B-Vitaminen, die eine wichtige Rolle für die Aufnahme und Verwertung aller anderen Nährstoffe spielen. Besonders wichtig sind sie für das Wachstum und den Energiehaushalt.
- Eierschalenpulver (Seite 17) liefert Calcium, das wichtig für den Ausgleich des im Hundefutter enthaltenen Phosphors ist. Daneben sorgt es für starke Knochen und Muskeln und spielt eine wichtige Rolle für die Blutgerinnung, Muskelkontraktion und Übertragung von Nervenimpulsen.
- Seetang liefert Mineralstoffe, u. a. Kalium, Magnesium, Calcium und Eisen, und ist eine ausgezeichnete Jodquelle zur Unterstützung der Schilddrüsenfunktion und Regulation des Stoffwechsels.
- Joghurt enthält Bakterien, die das Verdauungssystem des Hundes unterstützen. Fettarmer Naturjoghurt ist am besten, weil er wenig Kalorien und keinen zugesetzten Zucker enthält.
- Apfelessig sollte inklusive „Mutter" gekauft werden, dem wolkigen Sediment am Boden der Flasche, da dieses Vitamine und Mineralstoffe enthält. Zwar ist die Menge der Mineralstoffe eher zu vernachlässigen, aber Apfelessig hat auch antiseptische Eigenschaften, die Ihrem Hund von innen heraus guttun. Diese Essigsorte kann auch äußerlich angewendet werden, beispielsweise zur Reinigung der Ohren bei Hefepilzinfektionen (mischen Sie ½ TL Essig mit 60 ml Wasser und befeuchten Sie ein Tuch damit, um die Ohren Ihres Hundes sanft zu säubern).
- Lachsöl und Dorschlebertran sind reich an Omega-3-Fettsäuren und können wechselweise verwendet werden, obwohl unsere Hunde und ich Lachsöl vorziehen. Sie sollten keinen aromatisierten Lebertran nehmen, da viele Hunde den Orangen- oder Zitronengeschmack nicht mögen. Fischöl hat starke entzündungshemmende Eigenschaften und sorgt für ein gesundes,

glänzendes Fell. Lachsöl bekommen Sie im Allgemeinen im Zoohandel und Dorschlebertran in der Apotheke.

 Multivitamintabletten für Hunde liefern alle anderen Vitamine und Mineralstoffe.

 Vermischen Sie 80 ml Ergänzungsmischung (siehe unten) mit 160 ml Wasser und geben Sie das Ganze in ein fertig gekochtes und abgekühltes Gericht (das mindestens 2 l ergibt). Das Wasser sorgt für eine gleichmäßige Verteilung der Nährstoffe, verändert aber nicht die Kalorienzahl pro Portion.

ERGÄNZUNGSMISCHUNG

4 Multivitamintabletten für Hunde **6 Paranüsse**	Zerdrücken Sie die Tabletten und geben Sie sie zusammen mit den Paranüssen für 5 Sekunden in eine Küchenmaschine, bzw. bis die Multivitamintabletten ein feines Pulver und die Paranüsse zu Mehl geworden sind.
25 g Sojalecithin-Granulat **1 EL Hefeflocken** **3 EL Eierschalenpulver (nächstes Rezept)** **1 EL getrocknetes Algen- oder Seetang-Pulver** **125 g magerer Naturjoghurt** **60 ml Apfelessig (vor dem Abmessen kräftig schütteln)** **60 ml Lachsöl oder Dorschlebertran**	Geben Sie dann das Sojalecithin, die Hefeflocken, das Eierschalenpulver und die Algen mit in die Küchenmaschine und anschließend den Joghurt, den Essig und das Fischöl obenauf. (Dadurch staubt es nicht, wenn Sie die Küchenmaschine öffnen.) Mixen Sie das Ganze weitere 15 Sekunden und teilen sie es dann in vier Portionen zu je $1/3$ Tasse auf, die Sie dann den fertig gekochten Mahlzeiten zusetzen können. Sie können die Mischung bis zu 4 Tage im Kühlschrank und bis zu 1 Monat im Gefrierschrank aufbewahren. Vermischen Sie $1/3$ Tasse der Ergänzungsmischung mit 160 ml Wasser und geben Sie sie dann zu einem fertigen Gericht (das mindestens 8 Tassen ergibt), nachdem dieses abgekühlt ist.

ERGIBT: $1\,1/3$ Tassen, genug für 4 Rezepte

ANMERKUNG: Die meisten Geamtmengen der Rezepte werden in Tassen angegeben – 1 Tasse entspricht dabei 240 ml Fassungsvermögen.

Falls Sie andere Calcium-Quellen als Ergänzung verwenden möchten, brauchen Sie sehr viel mehr, um dieselbe Wirkung wie mit Eierschalenpulver zu erzielen. Im Rezept für die Ergänzungsmischung liefern die 3 EL Eierschalenpulver 16.200 mg Calcium und so gut wie keinen Phosphor.

Einige gebräuchliche Calcium-Ergänzungsmittel und die entsprechenden Mengen, wenn man sie für die Ergänzungsmischung nehmen wollte:

Knochenmehl: *Verschiedene Marken enthalten unterschiedliche Mengen an Calcium und Phosphor. In den meisten Fällen wird die Hälfte des Calciums allein schon dafür gebraucht, um den Phosphor auszugleichen. Knochenmehl enthält pro TL durchschnittlich 960 mg Calcium und 360 mg Phosphor, was bedeutet, dass lediglich 540 mg Calcium zur Verfügung stehen. Damit bräuchte man eine 2/3 Tasse für die Ergänzungsmischung.*

Calciumcarbonat: *In Pulverform enthält es ca. 1.200 mg Calcium pro TL ohne zusätzlichen Phosphor. Für die Ergänzungsmischung brauchen Sie 4 EL.*

Calcium aus Seetang *wird aus verkalktem Tang hergestellt und enthält außerdem Magnesium, Zink, Jod und Selen. Für die Ergänzungsmischung brauchen Sie 1/3 Tasse.*

Die genannten Calcium-Ergänzungsmittel erhalten Sie in Zoogeschäften, Apotheken und im Internet.

Eierschalenpulver

Einer der wichtigsten Stoffe, die Sie den Mahlzeiten für Ihren Hund zufügen müssen, ist Calcium. Hätten Hunde die Möglichkeit, jeden Tag einen guten Knochen zu benagen und darüber kleine Stückchen aufzunehmen, wäre ihr Bedarf an Calcium zur Stärkung von Zähnen und Knochen gedeckt. Die Nebenschilddrüse reguliert die im Blut enthaltene Menge von Calcium und Phosphor. Enthält das Futter zu wenig Calcium, mobilisiert die Nebenschilddrüse Calcium aus den Knochen. Wenn diese Drüse immer mehr Hormone freisetzt, um das Calcium-Phosphor-Verhältnis wieder ins Lot zu bringen, kommt es zu einer Erkrankung, die auch als sekundärer Hyperparathyreoidismus bezeichnet wird. Diese Störung kann zu einer bleibenden Schädigung des Skeletts, Arthritis und sogar Knochenbrüchen führen. Überschüssiges Calcium wird über den Urin ausgeschieden, aber solange es sich im Körper befindet, verhindert es die Resorption von Phosphor. Deshalb sollte man es damit nicht übertreiben.

Durch die Weiterverwendung von Eierschalen haben Sie eine kostengünstige und einfache Möglichkeit, Ihren Hund mit einer angemessenen Menge Calcium zu versorgen. Man braucht nur ein paar TL Eierschalenpulver, um die in den meisten Futtermitteln enthaltene Phosphormenge zu erreichen. Das nachstehende Rezept ergibt 12 TL, von denen jeder ca. 1.800 mg Calcium enthält.

12 Eierschalen, gereinigt und getrocknet

Saubere und trockene Eierschalen können bei Zimmertemperatur in einem luftdicht verschlossenen Behälter aufbewahrt werden, bis Sie genug zusammen haben, um eine Portion Pulver zu machen.

Heizen Sie den Backofen auf 150 °C vor.

Breiten Sie die Eierschalen gleichmäßig auf einem Backblech aus und backen Sie sie 5 bis 7 Minuten lang. Die Eierschalen sind dann immer noch überwiegend weiß oder braun, weisen aber vielleicht einen leichten Farbstich auf, was vollkommen in Ordnung ist. Wenn man Eierschalen länger im Ofen lässt, können Sie einen unangenehmen Geruch verbreiten.

Lassen Sie die Eierschalen abkühlen, dann mahlen Sie sie 1 Minute lang in einer sauberen Kaffeemühle oder einem Standmixer bzw. so lange, bis Sie ein sehr feines Pulver ohne scharfe Ecken und Kanten haben.

Sie können das Pulver bis zu 2 Monate lang bei Zimmertemperatur in einem luftdicht verschlossenen Behälter aufbewahren.

 Ergibt: 12 TL

GEWICHT	EMPFOHLENE TAGESDOSIS	MENGE EIERSCHALENPULVER ZUR DECKUNG DES TAGESBEDARFS
4,5-Kilo-Hund	404 mg Calcium	¼ TL
9-Kilo-Hund	680 mg Calcium	½ TL
18-Kilo-Hund	1.143 mg Calcium	¾ TL
27-Kilo-Hund	1.549 mg Calcium	1 TL
36-Kilo-Hund	1.922 mg Calcium	1¼ TL

WIE MAN DIE GRÖSSE DER PORTION BESTIMMT

Wie viel Sie Ihrem Hund zu fressen geben, ist mindestens ebenso wichtig wie das, was Sie ihm geben. Der erste Schritt, um den Kalorienbedarf Ihres Hundes zu ermitteln, besteht darin, seinen derzeitigen Gesundheitszustand zu bewerten. Drei Parameter entscheiden über die Futtermenge: Aktivitätsgrad, Gewicht und Körpertyp.

Futtermittelhersteller empfehlen die Anpassung der Portionsgröße an den Aktivitätsgrad des Hundes. Allerdings wurde bislang nicht eindeutig definiert, was genau einen aktiven Hund ausmacht – bis jetzt.

Jeder neue Kunde, der meine Dienste in Anspruch nahm, musste einen ausführlichen Fragebogen ausfüllen, in dem er u. a. ausführliche Angaben zu dem körperlichen Zustand und Aktivitätsgrad seines Hundes machen musste. Mit diesen Informationen und der Kontrolle des Gewichts, der allgemeinen körperlichen Gesundheit und der Kalorienaufnahme konnte ich eine recht genaue Klassifikation der verschiedenen Aktivitätsgrade entwickeln.

BESONDERS AKTIVE HUNDE

Ein besonders aktiver Hund ist eine anstrengende Angelegenheit. Sie wissen, dass Sie einen haben, wenn Sie bei dem Versuch, mit ihm Schritt zu halten, schon bald völlig erschöpft sind.

- Zwei lange (mehr als 30 Minuten dauernde) Spaziergänge am Tag

und mindestens eine der folgenden Aktivitäten:

- Mindestens dreimal pro Woche laufen (rennen) mit einem Familienmitglied
- Balljunkies, die mehrere Stunden pro Woche damit verbringen, hinter einem Ball herzujagen
- Junge Hunde, die mit kleinen Kindern oder vielen anderen Hunden zusammenleben und ununterbrochen spielen
- Hunde, die mindestens dreimal pro Woche 30 Minuten oder länger wild in einem Hundepark spielen

AKTIVE HUNDE

Der aktive Hund unternimmt eine ganze Menge und ist am Ende des Tages zufrieden, aber nicht vollkommen erschöpft.

- Mindestens zwei durchschnittliche (gute 20 Minuten dauernde) Spaziergänge am Tag

und mindestens eine der folgenden Aktivitäten:

- Mehrmals pro Woche Joggen mit einem Familienmitglied
- Mindestens einmal pro Woche eine Wanderung oder ein langer Spaziergang (mindestens 2 Stunden)
- Besucht mehrmals wöchentlich den Hundepark, lässt sich aber nicht auf wilde Spiele ein

- Hunde mittleren Alters, die in einem Mehrhundehaushalt oder in einer Familie mit kleinen Kindern leben und mehr auf den Beinen sind, als sich ausruhen und schlafen

INAKTIVE HUNDE

Der inaktive Hund ist quasi ein Stubenhocker, dessen Lieblingsplatz das Sofa ist. Wenn Sie sich zum Fernsehen auf den Boden setzen müssen, weil Ihr Hund das Sofa 20 Stunden am Tag belegt, dann haben Sie solch einen Hund.
- Weniger als 40 Minuten Gassigehen am Tag
- Ältere oder alte Hunde mit verminderter Aktivität

Der nächste Schritt besteht darin, Ihren Hund zu wiegen. Wenn er klein genug ist, wiegen Sie erst sich selbst, notieren Ihr Gewicht, und stellen sich dann mit Ihrem Hund auf dem Arm auf die Waage. Ziehen Sie Ihr Gewicht vom Gesamtgewicht ab, um das Gewicht Ihres Hundes zu ermitteln. Ansonsten lassen Sie ihn beim Tierarzt wiegen. Dort können Sie gleichzeitig um eine Bewertung Ihres Hundes bitten, um das Idealgewicht entsprechend seiner Rasse und Konstitution herauszufinden.

Der unten stehenden Tabelle können Sie entnehmen, wie viele Kalorien Ihr Hund idealerweise täglich aufnehmen sollte. Wenn Ihr Hund irgendwo zwischen zwei Aktivitätsgraden liegt, passen Sie die Kalorien entsprechend an. Seien Sie dabei aber nicht zu großzügig. Notieren Sie die ideale Kalorienzahl, denn im nächsten Schritt gilt es festzustellen, ob irgendwelche Veränderungen notwendig sind.

Die Empfehlungen der Futtermittelhersteller im Hinblick auf die Kalorienzahl unterscheiden sich oft erheblich, und es gibt zahlreiche Methoden zur Kalkulation des Kalorienbedarfs. Meine Empfehlungen basieren auf der Fütterung von mehreren Hundert Hunden mit frischen Nahrungsmitteln einschließlich Gewichtskontrolle und präziser Anpassung der Portionsgrößen. Diese Empfehlungen gelten für einen kastrierten Hund, der im Haus gehalten wird, und zielen darauf ab, einer Gewichtszunahme vorzubeugen. Sie beinhalten aber auch einen kleinen Spielraum für Belohnungen.

Nachdem Sie das Gewicht Ihres Hundes ermittelt haben, geht es im nächsten Schritt darum festzustellen, ob die Proportionen Ihres Hundes stimmen.

Bei fettleibigen Haustieren (ca. 45 Prozent unserer Vierbeiner) besteht ein deutlich höheres Risiko, an Diabetes, Arthritis, Hüftdysplasie, Verletzungen der Bänder und Sehnen, Schlaganfällen und Problemen mit der Haut und den Atemwegen zu erkranken. Manchen Menschen fällt es sehr schwer, ihren Hunden weniger zu fressen zu geben, weil diese so gerne fressen und Futter eine Möglichkeit ist, unsere Liebe zu zeigen. Allerdings haben übergewichtige Hunde eine kürzere Lebenserwartung, und ihre Lebensqualität ist krankheitsbedingt ebenfalls eingeschränkt. Selbst gekochtes Futter ist ein gesunder Weg, um dem Tier beim Abnehmen zu helfen, da es durch den höheren Wassergehalt mehr Substanz ohne zusätzliche Kalorien hat.

Am anderen Ende der Skala stehen die untergewichtigen Hunde, die anfälliger für Parasiten und andere Krankheiten sind. Faktoren, die Untergewicht begünstigen, sind:

zu wenig Futter, mangelhafte Qualität des Futters, Parasiten, Diabetes oder andere Erkrankungen. Wenn Ihr Hund untergewichtig oder sogar deutlich abgemagert ist, sollten Sie unbedingt Ihren Tierarzt aufsuchen, um mögliche Ursachen herauszufinden bzw. auszuschließen.

Um den Körpertyp Ihres Hundes zu bestimmen, sollten Sie sich über Ihren stehenden Hund stellen. Im Idealfall sehen Sie Kurven, die auf Hüfthöhe nach innen gehen, nicht nach außen. Dann betrachten Sie Ihren Hund von der Seite (dafür müssen Sie sich u. U. hinknien) und die Magengegend bzw. Bauchlinie ermitteln. Auch diese sollte nach innen gehen, nicht nach außen. Hat Ihr Hund ein sehr flauschiges Fell, nehmen Sie diese Untersuchung vor, während Sie ihn baden. Als Nächstes tasten Sie den Brustkorb Ihres Hundes ab. Sie sollten seine Rippen unter einer dünnen Fett- und Hautschicht fühlen können. Bei bestimmten Rassen wie Greyhounds und Bulldoggen kann eine Beurteilung schwierig sein. Lassen Sie sich in solchen Fällen von Ihrem Tierarzt beraten.

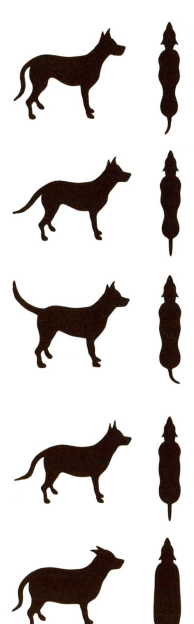

ABGEMAGERT
- Sehr deutliche Taille und Einziehung des Bauches
- Kein Fett über den Rippen
- Rippen, Wirbelsäule und Hüftknochen sind fühl- und sichtbar. Das Gefühl ist ähnlich dem, wenn man die Knochen auf dem Handrücken tastet.

UNTERGEWICHTIG
- Taille und Einziehung des Bauches gut zu erkennen
- Wenig Fett über den Rippen
- Rippen, Wirbelsäule und Hüftknochen sind fühlbar. Das Gefühl ist ähnlich dem, wenn man die Knochen auf der Innenseite der Handfläche tastet, an der Stelle, wo die Finger beginnen.

IDEAL
- Die Taille ist hinter den Rippen erkennbar
- Sichtbare Einziehung des Bauches
- Dünne Fettschicht über den Rippen
- Rippen, Wirbelsäule und Hüften können unter einer dünnen Fettschicht gefühlt werden, ähnlich dem Gefühl, wenn man die Knochen an der Außenseite des Handgelenks tastet, am Ende des Unterarms.

ÜBERGEWICHTIG
- Taille sichtbar, aber nicht hervorstechend
- Nur noch geringe Einziehung des Bauches.
- Rippen, Wirbelsäule und Hüften können unter einer dicken Fettschicht kaum noch gefühlt werden.

FETTLEIBIG
- Keine Taille sichtbar
- Keine Einziehung des Bauches erkennbar
- Ein Übermaß an Fett verhindert, dass Rippen, Wirbelsäule und Hüften gefühlt werden können.

Für den Fall, dass Ihr Hund abnehmen muss, finden Sie auf Seite 176 eine Anleitung, wie Sie die Portionsgröße reduzieren, ohne dass Ihr Hund das Gefühl hat, dass er auf Diät ist.

DURCHSCHNITTLICHER KALORIENBEDARF PRO TAG

GEWICHT IN KILOGRAMM	1,8	2,7	3,6	4,5	5,4	6,4	6,8
SEHR AKTIV	210	250	350	410	470	530	560
AKTIV	180	210	300	350	400	450	470
INAKTIV	130	160	230	270	310	340	360

GEWICHT IN KILOGRAMM	7,3	8,2	9	11,3	13,6	16	18,2
SEHR AKTIV	590	640	700	820	940	1.060	1.170
AKTIV	500	540	590	700	800	900	990
INAKTIV	380	410	450	530	610	680	750

GEWICHT IN KILOGRAMM	20,4	22,7	25	27,2	29,5	32	34
SEHR AKTIV	1.280	1.380	1.490	1.590	1.690	1.780	1.880
AKTIV	1.080	1.170	1.260	1.340	1.430	1.510	1.590
INAKTIV	820	890	960	1.020	1.080	1.150	1.210

WIE MAN DIE GRÖSSE DER PORTION BESTIMMT

GEWICHT IN KILOGRAMM	36,3	38,6	41	43	45,4	47,6	50
SEHR AKTIV	1.970	2.060	2.150	2.240	2.330	2.420	2.500
AKTIV	1.670	1.740	1.820	1.900	1.970	2.040	2.120
INAKTIV	1.270	1.320	1.380	1.440	1.500	1.550	1.610

GEWICHT IN KILOGRAMM	52,2	54,4	56,7	59	61,2	63,5	65,8
SEHR AKTIV	2.590	2.670	2.750	2.830	2.920	3.000	3.080
AKTIV	2.190	2.260	2.330	2.400	2.470	2.530	2.600
INAKTIV	1.660	1.720	1.770	1.820	1.870	1.930	1.980

GEWICHT IN KILOGRAMM	68	70,3	72,6	77,1	81,6	86,2	91
SEHR AKTIV	3.160	3.230	3.310	3.470	3.620	3.770	3.920
AKTIV	2.670	2.740	2.800	2.930	3.060	3.190	3.310
INAKTIV	2.030	2.080	2.130	2.230	2.330	2.420	2.520

RÜHREI Seite 41
SÜSSKARTOFFELFRITTEN ZUM TEILEN Seite 42
LACHS-FRIKADELLEN Seite 44
HOLLÄNDISCHER BABY-PFANNKUCHEN Seite 45
BRATÄPFEL Seite 46
BLAUBEER-PFANNKUCHEN Seite 47
KEBAB FÜR HUNDE Seite 48
THUNFISCH-SANDWICH-RESTE Seite 50
KÄSE-CHIPS Seite 51

MAHLZEITEN FÜR SIE UND IHREN HUND

Werden Sie bei der Zubereitung Ihrer eigenen Mahlzeiten von glänzenden Knopfaugen beobachtet und wedelt da vielleicht ein Schwänzchen in freudiger Erwartung? Hunde legen diesen Blick seit Jahrtausenden an den Tag; er wird praktisch von Generation zu Generation mit dem genetischen Code weitergegeben – denn er funktioniert. Die einfachste Methode, um dem Pawlowschen Speichelfluss ein Ende zu bereiten, besteht darin, ein oder zwei Häppchen abzugeben. Teilen ist kein Zeichen von Schwäche und verdirbt auch nicht den Charakter Ihres Hundes. Solange es sich um ungefährliche Nahrungsmittel in angemessenen Mengen handelt, gibt es keinen Grund, warum wir unseren Hunden frische, vollwertige Lebensmittel und deren Nährstoffe vorenthalten sollten.

In diesem Kapitel erfahren Sie, welche Nahrungsmittel Sie Ihrem Hund lieber nicht geben sollten, bei welchen man Vorsicht walten lassen muss und welche Sie ganz hervorragend mit ihm teilen können. Dazu finden Sie Angaben, wie groß die Portionen in Abhängigkeit vom Körpergewicht Ihres Hundes sein dürfen, damit Sie keine Verdauungsstörung oder Überversorgung mit bestimmten Nährstoffen riskieren. Ja, Sie dürfen Ihrem Hund etwas vom Schneidbrett abgeben, aber nicht von Ihrem Teller. Sobald ein Gericht auf dem Esstisch landet, ist es voller Salz, Pfeffer, Zwiebeln oder anderen Zutaten, die Ihrem Hund schaden können.

Außerdem bekommen Sie ein paar Rezepte an die Hand, die Sie mit leichten Abwandlungen mit Ihrem Hund teilen können bzw. von denen Sie etwas abzweigen können, während Sie das Essen für sich selbst zubereiten. Diese Rezepte enthalten ausschließlich Zutaten, die unbedenklich für Ihren Hund sind. Da sie als Ergänzung zu seinen normalen Mahlzeiten gedacht sind, haben die Portionen die Größe von Snacks.

Viel Spaß beim Teilen – aber lassen Sie Ihren Hund wenigstens erst absitzen, bevor Sie ihm die Leckereien geben.

NAHRUNGSMITTEL, DIE IHR HUND MEIDEN SOLLTE

Es wird viel darüber diskutiert, welche Lebensmittel für Hunde schädlich sind und welche nicht. Es gibt aber Nahrungsmittel, die ihnen eindeutig schaden. Vielleicht hat Ihr Hund schon die ein oder andere Weintraube oder Rosine gefressen, ohne dass irgendetwas passiert ist. Aber man weiß nie, welche Traube vielleicht das Fass zum Überlaufen bringt. Die Leber speichert eine Vielzahl von Vitaminen und Mineralstoffen, und man weiß immer noch nicht, wie viel von solchen Stoffen gespeichert wird, die für Hunde gefährlich sind. Es gibt so viele Nahrungsmittel, die für Hunde völlig unbedenklich sind, also warum sollte man auch nur das geringste Risiko eingehen?

ALKOHOLISCHE GETRÄNKE
Es ist überhaupt nichts Lustiges dabei, wenn man einen Hund an Bier oder anderen alkoholischen Getränken nippen lässt. Ihr Hund ist das absolute Leichtgewicht, und selbst eine kleine Menge Alkohol kann zu Erbrechen, Krampfanfällen und sogar zum Tod führen.

SCHOKOLADE

Die Mischung aus Koffein, Theobromin und Theophyllin in jeder Art von Schokoladenprodukt kann für den Hund toxisch sein, da sie sein Nervensystem erregt. Kakaopulver kann bis zu doppelt so viel Theobromin enthalten wie andere Arten von Schokolade. Kontaktieren Sie umgehend Ihren Tierarzt, wenn Ihr Hund Schokolade gefressen hat.

Carob ist zwar ein sicheres Lebensmittel für Hunde, aber ich habe kein Rezept mit dieser Zutat aufgenommen, weil die meisten Leute es nicht zu Hause haben und es außerdem keine nennenswerten Vorzüge für Hunde hat. Und warum sollten wir unseren Hunden eine schokoladeähnliche Substanz geben, wenn wir sie doch davon abhalten wollen, Schokolade zu fressen?

FETT UND HAUT

Öle und tierische Fette sind ein essenzieller Bestandteil in der Hundeernährung und wesentlich an der Gesunderhaltung unserer Vierbeiner beteiligt. Was allerdings nicht gut für Ihren Hund ist, ist das, was auf Ihrem Teller übrig bleibt, nachdem Sie ein leckeres Steak verspeist haben. Dieses Fett ist nicht nur eine dicke Fettbombe, die nur darauf wartet, in die Luft zu fliegen, sondern außerdem mit Salz und Pfeffer gewürzt und damit eine mögliche Ursache für Durchfall, Erbrechen und im schlimmsten Falle sogar eine Entzündung der Bauchspeicheldrüse (Pankreatitis, bei der sich die Symptome noch vervielfachen). Das Gleiche gilt für die Haut des Erntedank-Truthahns, die jedes Jahr für Hunderte von Pankreatitis-Fällen verantwortlich ist und dafür gesorgt hat, dass das magere Putenfleisch gleichermaßen in Verruf geraten ist. Putenfleisch selbst ist ein sicheres Lebensmittel für Hunde. Die in diesem Buch enthaltenen Rezepte beinhalten Fett und Haut wenn überhaupt, dann nur in Mengen, die für Hunde unbedenklich sind.

WEINTRAUBEN UND ROSINEN

Das Fleisch von Weintrauben und Rosinen enthält einen bislang noch unbekannten Giftstoff, der die Nieren schädigt und zu Nierenversagen führen kann. Bereits 3 oder 4 Weintrauben können für einen 22 kg schweren Hund gefährlich sein. Für Traubenkernextrakt, der oft als Antioxidans gegeben wird, sind keine Nebenwirkungen bekannt, da das Gift wasserlöslich und nicht in den Kernen enthalten ist.

MACADAMIA UND ANDERE NÜSSE

Wenn Sie aus Hawaii zurückkommen, sollten Sie diese leckeren Nüsse ganz oben auf den Schrank packen. Macadamia-Nüsse enthalten ein Toxin, das den Verdauungsapparat und das Nervensystem angreift und Erbrechen, Muskelzittern sowie eine erhöhte Herzfrequenz auslösen kann. Kontaktieren Sie Ihren Tierarzt, wenn Ihr Hund Zugang zu diesen Nüssen hatte.

Walnüsse sollen ebenfalls gefährlich sein, allerdings wegen Schimmelbefall. Erdnüsse und Paranüsse hingegen sind sicher für Hunde, solange diese sie vertragen und nur in kleinen Mengen bekommen.

SPEISEN MIT SCHIMMELBEFALL
Wenn es für Sie nicht gut ist (einschließlich Käse mit fragwürdigem Schimmel), dann ist es auch nicht gut für Ihr Tier.

MUSKATNUSS UND MACIS
Diese scheinbar harmlosen Gewürze werden vielfach in Backwaren und gewürzten Produkten eingesetzt. Sie können aber das zentrale Nervensystem Ihres Hundes angreifen und zu Verdauungsstörungen, Erbrechen, Krampfanfällen und sogar zum Tod führen.

ZWIEBELN
Egal, ob frisch, getrocknet oder als Pulver, das Thiosulfat in Zwiebeln kann die roten Blutkörperchen zerstören und eine Heinz-Körper-Anämie verursachen. Wenn etwas Zwiebel enthält, darf Ihr Hund es nicht bekommen. Dazu zählen die meisten Fertigbrühen und viele andere Fertigprodukte. Hat Ihr Hund etwas mit Zwiebeln gefressen und entwickelt er danach ungewöhnliche Symptome (Erbrechen, Blut im Urin oder Kot, Durchfall, Schwäche), suchen Sie sofort Ihren Tierarzt auf und lassen Sie eine Blutuntersuchung machen. Das Positive daran ist, dass Sie beim Kochen für Ihren Hund nicht weinen müssen.

SCHWARZER PFEFFER
Ihr Hund braucht keinen Pfeffer, damit ihm sein Essen schmeckt, daher besteht kein Grund, die Mahlzeiten für Ihren Hund mit Pfeffer zu würzen. Lassen Sie die Finger von Fertigprodukten mit Pfeffer, da diese zu Verdauungsproblemen führen können.

OBSTKERNE
Obstkerne können zu Darmverschluss führen. Wenn Ihr Hund also Aprikosen, Mango, Pfirsiche oder Pflaumen mag, sollten Sie sichergehen, dass er keine Kerne aufnimmt, egal, wie groß er ist.

ROHER LACHS UND FORELLE
Lachs und Forelle sind qualitativ nicht immer gleich, denn je nach Habitat sind sie mit Parasiten (Fischegel, Würmer) behaftet oder nicht. Roher Lachs und Forelle aus dem Nordwesten des Pazifiks sollten nicht an Hunde verfüttert werden, da dies möglicherweise zum Tode führen könnte. Symptome treten normalerweise innerhalb von einer Woche nach Aufnahme solcher Fische auf. Durchgegarter und verarbeiteter Fisch ist unbedenklich für Hunde und eine hervorragende Quelle für Omega-3-Fettsäuren.

SALZ UND GESALZENES
In einer natürlichen Ernährung ist genug Natrium enthalten, um den Tagesbedarf Ihres Hundes zu decken, deshalb besteht kein Grund, noch mehr zu geben. Zu viel Salz kann zu einem Ungleichgewicht der Elektrolyte führen. Die verarbeiteten Lebensmittel, die wir gerne konsumieren, enthalten meistens sehr viel Natrium und sollten daher nicht

mit unseren Hunden geteilt werden, denn schon ein Salzchip kann im Magen unseres Yorkies beträchtlichen Schaden anrichten.

HEFETEIG

Stellen Sie sich vor, Sie essen ein Hefebrötchen, das nicht gebacken ist. In Ihrem warmen Magen geht der Hefeteig auf und bildet Gas, das zu Unbehagen und möglicherweise sogar zu einer Ruptur in Ihrem Verdauungsapparat führt. Dasselbe gilt für Ihren Hund, also stellen Sie Hefeteig immer außer Reichweite Ihres Hundes.

NAHRUNGSMITTEL, DIE MIT VORSICHT ZU GENIESSEN SIND

Bei manchen Nahrungsmitteln hängt es vom Verdauungsapparat Ihres Hundes ab, ob er sie verträgt oder nicht. Fragen Sie im Zweifelsfall lieber Ihren Tierarzt.

KNOCHEN

Hunde lieben es, Knochen zu benagen. Knochen bieten mentale Stimulation, reinigen die Zähne und dienen obendrein als Calcium-Quelle.

Das Problem ist, dass sie splittern, den Darm perforieren oder verstopfen und Zahnfrakturen verursachen können. Die meisten Hunde können kleine Knochenmengen verdauen, aber Sie sollten sich darüber im Klaren sein, mit welcher Geschwindigkeit Hunde einen Knochen zerlegen können. Nehmen Sie Ihrem Hund seinen Knochen alle 15 Minuten ab und untersuchen Sie ihn auf fehlende Stücke oder Risse, spätestens dann sollten Sie ihn wegwerfen. Erlauben Sie Ihrem Hund nicht, den Knochen so weit abzunagen, dass er ihn herunterschlucken könnte.

Geflügelknochen sollten grundsätzlich vermieden werden, da sie so brüchig sind, dass sie sehr leicht splittern. Nehmen Sie stattdessen Markknochen vom Rind; sie haben eine schmackhafte Füllung und sind dicker, sodass sie nicht so schnell splittern.

Kochen zerstört die Struktur aller Knochen und macht sie brüchiger; daher sollten gekochte Knochen niemals an Hunde verfüttert werden.

MILCHPRODUKTE

Wir geben unseren Hunden morgens einen sehr kleinen Schuss fettarmer Milch oder einen Klecks fettarmen Naturjoghurt; wir bezeichnen das als Welpenkaffee. Ab und zu bekommen sie auch ein paar Stückchen Käse oder die Reste aus dem Käsehobel in ihren Napf. Allerdings verlieren viele Hunde nach dem Absetzen die Fähigkeit, Milchzucker zu verdauen (so wie auch manche Menschen). Unsere Hunde vertragen Milchprodukte nur so problemlos, weil wir sie auf ein Minimum beschränken. Ich habe mit vielen Leuten gesprochen, deren Hund plötzlich Durchfall hatte, und in vielen Fällen lag es daran, dass er zu viel Käse bekommen hatte. Wenn Sie wissen, dass Ihr Hund kleine Mengen

Käse verträgt, können Sie ihm ruhig etwas abgeben. Im nächsten Abschnitt erfahren Sie, wie viel Sie ihm geben dürfen.

AVOCADOS

Die Blätter und der Kern der Avocado enthalten das Toxin Persin, das Erbrechen, Durchfall und eine Magen-Darm-Reizung auslösen kann. Am gefährlichsten sind Früchte aus Guatemala, am harmlosesten die kalifornischen Avocados der Sorte Hass. Das Fleisch der Avocado ist sehr nährstoffreich und enthält essenzielle Fettsäuren, die sich positiv auf Haut und Fell auswirken können. Allerdings kann übermäßiger Fettkonsum auch zu Verdauungsproblemen führen, deshalb sollten Sie Ihrem Hund nur eine geringe Menge geben.

LEBER

Egal, ob es sich um Leber vom Rind, Huhn oder etwas Exotischem handelt, Hunde tun fast alles für Leber. Leber ist reich an Vitamin A und D, und zwar so reich, dass ihr Anteil an der Ernährung des Hundes nicht mehr als 5 Prozent betragen sollte. Damit nimmt sie eher die Stellung eines Snacks oder Leckerlis ein als den einer echten Mahlzeit. (Siehe auch die Rezepte für Leber-Pâté als Treuebonus auf Seite 58 und Roberts Leberhäppchen auf Seite 56.) Aber auch als Belohnungshäppchen sollten Sie sie nur sehr sparsam einsetzen, um Verdauungsproblemen vorzubeugen. Insbesondere Terrier können übermäßig viel Kupfer in der Leber speichern und zeigen dann Symptome wie Hepatitis, Apathie, Erbrechen und Gewichtsverlust; diese Hunde sollten überhaupt keine Leber bekommen.

NAHRUNGSMITTEL, DIE SIE MIT IHREM HUND TEILEN KÖNNEN

Wir lernen schon früh zu teilen, allerdings nicht mit unseren Hunden. Wenn Sie das Essen für sich selbst zubereiten, schauen Sie, welche Zutaten für Ihren Hund geeignet sind und reduzieren Sie Ihre Abfälle, indem Sie diese als Snacks verwenden. Wenn ich koche, beobachten acht Augen jede meiner Bewegungen. Sie wissen, wenn sie in dem ihnen zugewiesenen Bereich bleiben, dann bekommen sie früher oder später etwas in ihre Näpfe. Einmal bereiteten wir einen Auflauf mit Bio-Birnen zu, und sie bekamen ein paar Stückchen ab. Ein paar Tage später verarbeitete ich die restlichen Früchte zu Birnenbutter und beschloss, die Schalen zu trocknen. Die Hunde rührten die rohen Schalen nicht an, aber bei den getrockneten gerieten sie schier aus dem Häuschen. Manchmal muss man nur etwas kreativ sein, wenn man etwas Neues einführen will.

Die unten angegebenen Mengen sind „vernünftige Tagesmengen", ähnlich den sonst üblichen empfohlenen Tagesmengen. Weniger ist auf jeden Fall auch okay, denn diese Mengen werden ja zusätzlich zu dem gegeben, was Ihr Hund ohnehin schon bekommt. Die Angaben sind so gewählt, dass sie sich nicht störend auf den Gehalt an Fett, Vitaminen,

Mineralstoffen, Ballaststoffen und Kalorien in der normalen Ration Ihres Hundes auswirken. Auf diese Weise können Sie Ihren Hund belohnen, ohne Verdauungsstörungen zu riskieren.

Alle Mengenangaben entsprechen den in der Küche üblichen Abmessungen, allerdings müssen Sie nicht immer Ihren Messbecher herausholen, wenn Sie Ihrem Hund einen Snack geben möchten. Ein EL bedeutet nicht einen gehäuften, sondern einen gestrichenen EL, so als würden Sie Suppe essen. Ein TL entspricht in etwa dem Löffel, den Sie zum Umrühren Ihres Kaffees verwenden.

Wenn Sie Ihrem Hund im Verlauf des Tages etliche Snacks geben, sollten Sie auf Vielfalt achten, also beispielsweise morgens Gemüse, nachmittags ein kleines Stück Brot und abends ein Stückchen Fleisch. Probieren Sie aus, was für Sie am besten machbar ist und Ihrem Hund schmeckt; achten Sie nur darauf, Maß zu halten.

Die Mengenangaben in diesem Abschnitt machen weniger als 10 Prozent der durchschnittlichen Kalorienaufnahme aus. Bei manchen (v. a. wenn Sie zu der Passage auf Seite 37 kommen, wo es um Käse geht) denken Sie vielleicht, dass es eine wirklich mickrige Portion ist, aber dies ist nur zum Besten Ihres Hundes. Ich gebe Ihnen auch Tipps, wie Sie Ihren Erfahrungsschatz erweitern können, ohne dass gleichzeitig der Bauchumfang Ihres Hundes zunimmt.

Immer wenn Sie Ihrem Hund etwas Neues geben, dann beginnen Sie mit einer kleinen Menge, um zu sehen, wie es ihm schmeckt und er es verträgt. Fangen Sie daher mit einem Viertel der angegebenen Menge an, beim nächsten Mal geben Sie ihm die Hälfte usw. Wenn Sie merken, dass er irgendetwas nicht so gut verträgt, dann lassen Sie es weg.

Wenn Ihr Hund aber einfach nur die Nase rümpft, dann probieren Sie es noch einmal, wenn er richtig hungrig ist. Wir haben unseren Hunden wiederholt Banane angeboten, die sie jedesmal ablehnten; schließlich probierte Chloe (die vorher nur Snacks mit Fleisch und Käse nahm) doch ein Scheibchen und befand es für gar nicht so übel. Nun wartet sie jeden Tag geduldig auf ein Scheibchen Banane. Manche Hunde finden eine fremde Konsistenz spannend, bei anderen bedarf es einer gewissen Überredung. Frisst Ihr Hund beispielsweise keine Karotten, raspeln Sie ein wenig in sein Futter. Sobald er gelernt hat, dass ein neues Nahrungsmittel in Ordnung ist, ist er eher geneigt, es auch von sich aus zu probieren.

OBST

Äpfel und Birnen

Hunde mögen rote Äpfel meist lieber als grüne. Versuchen Sie es mit einem Scheibchen, und wenn Ihr Hund den Kopf wegdreht, sollten Sie den Apfel schälen und es dann noch einmal versuchen. Apfelkerne enthalten Zyanid und sollten daher nicht an Hunde verfüttert werden.

4,5-KILO-HUND	**9-KILO-HUND**	**18-KILO-HUND**	**27-KILO-HUND**	**36-KILO-HUND**
⅛ Apfel	⅓ Apfel	½ Apfel	⅔ Apfel	1 ganzer Apfel (entkernt)

Bananen

Es hat vielleicht etwas von einer Doppelmoral, aber ich esse keine (überreife) Banane mit Flecken. Stattdessen vermische ich sie mit dem Hundefutter. Ob Sie nun gerade Frühstück machen oder eine Banane in Scheiben schneiden, geben Sie ruhig etwas von diesem kaliumreichen Kraftpaket in den Napf Ihres Hundes. Die Bananen sollten nicht mehr grün, sondern reif sein, da sie für Ihren Hund sonst schwer verdaulich sind.

4,5-KILO-HUND	9-KILO-HUND	18-KILO-HUND	27-KILO-HUND	36-KILO-HUND
2,5 cm dicke Scheibe	5 cm langes Stück	⅓ Banane	½ Banane	⅔ Bananen

Mangos und Papayas

Haben Sie das Buch *Marley und ich* gelesen? Marley sorgte zwar für jede Menge Ärger, aber er liebte Mangos. Sowohl Mangos als auch Papayas strotzen nur so vor Antioxidantien und verdauungsfördernden Enzymen.

4,5-KILO-HUND	9-KILO-HUND	18-KILO-HUND	27-KILO-HUND	36-KILO-HUND
2 TL	2 TL	¼ Tasse	⅓ Tasse	½ Tasse

Melonen

Wasser- und Cantaloupe-Melone kann Ihrem Hund im Sommer helfen, sich abzukühlen. Geben Sie ihm Melonenwürfel ohne Schale, da diese zu Magenverstimmungen führen kann.

4,5-KILO-HUND	9-KILO-HUND	18-KILO-HUND	27-KILO-HUND	36-KILO-HUND
2 TL	¼ Tasse	½ Tasse	⅔ Tasse	1 Tasse

Orangen

Es gibt einige wenige Hunde, die Zitrusfrüchte mögen. Wenn Ihr Hund dazugehört, können Sie diese Vitamin-C-Bombe ruhig mit ihm teilen. Sie müssen sie aber schälen und sollten ihm nicht mehr als die unten angegebene Anzahl von Spalten geben.

4,5-KILO-HUND	9-KILO-HUND	18-KILO-HUND	27-KILO-HUND	36-KILO-HUND
1 Spalte	2 Spalten	3 Spalten	4 Spalten	6 Spalten

Pflaumen und Aprikosen

Im Sommer wird Baxter total verrückt, wenn er eine Pflaume riecht. Manche Hunde lieben den süßen und saftigen Geschmack. Denken Sie aber daran, den Stein zu entfernen.

4,5-KILO-HUND	9-KILO-HUND	18-KILO-HUND	27-KILO-HUND	36-KILO-HUND
⅛ Pflaume	⅓ Pflaume	½ Pflaume	⅔ Pflaumen	1 ganze Pflaume

ANMERKUNG: 1 Tasse entspricht einem Fassungsvermögen von 240 ml.

GEMÜSE

Brokkoli
Diese Gemüsesorte steckt voller Vitamine, ist bei Hunden aber eher schlecht angesehen. Brokkoli enthält Isothiocyanat, das in großen Mengen den Verdauungstrakt Ihres Hundes in Aufruhr versetzen kann. Aber es würden wohl nur wenige Menschen versuchen, ihrem Hund einen ganzen Kopf Brokkoli täglich anzudrehen. In kleinen Mengen ist dieses Gemüse eine gute Ergänzung zum Hundefutter. Wahrscheinlich essen Sie selbst nicht unbedingt die Brokkolistrünke, deshalb können Sie Ihren Hund darauf herumkauen lassen. Oder schneiden Sie sie klein, dünsten Sie sie leicht an und geben Sie eine kleine Menge davon zum normalen Futter.

4,5-KILO-HUND	9-KILO-HUND	18-KILO-HUND	27-KILO-HUND	36-KILO-HUND
2 TL	2 EL	¼ Tasse	⅓ Tasse	½ Tasse

Karotten
Karotten sind nicht nur sehr vitaminreich, sondern eignen sich auch gut als Kaumöglichkeit. Wenn Ihr Hund keine Karotten im Ganzen frisst, können Sie sie reiben und mit seinem Futter vermischen oder auch andünsten.

4,5-KILO-HUND	9-KILO-HUND	18-KILO-HUND	27-KILO-HUND	36-KILO-HUND
1 Babykarotte	2 Babykarotten	3 Babykarotten	4 Babykarotten	5 Babykarotten

Gekochte Grüne Bohnen und Erbsen
Unsere Hunde lieben diese grünen Gemüsesorten, deshalb lassen wir ihnen bei der Zubereitung unserer Mahlzeiten ein paar Stückchen davon zukommen. Als Häppchen für zwischendurch eignen sie sich durchaus, aber wenn sie in größeren Mengen gegeben werden sollen, ist es ratsam, sie sehr klein zu schneiden oder in der Küchenmaschine zu zerkleinern, um die Zellstruktur aufzubrechen. Nicht roh verfüttern!

4,5-KILO-HUND	9-KILO-HUND	18-KILO-HUND	27-KILO-HUND	36-KILO-HUND
2 ganze Bohnen oder Schoten	3 ganze Bohnen oder Schoten	4 ganze Bohnen oder Schoten	5 ganze Bohnen oder Schoten	6 ganze Bohnen oder Schoten

Paprikaschoten (rote, gelbe, orange)
Unsere Testsubjekte zuhause bevorzugen eindeutig die rötlichen Schattierungen der roten, gelben und orangefarbenen Paprika im Vergleich zu grünen Schoten. Entfernen Sie die Samen und schneiden Sie sie klein oder in Würfel.

4,5-KILO-HUND	9-KILO-HUND	18-KILO-HUND	27-KILO-HUND	36-KILO-HUND
2 TL	4 TL	2 EL	3 EL	4 EL

Petersilie
Wenn Sie ein bisschen Petersilie übrig haben, egal, ob Stängel oder Blätter, kraus oder normal, können Sie sie fein hacken und im Kühlschrank aufbewahren. Streuen Sie ein wenig davon über das Hundefutter, um seine Verdauung zu unterstützen und für frischen Atem zu sorgen.

4,5-KILO-HUND	9-KILO-HUND	18-KILO-HUND	27-KILO-HUND	36-KILO-HUND
2 TL	4 TL	2 EL	3 EL	4 EL

Kartoffeln
Diese kaliumreichen Kraftpakete sind ein großartiger Leckerbissen, da sie kaum Kalorien, aber dafür viele Ballaststoffe und ebenso viel Vitamin C wie Tomaten enthalten. Ob Sie nun Kartoffelpüree oder gekochte Kartoffeln machen, belassen Sie die Schale, schneiden Sie alle Augen heraus und stellen Sie vor dem Salzen die Portion für Ihren Hund beiseite. Nehmen Sie keine Kartoffeln, deren Schale einen Grünstich aufweist, denn dies weist darauf hin, dass sie Solanin enthalten, einen Stoff, der für Hunde giftig ist. (Sie selbst sollten diese Kartoffeln vielleicht auch lieber nicht essen.)

4,5-KILO-HUND	9-KILO-HUND	18-KILO-HUND	27-KILO-HUND	36-KILO-HUND
2 EL	¼ Tasse	½ Tasse	¾ Tasse	1 Tasse

Kartoffelwasser
Meine Großmutter verwendete das Kartoffelkochwasser für ihre Bratensoßen. Ich schöpfe nach dem Kochen ein wenig davon ab, lasse es abkühlen und gebe es dann den Hunden. Sie lieben es. So können Sie Ihren Hund mit etwas verwöhnen, das er für eine tolle Leckerei hält, aber praktisch keine Kalorien hat und leichtverdaulich ist.

Kochen Sie Kartoffeln ohne Salz. Geben Sie das Salz erst zu, wenn Sie die Kartoffeln pürieren, damit Ihr Hund keinen Natriumschock bekommt. Lassen Sie das Kartoffelwasser auf Zimmertemperatur abkühlen und mischen Sie es dann mit dem Hundefutter.

4,5-KILO-HUND	9-KILO-HUND	18-KILO-HUND	27-KILO-HUND	36-KILO-HUND
2 TL	4 TL	2 EL	3 EL	4 EL

Süßkartoffeln und Yams
Geben Sie diese Leckerbissen nicht nur zum Erntedankfest. Sie stellen das ganze Jahr über eine hervorragende Bereicherung des Speiseplans Ihres Hundes dar. Lassen Sie nur den braunen Zucker und die Marshmallows weg. Wenn Sie die nährstoffreiche Schale belassen möchten, schrubben Sie sie gut ab und reiben Sie die Knollen, damit sie leichter verdaulich werden.

4,5-KILO-HUND	9-KILO-HUND	18-KILO-HUND	27-KILO-HUND	36-KILO-HUND
2 EL	¼ Tasse	½ Tasse	¾ Tasse	1 Tasse

Tomaten

Ein bisschen klein gehackte Tomate im Hundenapf gibt der Mahlzeit einen frischen Geschmack und versorgt Ihren Hund mit reichlich Vitamin C. Gekocht steigt der Gehalt an herzstärkendem Lycopin sogar noch an. Genau wie bei Kartoffeln sollten alle grünen Stellen entfernt werden. Wenn Sie Ihre eigenen Tomaten ziehen, sollten Sie sichergehen, dass Ihr Hund weder die grünen Tomaten noch die Blätter oder Stängel frisst, da diese Giftstoffe enthalten.

4,5-KILO-HUND	9-KILO-HUND	18-KILO-HUND	27-KILO-HUND	36-KILO-HUND
1 EL	2 EL	3 EL	¼ Tasse	⅓ Tasse

MILCHPRODUKTE

Käse

Ja, Hunde lieben Käse, und es fällt schwer, ihnen nichts davon abzugeben. Leider ist Käse meist sehr fettreich und viele ausgewachsene Hunde haben die Fähigkeit verloren, Milchprodukte zu verdauen. Egal, ob es sich um Cheddar, Parmesan, Ziegen- oder Frischkäse handelt, wenn Sie erwägen, Ihrem Hund etwas davon abzugeben, sollten Sie dies nur in Maßen tun.

Ich habe mit einigen Leuten gesprochen, die Käse einsetzen, wenn sie mit ihren Hunden trainieren, und dann zu mir kommen, weil ihre Hunde Durchfall haben. Sie erhoffen sich von mir eine Lösung, weil die Hunde ihr normales Futter nicht mehr vertragen. In den meisten Fällen liegt es aber am Käse. Wenn Ihr Hund seine Sache richtig gut macht, werden Sie ihn natürlich mit jeder Menge Leckerlis belohnen. Käse ist für Hunde ein solcher „Jackpot", dass es besser ist, ihn nur zur Festigung der Bindung oder als klebrige Füllung in einem Kong oder anderen Mittel zur längerfristigen Beschäftigung einzusetzen.

Wir teilen normalerweise die Reste aus dem Käsehobel unter den Hunden auf oder lassen sie absitzen und dann reihum das Papier vom Ziegenkäse ablecken. Noch mehr Spaß bereitet es aber, ihnen ab und zu etwas geriebenen Käse zu geben, da sie länger etwas davon haben.

4,5-KILO-HUND	9-KILO-HUND	18-KILO-HUND	27-KILO-HUND	36-KILO-HUND
½ TL	1 TL	1½ TL	2 TL	1 EL

Joghurt

Ein bisschen magerer Naturjoghurt liefert nützliche Bakterien, die den Verdauungsapparat Ihres Hundes unterstützen und seinem Frühstück ein wenig Pep verleihen. Lassen Sie die Finger von aromatisiertem und gezuckertem Joghurt, da dieser nur unnötige Kalorien enthält und dem Hund vielleicht auch gar nicht schmeckt.

4,5-KILO-HUND	9-KILO-HUND	18-KILO-HUND	27-KILO-HUND	36-KILO-HUND
1 TL	2 TL	1 EL	2 EL	3 EL

EIER

Eier sind die perfekte Proteinquelle, und Ihr Hund wird sie mit Sicherheit lieben. Außerdem können Sie auf diese Weise Ihr Geschick in der Omelette-Zubereitung verbessern. Bereiten Sie die Eier für Ihren Hund vor den für Sie bestimmten zu, damit kein Salz oder Pfeffer hineingerät.

4,5-KILO-HUND	9-KILO-HUND	18-KILO-HUND	27-KILO-HUND	36-KILO-HUND
¼ Ei	½ Ei	1 Ei	1½ Eier	2 Eier

GETREIDE UND NÜSSE

Brot
Heben Sie Weißbrot auf, um die Vögel damit zu füttern. Vollkornbrot ist eine gesündere Wahl – für Sie und Ihren Hund.

4,5-KILO-HUND	9-KILO-HUND	18-KILO-HUND	27-KILO-HUND	36-KILO-HUND
¼ Scheibe	⅓ Scheibe	½ Scheibe	¾ Scheibe	1 Scheibe

Frühstücksflocken, Poppies (Vollkorn)
Dieses einfache Frühstücksgetreide ist eine hervorragende Belohnung für das Training, da es kaum Kalorien und Zucker enthält, leicht mitzunehmen und eine willkommene Ergänzung aus Vollkorn zum normalen Futter Ihres Hundes ist.

4,5-KILO-HUND	9-KILO-HUND	18-KILO-HUND	27-KILO-HUND	36-KILO-HUND
2 EL	¼ Tasse	½ Tasse	¾ Tasse	1 Tasse

Haferflocken
Wenn Sie morgens Haferbrei kochen, heben Sie ein wenig davon für Ihren Hund auf. Getrocknete Cranberrys geben dem Ganzen ein wenig Süße und Geschmack, aber denken Sie immer daran: keine Rosinen!

4,5-KILO-HUND	9-KILO-HUND	18-KILO-HUND	27-KILO-HUND	36-KILO-HUND
1 EL	2 EL	4 EL oder 60 ml	80 ml	120 ml

Erdnussbutter

Der Snack, nach dem sich Ihr Hund die Lippen leckt: Erdnussbutter. Das Problem mit Erdnussbutter ist, dass sie nicht wirklich nahrhaft ist, wenn man den hohen Gehalt an Fett und Natrium betrachtet. Sparsam eingesetzt, ist sie aber eine gute Füllung für den Kong (Seite 54) bzw. eine gute Zutat für Kekse. Nehmen Sie die frisch gemahlene Erdnussbutter aus Ihrem Lebensmittelladen; sie schmeckt nicht nur besser, sondern ist auch frei von gehärteten Fetten und zugesetztem Zucker. Oder stellen Sie nach dem einfachen Rezept auf Seite 88 Ihre eigene Erdnussbutter her.

4,5-KILO-HUND	9-KILO-HUND	18-KILO-HUND	27-KILO-HUND	36-KILO-HUND
¼ TL	½ TL	1 TL	2 TL	1 EL

Reis (brauner)

Weißer Reis hat keine Schale und kein Samenhäutchen mehr, und ist damit auch eines Teils seiner gesunden Vitamine beraubt. Versuchen Sie es mit gekochtem Vollkornreis, der einen nussigen Geschmack hat und mehr Vitamine und Mineralstoffe mit weniger Kalorien liefert.

4,5-KILO-HUND	9-KILO-HUND	18-KILO-HUND	27-KILO-HUND	36-KILO-HUND
1 EL	2 EL	4 EL	⅓ Tasse	½ Tasse

FLEISCH UND FISCH

Speck

Speck ist alles andere als ein perfektes Futtermittel für den Hund, da er sehr viel Fett und noch mehr Natrium enthält. Wird er gebraten, kann allerdings weder Mensch noch Hund dieser Versuchung widerstehen. Der Duft nach gebratenem Speck verfehlt nie seine Wirkung und sorgt dafür, dass unsere Hunde eiligst mit hochgereckten Nasen angerannt kommen, um herauszufinden, woher der verführerische Geruch stammt.

Wenn Sie nicht standhaft bleiben können, ist das nur allzu menschlich (und außerdem überaus großzügig), aber geben Sie wirklich nicht mehr als die unten angegebene empfohlene Tagesmenge und teilen Sie diese in 10 oder mehr winzige Stücke, um den Genuss Ihres Hundes noch mehr in die Länge zu ziehen. Speck zählt für Hunde zu den Belohnungen mit dem höchsten Wert, deshalb können Sie das Training als Entschuldigung dafür nehmen, Ihrem Hund ein kleines Stückchen zukommen zu lassen, und sei es nur, um mit ihm zu üben, dass er sich vor Ihnen hinsetzt.

4,5-KILO-HUND	9-KILO-HUND	18-KILO-HUND	27-KILO-HUND	36-KILO-HUND
1,5 × 2,5 cm-Stück	2,5 × 2,5 cm-Stück	5 × 2,5 cm-Stück	7,5 × 2,5 cm-Stück	10 × 2,5 cm-Stück

Brühe und Fond

Wenn wir eine Schneeschuhwanderung machen, nehme ich gerne ein wenig selbst gemachte Brühe in einer Thermoskanne für die Hunde mit. Es wärmt sie auf und ist nach einem Tag im Schnee eine nette Belohnung. Wenn Sie den Hunden etwas Brühe abgeben möchten, sollte diese nicht mit Zwiebeln zubereitet werden. Entsprechende Rezepte finden Sie ab Seite 72 und können Sie sowohl für Ihre eigene Küche als auch für die Mahlzeiten Ihrer Hunde verwenden.

4,5-KILO-HUND	9-KILO-HUND	18-KILO-HUND	27-KILO-HUND	36-KILO-HUND
80 ml	120 ml	160 ml	180 ml	240 ml

Sardinen

Die meisten Hunde lieben den Geschmack von Fisch. Dieser ist auch ein großartiger Snack, der zudem eine gesunde Dosis Omega-3-Fettsäuren liefert und damit Haut und Fell Ihres Hundes nährt. Sie können abgetropfte Sardinen in Öl oder Wasser aus der Dose nehmen, oder sogar Sardinen in Tomatensoße, wenn Sie Ihrem Hund noch einen kleinen Lycopin-Kick geben möchten.

4,5-KILO-HUND	9-KILO-HUND	18-KILO-HUND	27-KILO-HUND	36-KILO-HUND
¼ Sardine	½ Sardine	1 Sardine	1½ Sardinen	2 Sardinen

RÜHREI

Die einfachste Weise, wie Sie Ihrem besten Freund etwas Gutes tun können, besteht darin, ihm ein Ei zu geben, während Sie Ihr eigenes Frühstück zubereiten. Ihr Hund wird sich vor lauter Freude über diesen Leckerbissen geradezu überschlagen, außerdem ist er billig und einfach zuzubereiten.

Eier haben eine hohe Nährstoffdichte: Gemessen an ihrem Kaloriengehalt (75 für ein großes Ei) haben sie einen hohen Nährwert, v. a. im Hinblick auf Eiweiß, Selen und Cholin. Tatsächlich haben Eier die höchste biologische Wertigkeit, d. h., sie stellen die beste Eiweißquelle für Wachstum und Erhaltung dar und werden sehr leicht vom Körper aufgenommen.

Eier sollten immer erhitzt werden, da rohes Eiweiß die Aufnahme von Biotin (einem B-Vitamin) verhindert. Biotin ist essenziell für das Zellwachstum, den Fett- und Eiweißstoffwechsel und die Fellbeschaffenheit.

Eier können ganz einfach in der Mikrowelle zubereitet werden. Es dauert nur eine oder zwei Minuten, und man braucht nur zwei Zutaten. Geben Sie weder Butter, Salz noch Pfeffer in das Rührei für Ihren Hund – er braucht sie nicht.

Antihaft-Kochspray	Sprühen Sie eine mikrowellengeeignete Schüssel mit dem Kochspray ein.
1 großes Ei **2 EL Wasser**	Geben Sie das Ei und Wasser in die Schüssel und verrühren Sie beides gut.
	Erhitzen Sie die Mischung 1 Minute und 15 Sekunden auf hoher Stufe in der Mikrowelle. (2 Minuten bei 2 Eiern).
	Lassen Sie das Ei vor dem Servieren auf Zimmertemperatur abkühlen.
	Ein Ei ersetzt $1/5$ Tasse Trockenfutter. Sie können bis zur Hälfte einer normalen Mahlzeit Ihres Hundes durch Eier ersetzen.

Süsskartoffelfritten zum Teilen

Selbst Hunde, die Gemüse normalerweise verschmähen, werden diesen Leckerbissen lieben. Würzen Sie Ihre Portion mit ein wenig Salz und Pfeffer, und auch Ihnen wird dieses Rezept schmecken. Es klappt auch gut mit Yamswurzel, Pastinake und Steckrübe.

Heizen Sie den Backofen auf 220 °C vor.

1 mittelgroße Süßkartoffel

Schälen Sie die Süßkartoffel und schneiden Sie sie in Streifen von 0,6 cm Dicke und 10 cm Länge.

2 EL Olivenöl
½ TL getrockneter Oregano

Vermischen Sie die Süßkartoffelstücke gut mit dem Olivenöl und Oregano.

Verteilen Sie sie gleichmäßig und parallel zueinander auf einem Backblech. (Dies zahlt sich aus, wenn Sie sie wenden müssen.) Schieben Sie das Blech für 15 Minuten in den Ofen.

Dann wenden Sie die Fritten und lassen sie weitere 15 Minuten backen.

Lassen Sie die Fritten vor dem Servieren abkühlen (aber schnappen Sie sich Ihren Anteil und genießen Sie ihn mit ein bisschen grobem Salz, solange er noch heiß ist).

Ergibt: 2 Tassen

TAGESRATION:

4,5-KILO-HUND	9-KILO-HUND	18-KILO-HUND	27-KILO-HUND	36-KILO-HUND
1 Fritte	2 Fritten	4 Fritten	6 Fritten	8 Fritten

Lachs-Frikadellen

„Fisch, für mich?" Ihr Hund wird Sie nach dem ersten Bissen ganz erstaunt ansehen. Obwohl er diesen Leckerbissen wahrscheinlich einfach als Belohnungshäppchen ansieht, handelt es sich tatsächlich um einen Snack, der Eiweiß, Vitamin D, Selen und eine nette Portion Omega-3-Fettsäuren enthält. Probieren Sie dieses Rezept selbst heiß aus der Pfanne oder kalt in einem knackigen Salat (siehe Anmerkung).

Panko-Paniermehl wird häufig in der japanischen Küche verwendet, um eine knusprige Kruste herzustellen. Dafür werden fünf einfache Zutaten genommen: Mehl, Zucker, Hefe, Öl und Salz. Dies ist eine gesündere Variante als anderes handelsübliches Paniermehl, das oft fruktosehaltigen Maissirup, gehärtete Fette und andere Zuckerstoffe enthält.

400 g Lachs aus der Dose Geben Sie den Lachs mit der Flüssigkeit aus der Dose in eine mittelgroße Schüssel. Zerteilen Sie ihn mit einer Gabel und entfernen Sie alle womöglich enthaltenen Gräten.

2 große Eier Geben Sie die Eier, das Paniermehl und die Petersilie dazu und verrühren Sie alles gut.

80 g Panko-Paniermehl

5 EL gehackte frische Petersilie

Geben Sie die Masse in einen Messbecher mit 120 ml Volumen, klopfen Sie mit der einen Hand sanft auf den Boden, fangen Sie die Masse mit der anderen Hand auf und formen Sie Frikadellen mit 8 bis 9 cm Durchmesser.

2 EL Olivenöl Erhitzen Sie das Öl bei mittlerer Hitze und braten Sie die Frikadellen 4 bis 5 Minuten pro Seite, bis sie schön braun sind. Lassen Sie sie vor dem Servieren etwas abkühlen!

Sie können sie im Kühlschrank bis zu 4 Tage und im Gefrierschrank bis zu 3 Wochen aufbewahren.

 Ergibt: 6 Frikadellen

Anmerkung: Möchten Sie die Lachs-Frikadellen für sich selbst machen, geben Sie noch folgende Zutaten zu der Lachsmischung: 50 g gehackte Zwiebel sowie nach Wunsch Salz und Pfeffer. **Gehen Sie aber sicher, dass Sie erst die Portion für Ihren Hund abnehmen, damit Ihr Hund nichts von der Zwiebel abbekommt.** (Nehmen Sie die Portion für Ihren Hund, um das Öl zu testen und die Bratzeit herauszufinden.)

TAGESRATION:				
4,5-KILO-HUND	**9-KILO-HUND**	**18-KILO-HUND**	**27-KILO-HUND**	**36-KILO-HUND**
¼ Frikadelle	⅓ Frikadelle	⅔ Frikadelle	¾ Frikadelle	1 Frikadelle

Holländischer Baby-Pfannkuchen

Als ich ein Kind war, gehörte dieses Gericht zu meinen Lieblings-Frühstücksrezepten. Meine Mutter krönte es mit einem kleinen Schuss Zitronensaft und einer Prise Puderzucker. Die Zugabe von klein geschnittenen Erdbeeren machte das Ganze noch köstlicher. Ihrem Hund sollten Sie den Pfannkuchen allerdings ohne diese Zugaben servieren: Die knusprigen Ränder und die puffige Eimasse sind hinsichtlich der Konsistenz und des Geschmacks schon Leckerbissen genug.

Heizen Sie den Backofen auf 200 °C vor. Stellen Sie eine 20 cm große gusseiserne Pfanne 5 Minuten in den Ofen.

70 g Weizenmehl
120 ml 1,8 % Milch
3 große Eier
¼ TL Salz

Vermischen Sie Mehl, Milch, Eier und Salz 30 Sekunden bei mittlerer Geschwindigkeit in einem Standmixer.

4 EL ungesalzene Butter

Zerlassen Sie die Butter in der vorgeheizten Pfanne und geben Sie dann die Eimischung dazu.

Geben Sie die Pfanne wieder in den Ofen und backen Sie den Pfannkuchen 12 bis 15 Minuten lang.

Ist er einem Menschen zugedacht, so können Sie ihn danach sofort servieren. Wollen Sie ihn Ihrem besten Freund geben, lassen Sie ihn einige Minuten abkühlen.

Ergibt: 1 Pfannkuchen reicht für 2 Menschen.

TAGESRATION:

4,5-KILO-HUND	9-KILO-HUND	18-KILO-HUND	27-KILO-HUND	36-KILO-HUND
Ein Stück von 2,5 × 2,5 cm Größe	Ein Stück von 5 × 2,5 cm Größe	Ein Stück von 7,5 × 2,5 cm Größe	Ein Stück von 5 × 5 cm Größe	Ein Stück von 7,5 × 5 cm Größe

BRATÄPFEL

Der Winter ist eine gute Zeit für dieses Rezept, weil es so einfach zuzubereiten ist und aus Zutaten besteht, die man schnell zur Hand hat. Außerdem hat es an langen, dunklen Abenden eine tröstliche Wirkung. Wenn Sie diesen Leckerbissen mit Ihrem besten Freund teilen, gehen Sie sicher, dass Sie ihn vor dem Servieren bis fast auf Zimmertemperatur abkühlen lassen.

Heizen Sie den Backofen auf 175 °C vor.

4 rote Äpfel (Braeburn oder Red Rome sind eine gute Wahl)

Wenn Sie möchten, können Sie die Äpfel mit einem Gemüseschäler schälen.

Entfernen Sie mit einem Melonen- oder Kugelausstecher das Gehäuse und die Kerne, wobei Sie am Boden ungefähr 1 cm intakt lassen.

Arrangieren Sie die Äpfel in einer Auflaufform oder einer Backform mit 20 cm Durchmesser.

4 EL brauner Zucker
1 TL gemahlener Zimt
½ TL gemahlener Ingwer
120 ml ungesüßter Apfelsaft
4 TL ungesalzene Butter

Vermischen Sie den braunen Zucker, Zimt und Ingwer in einer kleinen Schüssel.

Füllen Sie jeden Apfel mit einem Viertel der Zuckermischung.

Gießen Sie den Apfelsaft über und um die Äpfel herum.

Geben Sie auf jeden Apfel 1 TL Butter.

Backen Sie die Äpfel 1 Stunde lang bzw. bis die Äpfel durchgeschmort sind.

Griechischer Joghurt als Topping (optional)

Servieren Sie die Äpfel wahlweise mit 2 EL Joghurt pro Apfel.

ERGIBT: 4 Äpfel

TAGESRATION:

4,5-KILO-HUND	9-KILO-HUND	18-KILO-HUND	27-KILO-HUND	36-KILO-HUND
1/8 Apfel	1/4 Apfel	1/3 Apfel	1/2 Apfel	2/3 Apfel

Blaubeer-Pfannkuchen

Seitdem Jackson einmal einen halben Blaubeerkuchen von der Arbeitsplatte geklaut hatte, liebte er Blaubeeren. Der Sonntagmorgen ist bei uns zu Hause Blaubeer-Pfannkuchentag, und beim Anblick der gusseisernen Pfanne sind alle Hunde schier aus dem Häuschen. Das Geheimnis, wie man es schafft, dass die Blaubeer-Pfannkuchen keine blauen Streifen bekommen (nicht, dass es den Hunden etwas ausmachen würde), liegt darin, dass man die Blaubeeren erst zugibt, wenn der Teig bereits etwas in der Pfanne gestockt ist. Dieses Rezept ergibt dickere Pfannkuchen, Sie können aber auch dünnere machen, indem Sie einen oder zwei EL Milch in den Teig geben.

Erhitzen Sie eine gusseiserne Pfanne oder eine Bratpfanne bei mittlerer Hitze. Die richtige Hitze ist erreicht, wenn ein paar Tropfen Wasser in der Pfanne zischen und tanzen.

140 g Weizenmehl
1 EL Zucker
½ TL Salz
½ TL Backpulver
¼ TL Backnatron

Vermischen Sie Mehl, Zucker, Salz, Backpulver und Backnatron in einer mittelgroßen Schüssel. Machen Sie eine Kuhle in die Mitte der Schüssel.

2 große Eier
245 g fettarmer Naturjoghurt
2 TL ungesalzene Butter, geschmolzen, plus etwas mehr für die Pfanne

Geben Sie die Eier, den Joghurt und die geschmolzene Butter in die Kuhle und verrühren Sie alles mit einer Gabel. Dann vermischen Sie die Ei-Mischung mit den trockenen Zutaten, bis alles eine homogene Masse ist. Mixen Sie aber nicht zu stark.

Fetten Sie die Pfanne ein und geben Sie ca. 60 ml (4 EL) pro Portion in die Pfanne.

150 g frische oder aufgetaute Blaubeeren

Geben Sie 10 bis 12 Blaubeeren auf die Oberfläche des Pfannkuchens.

Backen Sie den Pfannkuchen 4 bis 5 Minuten, bis sich auf der Oberfläche Blasen bilden, dann wenden Sie ihn und lassen ihn weitere 4 bis 5 Minuten in der Pfanne.

Geben Sie die fertigen Pfannkuchen in den auf ca. 95 °C vorgeheizten Backofen, damit sie warm bleiben, bis alle Pfannkuchen fertig sind.

Ergibt: 8 Pfannkuchen

TAGESRATION:

4,5-KILO-HUND	9-KILO-HUND	18-KILO-HUND	27-KILO-HUND	36-KILO-HUND
⅓ Pfannkuchen	½ Pfannkuchen	⅔ Pfannkuchen	¾ Pfannkuchen	1 Pfannkuchen

Kebab für Hunde

Wenn Sie im Sommer eine Grillparty veranstalten, dann vergessen Sie nicht Ihren besten Freund, nachdem er den größten Teil des Tages damit verbracht hat, Ihre Frisbee-Scheibe zu apportieren. Gegrilltes Fleisch übt eine besondere Anziehungskraft auf Hunde aus, und so sollten Sie auf jeden Fall ein paar Stücke Huhn und Gemüse beiseitelegen, um sie mit Ihrem Hund zu teilen. Denken Sie aber unbedingt daran, die Spieße zu entfernen, bevor Sie ihn füttern!

40 g Hähnchenschenkel, ohne Haut und Knochen, in kleine Würfel geschnitten (ca. 2 × 2 cm)

2 EL Olivenöl

1 Prise Knoblauchpulver (weniger als 1/8 TL)

1 TL gehackter frischer Thymian, Rosmarin oder Oregano

4 EL klein geschnittenes Obst oder Gemüse wie z. B. rote Paprika, Zucchini, Äpfel, Birnen oder Pfirsiche

Geben Sie die Hähnchenschenkel, das Olivenöl, das Knoblauchpulver und die Kräuter Ihrer Wahl in eine kleine Schüssel und vermischen Sie alles sorgfältig.

Stellen Sie die Mischung mindestens 30 Minuten und höchstens 24 Stunden in den Kühlschrank.

Weichen Sie Ihre (hölzernen) Grillspieße ca. 30 Minuten vor dem Grillen in Wasser ein.

Heizen Sie den Grill auf mittlere Hitze auf; die Temperatur sollte gerade so hoch sein, dass Sie Ihre Hand 5 Sekunden lang ca. 12–15 cm über die Oberfläche des Grills halten können.

Spießen Sie abwechselnd Huhn-, Gemüse- und Obststücke auf die Spieße. Geben Sie ein wenig Marinade über das Gemüse und streifen Sie dann überschüssige Marinade ab.

Beim Grillen wenden Sie jeden Kebab alle 2 Minuten um ein Viertel. Die letzte Seite belassen Sie für 3 Minuten auf dem Grill, sodass die Spieße insgesamt 9 Minuten lang gegrillt wurden.

Lassen Sie die Kebabs auf Zimmertemperatur abkühlen, bevor Sie die Spieße entfernen und die Mischung servieren.

Ergibt: ½ Tasse

TAGESRATION:

Als Mahlzeit, die ab und zu gegeben wird, können Sie die gleiche Menge nehmen wie bei dem normalen Futter Ihres Hundes.

Thunfisch-Sandwich-Reste

Wenn Sie für sich ein Thunfisch-Sandwich zubereiten, was machen Sie dann als Erstes? Sie schütten die Flüssigkeit aus der Dose in die Spüle. Dann schnappen Sie sich zwei Scheiben Brot, wobei Sie darauf achten, bloß nicht den Knust zu erwischen. Nehmen Sie diese beiden Sachen, die Sie sowieso nicht verwenden werden, und Sie haben einen netten Leckerbissen für Ihr Hündchen.

1 Scheibe Vollkornbrot Geben Sie das Brot in eine kleine Schüssel.

1 Dose Thunfisch in Wasser (ca. 175 g) Gießen Sie das Thunfischwasser über das Brot und lassen Sie es 3 Minuten lang einweichen, bis die gesamte Flüssigkeit aufgesaugt wurde.

Geben Sie 1 EL von dem Thunfisch dazu und vermischen Sie vor dem Servieren alles mit einer Gabel.

 Ergibt: 1 Scheibe; Aufbewahrung: separat bis zu 3 Tage im Kühlschrank.

TAGESRATION:

4,5-KILO-HUND	9-KILO-HUND	18-KILO-HUND	27-KILO-HUND	36-KILO-HUND
$1/3$ Scheibe	$1/2$ Scheibe	$2/3$ Scheibe	$3/4$ Scheibe	1 Scheibe

Käse-Chips

Diese Chips eignen sich hervorragend, um sie zusammenzurollen, wenn sie noch lauwarm sind, und sie dann in ein Kong-Spielzeug zu stopfen. Sie stellen aber auch eine willkommene Abwechslung in Ihrem eigenen Salat dar und geben eine nette Beilage ab, wenn Sie Gäste haben.

2 EL frisch geriebener Parmesankäse

Verteilen Sie den Käse kreisförmig dünn und gleichmäßig in einer beschichteten Pfanne. Die entsprechende Menge pro Kreis für Ihren Hund finden Sie unten. Bilden Sie so viele Kreise, bis der Käse aufgebraucht ist.

Erhitzen Sie die Pfanne bei mittlerer Hitze 2 bis 3 Minuten, bis der Käse Blasen wirft und leicht gebräunt ist.

Nehmen Sie die Pfanne von der Herdplatte und lassen Sie die Chips in der Pfanne 5 bis 6 Minuten abkühlen. Tupfen Sie sie leicht mit einem Papierküchentuch ab, um überschüssiges Fett zu entfernen. In noch warmem Zustand können die Chips aufgerollt und in ein Kong-Spielzeug gestopft werden.

Die restlichen Chips können Sie in einem luftdicht zu verschließenden Behälter bis zu 2 Tage bei Zimmertemperatur aufbewahren.

 Ergibt: 2 bis 6 Chips, in Abhängigkeit von der Größe Ihres Hundes.

TAGESRATION:

4,5-KILO-HUND	9-KILO-HUND	18-KILO-HUND	27-KILO-HUND	36-KILO-HUND
½ TL Käse	1 TL Käse	1½ TL Käse	2 TL Käse	1 EL Käse

FÜLLUNGEN FÜR DEN KONG Seite 54
ROBERTS LEBERHÄPPCHEN Seite 56
LEBER-PÂTÉ ALS TREUEBONUS Seite 58
KÜRBIS-POPPIES Seite 59
SARDINEN-CROÛTONS Seite 60
MEERESKEKSE Seite 61
REIS NEU BELEBT Seite 63
KÜRBISEIS Seite 64
ERDNUSSBUTTER- UND BANANENEIS Seite 65
WAN-TAN TRIFFT AUF PARMESAN Seite 66
LEBER-BROWNIES Seite 68
HUNDE ♥ TROCKENFLEISCH Seite 69
GUTE MÄDCHEN MÖGEN MUSKELMAGEN Seite 70
ENTENHERZEN Seite 71
RINDERBRÜHE Seite 72
HÜHNERBRÜHE Seite 73
FISCHBRÜHE Seite 74
PESTO Seite 76
SOSSE AUS INNEREIEN Seite 77
KÜRBISPÜREE Seite 78
KÜRBISKERNE Seite 79

BELOHNUNGS-HÄPPCHEN

Man sagt, der schnellste Weg zum Herzen eines Mannes führt über den Magen. Hunde sind da ein wenig anders gestrickt, denn die Botschaft führt vom Magen direkt ins Gehirn. Das Training gestaltet sich oft sehr viel effektiver, wenn man einen kleinen Leckerbissen in der Hand hat. Die Größe der Belohnung spielt keine so große Rolle wie die Tatsache der Belohnung mit einem Leckerli an sich. Probieren Sie es mit gesunden Dingen wie Frühstücksflocken bzw. Kürbis-Poppies (Seite 59), dem Rezept für „Gute Mädchen mögen Muskelmagen" (Seite 70), oder sogar mit Stückchen von für Hunde geeigneten und entkernten Obstsorten (Seite 33) statt mit fett- und natriumreichem Käse oder Würstchen.

Belohnungshäppchen eignen sich auch, um dem Hund einen kleinen Energieschub zu geben, damit er aktiv bleibt. Ist Ihr Hund ein Tunichtgut, und Sie müssen ihn zu Hause lassen, wenn Sie zur Arbeit gehen? Dann versuchen Sie es mit einem Kong, einem Spielzeug aus Vollgummi, das mit Leckerlis befüllt werden kann; füllen Sie ihn mit etwas sehr Schmackhaftem, das Ihren Hund lange Zeit beschäftigt. Ein Kong verleitet Ihren Hund nicht nur dazu, darauf herumzukauen, was gut für seine Zähne ist, sondern animiert ihn auch, die darin versteckten Leckerlis herauszuholen. Dies ist gleichzeitig eine großartige geistige Anregung. Der größte Schaden wird in der Regel angerichtet, kurz nachdem man das Haus verlassen hat, deshalb hat man schon viel erreicht, wenn man den Hund körperlich und geistig beschäftigt hält, sodass er später weniger Energie für Unfug hat.

Wenn Ihnen die Vorstellung von rohen Knochen zur Beschäftigung nicht gefällt, oder es gerade Winter und damit nicht die beste Zeit ist, Ihren Hund mit einem schmierigen Knochen in den Garten zu schicken, können Sie ihm alternativ einen gefüllten Kong anbieten, um ihn mental zu stimulieren und mit einem lustigen Spielzeug zu beschäftigen.

Je geschickter Ihr Hund darin wird, die Leckerlis herauszuholen, desto mehr sollten Sie den Schwierigkeitsgrad steigern; frieren Sie das Futter, das in den Kong soll, am Vorabend ein, oder stecken Sie den befüllten Kong in einen sauberen Strumpf. Wenn Ihr Hund den Kong schließlich wie ein Profi aus dem Strumpf herausholt, machen Sie einen Knoten in den Strumpf. Dies hat gleichzeitig den positiven Nebeneffekt, dass Ihr Hund beim Öffnen des Knotens seine Zähne „putzt". Allerdings sollte der Hund bei diesem „Socken-Puzzle" beaufsichtigt werden, und bei Hunden, die dazu neigen, ungeeignete Dinge herunterzuschlucken, sollte man ganz darauf verzichten.

Füllungen für den Kong

Cheddar-Käse, der in der Mikrowelle geschmolzen wird, wirft Blasen und klebt an den Innenseiten des Kong fest, sodass Ihr Hund wirklich Mühe hat, ihn herauszubekommen. Eine großartige Möglichkeit, mit wenig Futter das Vergnügen Ihres Hundes maximal in die Länge zu ziehen, besteht darin, ein paar Streifen Käse in einen Kong zu stopfen und diesen dann bei starker Hitze für 15 Sekunden in die Mikrowelle zu stellen. Lassen Sie den Kong anschließend mindestens 3 Minuten in der Mikrowelle abkühlen; ansonsten tropft der Käse wieder heraus und/oder Ihr Hund verbrennt sich die Zunge bei dem Versuch, den Käse auszulecken.

Frischkäse eignet sich gut, um Tabletten darin zu verstecken, und noch besser ist es, wenn er fettfrei ist. Er haftet sehr gut in einem Kong und stellt für Ihren Hund eine echte Herausforderung dar. Der Frischkäse lässt sich leichter schmieren, wenn Sie ein paar Tropfen heißes Wasser hinzufügen.

Frieren Sie einen Kong ein, in den Sie ungesüßtes Apfelmus gegeben haben. So erhalten Sie einen schmackhaften, kalorienarmen Leckerbissen zum Abkühlen. Verschließen Sie zuerst das eine Ende des Kong mit einem anderen Leckerli oder einem Stückchen Brot, dann füllen Sie das Apfelmus ein; so läuft im Gefrierschrank nichts aus.

Hüttenkäse und Reis werden oft als leichte Mahlzeit für Hunde mit einem empfindlichen Magen empfohlen und können auch in einem Kong als sommerliche Abkühlung eingefroren werden.

Erdnussbutter und ungesüßte Frühstücksflocken ergeben gemischt eine klebrige und knusprige Versuchung; empfohlene Mengenangaben finden Sie im Kapitel „Nahrungsmittel, die Sie mit Ihrem Hund teilen können" (Seite 32).

Joghurt, vermischt mit einem qualitativ hochwertigen Trockenfutter sorgt dafür, dass das Frühstück länger vorhält und liefert Probiotika, die den Verdauungsapparat Ihres Hundes unterstützen.

Roberts Leberhäppchen

Mein Freund Robert gab mir dieses Rezept, das er verwendete, um seine Welsh Corgis zu trainieren. Diese Leckerlis machen unsere Hunde ganz verrückt, aber sie beruhigen sich schnell wieder und warten geduldig, bis sie an der Reihe sind. Als Belohnung im Training sind sie unschlagbar, aber um ehrlich zu sein: Rinderleber stinkt. Daher ziehe ich es vor, sie im Sommer zu machen, wenn ich die Küchenfenster und -türen offen lassen kann, um zu lüften. Wenn Sie einen Gas-Grill mit Brenner haben, können Sie auch damit experimentieren, die Leberhäppchen draußen zu machen!

1,2 l Wasser		Bringen Sie das Wasser in einem großen Suppentopf zum Kochen.
455 g Rinderleber, in Scheiben von ca. ½ cm Dicke geschnitten (bitten Sie Ihren Metzger, das für Sie zu tun)		Geben Sie die Rinderleber hinzu und lassen Sie das Ganze noch einmal aufkochen. Dann reduzieren Sie die Hitze und lassen das Ganze weitere 10 Minuten köcheln.
		Nehmen Sie die Leber heraus, lassen Sie sie abtropfen und stellen Sie sie beiseite. Heben Sie die Brühe auf und verwenden Sie sie für andere Rezepte, für die Brühe oder Fond benötigt wird, oder um sie über das Futter Ihres Hundes zu gießen.
		Heizen Sie den Backofen auf 135 °C vor.
Antihaft-Kochspray		Sprühen Sie ein Backblech 23 × 33 cm mit Antihaft-Kochspray ein.
1 EL Knoblauchpulver		Schneiden Sie die Leber in 2,5 × 2,5 cm große Quadrate und vermischen Sie diese mit dem Knoblauchpulver auf dem Backblech.
		Lassen Sie die Leberstücke 2 Stunden lang backen. Dann schalten Sie den Ofen aus und lassen die Leber im geschlossenen Ofen abkühlen.
		Danach können Sie die Häppchen in einem luftdicht verschlossenen Behälter bis zu 2 Wochen oder im Gefrierschrank bis zu 6 Monate aufbewahren.
		Ergibt: 2 Tassen Leberhäppchen, 1 l Brühe

TAGESRATION:

4,5-KILO-HUND	9-KILO-HUND	18-KILO-HUND	27-KILO-HUND	36-KILO-HUND
½ TL	1 TL	1½ TL	2 TL	1 EL

Leber-Pâté als Treuebonus

Wenn ich dieses Rezept zubereite, verputzen die Hunde es bis auf den letzten Krümel und bleiben mir dann für den Rest des Tages auf den Fersen, immer in der Hoffnung auf einen Nachschlag. Natürlich gibt es einen, aber da Leber so reichhaltig ist, dehne ich die Zeitspanne zwischen den einzelnen Gaben auf drei oder vier Tage aus.

Wenn Sie ein wenig davon in einen Kong schmieren, ist Ihr Hund beschäftigt und geistig angeregt. Kennt Ihr Hund die Beschäftigung mit einem mit Leckerlis befüllten Kong noch nicht, ist dies der beste Einstieg. Hat Ihr Hund bisher noch nie Leber gefressen, beginnen Sie mit kleinen Mengen und schauen Sie, wie er sie verträgt.

1 Scheibe Speck	Braten Sie den Speck in einer großen Pfanne 5 Minuten lang bei mittlerer Hitze bzw. bis er knusprig ist. Nehmen Sie den Speck aus der Pfanne, belassen Sie aber einen EL von dem ausgelassenen Fett in der Pfanne. Lassen Sie den Speck abtropfen, zerkrümeln Sie ihn und stellen Sie ihn beiseite.
230 g Hühnerleber **1/8 TL Knoblauchpulver**	Geben Sie die Hühnerleber und das Knoblauchpulver zu dem ausgelassenen Fett in die Pfanne. Erhitzen Sie das Ganze 5 Minuten lang bei mittlerer Hitze und rühren Sie dabei gelegentlich um.
1/4 TL getrockneter Thymian	Geben Sie den Thymian dazu und lassen Sie das Ganze weitere 3 Minuten köcheln, bis die Leberstücke außen schön gebräunt sind. Nehmen Sie die Leber aus der Pfanne und lassen Sie sie auf Raumtemperatur abkühlen.
4 EL Naturjoghurt Magerstufe **40 g Panko-Paniermehl**	Geben Sie den Speck, die Leber, den Joghurt und das Paniermehl für 15 Sekunden in eine Küchenmaschine. Schaben Sie die Mixtur von den Wänden des Behältnisses und mixen Sie weitere 10 Sekunden, bis sie glatt und geschmeidig ist. Sie können die Pâté bis zu 1 Woche im Kühlschrank aufbewahren oder in einem Eiswürfelbehälter einfrieren, die gefrorenen Würfel in eine Plastiktüte geben und bis zu 2 Monate lang im Gefrierschrank belassen.

Ergibt: $1\,1/3$ Tassen

TAGESRATION:

4,5-KILO-HUND	9-KILO-HUND	18-KILO-HUND	27-KILO-HUND	36-KILO-HUND
½ TL	1 TL	1½ TL	2 TL	1 EL

Kürbis-Poppies

Diese leichten und lockeren Belohnungshäppchen eignen sich hervorragend als Füllung für den Kong. Wenn Sie sie verschenken oder den Vorgang etwas beschleunigen möchten, können Sie auch eine Teigspritze mit einer dekorativen Tülle verwenden.

Wenn Sie selbst gemachtes Kürbispüree nehmen, sollten Sie es erst 5 Minuten lang in einem feinmaschigen Sieb abtropfen lassen, bevor Sie es mit den anderen Zutaten vermischen.

- Heizen Sie den Backofen auf 175 °C vor.

1 großes Ei
- Schlagen Sie das Ei in einer mittelgroßen Schüssel auf.

160 ml Grießbrei oder Reisbrei
4 EL fettfreies Instant-Milchpulver
245 g Kürbispüree (als Konserve bzw. Tetra-Pack oder selbst gemacht, siehe Seite 78)
1 EL Olivenöl oder Färberdistelöl
½ TL gemahlener Zimt
Antihaft-Kochspray

- Geben Sie alle anderen Zutaten hinzu und verrühren Sie alles so lange, bis es sich gut vermischt hat.

- Geben Sie die Mischung teelöffelweise in ca. 1 cm Abstand auf ein leicht gefettetes Backblech.

- Backen Sie die Poppies, bis sie leicht gebräunt sind, bzw. 20 Minuten für eine weiche und 25 bis 28 Minuten für eine knusprigere Konsistenz.

- Bewahren Sie die Poppies bis zu 2 Wochen im Kühlschrank oder bis zu 2 Monate im Gefrierschrank auf.

Ergibt: 50 Poppies

TAGESRATION:

4,5-KILO-HUND	9-KILO-HUND	18-KILO-HUND	27-KILO-HUND	36-KILO-HUND
2 Stück	3 Stück	5 Stück	7 Stück	9 Stück

Sardinen-Croûtons

Wenn Sie die Croûtons etwas größer zuschneiden als das Loch im Kong ist, bleiben Sie länger im Kong und halten Ihren Hund länger beschäftigt.

1 in Wasser eingelegte Sardine	Zerkleinern Sie die Sardine mit einer Gabel in einer kleinen Schüssel, bis sie zu einer Art Paste geworden ist. Entfernen Sie alle sichtbaren Gräten.
1 Scheibe Vollkornweizenbrot	Toasten Sie das Brot, bis es leicht gebräunt ist.
	Schneiden Sie das Brot in Würfel von 1,3–2,5 cm Kantenlänge, je nach der Größe der Kong-Öffnung.
	Geben Sie die Brotwürfel zu der zerdrückten Sardine und vermischen Sie alles gut, bis das Brot mit der Paste überzogen ist.
	Croûtons, die Sie nicht sofort verwenden, können Sie bis zu 3 Tage im Kühlschrank aufbewahren.

TAGESRATION:

4,5-KILO-HUND	9-KILO-HUND	18-KILO-HUND	27-KILO-HUND	36-KILO-HUND
¼ Scheibe Brot	½ Scheibe Brot	²⁄₃ Scheibe Brot	¾ Scheibe Brot	1 Scheibe Brot

Meereskekse

Fisch ist genau das Richtige für Labrador Retriever oder andere wasserliebende Hunde. Das Fischöl verbessert die Beschaffenheit von Haut und Fell. Da diese Kekse recht weich sind, können sie gut in einen Kong gestopft werden, und Ihr Hund bekommt sie leichter wieder heraus.

Heizen Sie den Backofen auf 175 °C vor.

2 große Eier
1 EL getrockneter Seetang

Verrühren Sie die Eier und den Seetang in einer mittelgroßen Schüssel, bis alles gut vermengt ist.

2 Packungen (je ca. 150 g) Thunfisch in Öl, abgetropft
125 g Panko-Paniermehl

Geben Sie den Thunfisch und das Paniermehl dazu und vermischen Sie alles gründlich.

Antihaft-Kochspray

Sprühen Sie eine quadratische Auflaufform von ca. 20 cm mit Antihaft-Kochspray ein und drücken Sie die Mischung in die Form.

Schneiden Sie die Mischung in jeder Richtung viermal im Abstand von ca. 4 cm ein, um 25 Kekse zu erhalten.

Backen Sie das Ganze 15 Minuten, bis die Mischung leicht gebräunt ist. Lassen Sie die Kekse abkühlen und brechen Sie sie dann an den Bruchlinien auseinander, um die einzelnen Kekse zu erhalten.

Sie können sie bis zu 1 Woche im Kühlschrank oder bis zu 2 Monate im Gefrierschrank aufbewahren.

Ergibt: 25 Kekse

TAGESRATION:

4,5-KILO-HUND	9-KILO-HUND	18-KILO-HUND	27-KILO-HUND	36-KILO-HUND
1 Keks	2 Kekse	3 Kekse	4 Kekse	5 Kekse

Reis neu belebt

Anstatt überschüssigen Reis verderben zu lassen, können Sie lieber einen Auflauf für Ihren Hund daraus machen. Der Reis wird durch das zusätzliche Wasser noch weicher und damit sehr leicht verdaulich. Der Käse wiederum kaschiert die Tatsache, dass der Auflauf auch gesundes Gemüse enthält. Dieses Rezept eignet sich hervorragend als Füllung für den Kong oder um Medikamente darin zu verstecken.

Heizen Sie den Backofen auf 175 °C vor.

Antihaft-Kochspray

Sprühen Sie eine quadratische Auflaufform von ca. 20 cm mit Antihaft-Kochspray ein.

2 große Eier
4 EL gehackte frische Petersilie

Schlagen Sie die Eier zusammen mit der Petersilie in einer mittelgroßen Schüssel auf.

185 g gekochter Reis
100 g feingehackte oder geriebene Karotten, Brokkoli oder grüne Bohnen
60 ml Wasser
4 EL geriebener Cheddar-Käse

Geben Sie den Reis, das Gemüse, Wasser und den Käse dazu und verrühren Sie alles gut.

Schütten Sie die Mischung in die vorbereitete Form und backen Sie das Ganze 25 Minuten, bis die gesamte Flüssigkeit aufgesogen wurde und die Oberfläche leicht gebräunt ist.

Bewahren Sie das Gericht bis zu 4 Tage im Kühlschrank oder bis zu 1 Monat im Gefrierschrank auf.

Ergibt: 3 Tassen

TAGESRATION:

4,5-KILO-HUND	9-KILO-HUND	18-KILO-HUND	27-KILO-HUND	36-KILO-HUND
¼ Tasse	⅓ Tasse	½ Tasse	¾ Tasse	1 Tasse

Kürbiseis

Wussten Sie schon, dass Hunde nicht schwitzen? Durch das Hecheln halten sie den Kopf und teilweise auch den Körper kühl. Mit Eiscreme können Sie Ihrem Hund helfen, sich abzukühlen. Diese Leckerei wird am besten draußen serviert, da es eine ziemliche Schweinerei geben kann, wenn Ihr Hund das Eis mit der Nase über den Boden schiebt, während er es aufleckt. Die Eiscreme kann auch gut als Füllung für den Kong genommen werden.

Sie können auch zerbröselte Hundekekse oder andere Belohnungshäppchen wie die auf Seite 70 beschriebenen „Gute Mädchen mögen Muskelmägen" nehmen, wenn Sie gerade keine Hühnerleber zur Hand haben.

Bei älteren Hunden mit empfindlichen Zähnen bzw. Zahnfleisch sollten Sie die Eiswürfel vor der Fütterung ein paar Minuten antauen lassen.

240 ml Wasser Bringen Sie das Wasser und die Hühnerleber in einer kleinen Kasserolle zum Kochen; reduzieren Sie die Hitze und lassen Sie das Ganze 8 Minuten lang köcheln.

2 Stück Hühnerleber Lassen Sie die Leber abtropfen und heben Sie die Brühe auf, um sie über das Futter zu gießen oder Hundekekse daraus zu machen. Nachdem die Leber abgekühlt ist, hacken Sie sie in feine Stücke.

245 g Naturjoghurt Magerstufe

245 g Kürbispüree (Tetra-Pack oder selbst gemacht siehe Seite 78)

Verrühren Sie die Leber, den Joghurt und das Kürbispüree in einer mittelgroßen Schüssel, bis alles gut vermischt und glatt ist.

Verteilen Sie die Mischung in einem Eiswürfelbehälter und frieren Sie diesen für 4 bis 6 Stunden ein.

 Ergibt: 12 Eiswürfel, 180 ml Brühe

TAGESRATION:

4,5-KILO-HUND	9-KILO-HUND	18-KILO-HUND	27-KILO-HUND	36-KILO-HUND
1 Würfel	2 Würfel	3 Würfel	4 Würfel	5 Würfel

Erdnussbutter- und Bananeneis

Dieses Rezept bietet Ihrem Hund eine weitere delikate Möglichkeit, sich abzukühlen. Die Melasse verleiht dem Eis nicht nur Süße, sondern liefert auch wichtige Nährstoffe wie Calcium, Eisen, Magnesium und Kalium. Kaufen Sie unbedingt schwarze Zuckerrohrmelasse, um sicherzugehen, dass sie auch alle wichtigen Vitamine und Mineralstoffe enthält; andere Melasse-Sorten bestehen fast ausschließlich aus Zucker.

Die in dieser Eiscreme enthaltene Erdnussbutter erhöht den Fettgehalt, daher ist sie kalorienreicher. Bitte beachten Sie die reduzierten Fütterungsmengen.

Bei älteren Hunden mit empfindlichen Zähnen bzw. Zahnfleisch sollten Sie die Eiswürfel vor der Fütterung ein paar Minuten antauen lassen.

½ reife Banane
245 g Naturjoghurt Magerstufe
2 EL Erdnussbutter (vorzugsweise naturbelassen)
2 EL Zuckerrohrmelasse (schwarze Melasse)

Zerdrücken Sie die Banane in einer mittelgroßen Schüssel. Geben Sie alle anderen Zutaten hinzu und verrühren Sie alles zu einer glatten Masse.

Verteilen Sie die Mischung in einem Eiswürfelbehälter und frieren Sie diesen für 4 bis 6 Stunden ein.

Ergibt: 12 Eiswürfel

TAGESRATION:

4,5-KILO-HUND	9-KILO-HUND	18-KILO-HUND	27-KILO-HUND	36-KILO-HUND
1 Würfel	1 Würfel	2 Würfel	3 Würfel	4 Würfel

Wan-Tan trifft auf Parmesan

Hier folgt eine kleine asiatisch-italienische Fusion für Ihren Hund. Das Schöne an Wan-Tan-Blättern ist, dass sie keinen Wert darauf legen, der Star der Show zu sein. In asiatischen Restaurants dienen sie als Umhüllung für schmackhafte Füllungen und können sowohl in süße als auch würzige Saucen getunkt werden. Auch in diesem Rezept bleiben sie im Hintergrund und überlassen dem wahren Star – einem winzigen bisschen Parmesan – die Bühne. Wenn Sie lieber gedrehte Wan-Tans möchten, können Sie jedes Blatt der Länge nach in vier Streifen schneiden, mit den anderen Zutaten bestreichen bzw. bestreuen und dann vor dem Backen leicht zu Spiralen drehen.

Heizen Sie den Backofen auf 200 °C vor.

Antihaft-Kochspray

Sprühen Sie ein Backblech mit Antihaft-Kochspray ein.

12 Wan-Tan-Blätter

Legen Sie die Wan-Tan-Blätter in einer Lage Kante an Kante auf dem Backpapier aus.

1 Eiklar, mit 1 TL Wasser aufgeschlagen

Bepinseln Sie jedes Wan-Tan-Blatt mit dem aufgeschlagenen Eiweiß, dann bestreuen Sie die Blätter gleichmäßig mit dem Oregano und Käse.

½ TL getrocknete Oregano-Blätter, zerkrümelt

Schneiden Sie jedes Wan-Tan-Blatt zweimal diagonal mit einem Messer oder Pizzaschneider kreuzförmig ein, so dass 4 Dreiecke entstehen.

4 EL frisch geriebener Parmesan-Käse

Backen Sie das Ganze 6 bis 7 Minuten lang, bis die Ränder braun sind.

Lassen Sie das Gebäck dann auf einem Gitter vollständig auskühlen.

Sie können diese Leckerlis in einem luftdicht verschlossenen Behälter bei Zimmertemperatur bis zu 3 Tage oder im Gefrierschrank bis zu 1 Monat aufbewahren.

Ergibt: 48 Leckerlis

Tagesration:

4,5-KILO-HUND	9-KILO-HUND	18-KILO-HUND	27-KILO-HUND	36-KILO-HUND
2 Stück	4 Stück	7 Stück	9 Stück	12 Stück

LEBER-BROWNIES

Wer mag keinen guten Brownie? Es gibt keinen Grund, Ihrem Hund den Brownie-Spaß vorzuenthalten: Ersetzen Sie die Schokolade einfach durch Leber. Dieses Rezept ergibt weiche und gleichzeitig feste Brownies, die sich hervorragend in einen Kong stopfen lassen. Wenn es nach Ihrem Hund ginge, würde er Rinderleber wählen, aber Hühnerleber geht genauso gut und riecht nicht so streng.

Da Leber viel Vitamin A enthält, sollten Sie diesen Leckerbissen nur sparsam einsetzen. Eingefroren hält er sich bis zu 3 Monate, deshalb sollten Sie immer etwas als besondere Belohnung vorrätig haben.

Heizen Sie den Backofen auf 175 °C vor.

Antihaft-Kochspray

Sprühen Sie eine ca. 20 cm große quadratische Auflauf- oder Backform großzügig mit Antihaft-Kochspray ein.

90 g Schmelzflocken (Hafer)

Zerkleinern Sie die Haferflocken in der Küchenmaschine, bis sie sehr klein gemahlen sind.

1 TL Knoblauchpulver
3 große Eier
115 g Leber (Rind oder Huhn)

Geben Sie das Knoblauchpulver, die Eier und Leber ebenfalls in die Küchenmaschine und vermischen Sie alles 30 Sekunden lang.

180 g Sieben-Flocken-Mischung (bei den Frühstückscerealien oder Haferflocken zu finden)

Fügen Sie nach und nach die Flockenmischung hinzu (nicht mehr als 240 ml auf einmal) und lassen Sie das Ganze verrühren, bis es gut vermischt ist.

Geben Sie den Teig in die vorbereitete Auflaufform und backen Sie ihn 25 Minuten lang. (Reinigen Sie sofort Ihre Küchenmaschine, um zu verhindern, dass Reste der Leber festkleben.)

Lassen Sie die Brownies auf Zimmertemperatur abkühlen, dann schneiden Sie sie in 2,5 cm große Stücke.

Bewahren Sie sie bis zu 1 Woche im Kühlschrank oder bis zu 3 Monate im Gefrierschrank auf.

ERGIBT: 64 Brownies

TAGESRATION:

4,5-KILO-HUND	9-KILO-HUND	18-KILO-HUND	27-KILO-HUND	36-KILO-HUND
1 × 2,5 cm	2,5 × 2,5 cm	3,5 × 2,5 cm	5 × 2,5 cm	7,5 × 2,5 cm

HUNDE TROCKENFLEISCH

Meine Mutter unterstützte mich jede Woche in meiner Dog Stew-Küche und kam eines Tages mit diesem Rezept um die Ecke. Sie können das Rinderherz jederzeit durch Hähnchenbrust ohne Haut und Knochen ersetzen. Die Melasse verleiht dem Trockenfleisch Süße und der Anis sorgt für einen verführerischen Duft, den Hunde lieben.

	Heizen Sie den Backofen auf 135 °C vor.
Antihaft-Kochspray	Geben Sie eine großzügige Menge Antihaft-Kochspray auf ein Backblech.
455 g Rinderherz **1,45 l Wasser**	Befreien Sie das Rinderherz von jeglichem Fett. Bringen Sie das Wasser und das Rindfleisch in einem 2-Liter-Kochtopf zum Kochen. Dann reduzieren Sie die Hitze auf mittel bis niedrig und lassen das Ganze 20 Minuten köcheln.
	Lassen Sie das Rindfleisch abtropfen und heben Sie die Brühe für weitere Rezepte auf. Nachdem das Fleisch abgekühlt ist, schneiden Sie es in Faserrichtung in ca. 0,5 cm dicke Streifen, so dass es noch besser zu kauen ist.
2 EL Zuckerrohrmelasse **2 EL Apfelessig** (mit „Mutter", siehe Seite 13) **½ TL gemahlener Sternanis** (optional)	Vermischen Sie die Melasse, den Apfelessig und (optional) das Anispulver in einer mittelgroßen Schüssel.
	Geben Sie das klein geschnittene Rindfleisch in die Melasse-Mischung und rühren Sie es gut durch, bis alles gleichmäßig bedeckt ist.
	Legen Sie die Rindfleischstreifen auf das Backblech, wobei Sie zwischen den einzelnen Streifen ein wenig Abstand lassen, und backen Sie sie 1 Stunde, bis sie getrocknet sind.
	Bewahren Sie sie bei Zimmertemperatur bis zu 1 Woche oder im Gefrierschrank bis zu 1 Monat auf.
	Ergibt: ca. 2 Tassen

TAGESRATION:

4,5-KILO-HUND	9-KILO-HUND	18-KILO-HUND	27-KILO-HUND	36-KILO-HUND
1 Streifen	2 Streifen	3 Streifen	4 Streifen	5 Streifen

Gute Mädchen mögen Muskelmägen

Zugegeben, sie sind klein. Aber wenn Sie diese Leckerbissen während des Trainings aus der Tasche zaubern, machen Sie Ihren Hund genauso glücklich, wie Sie als Kind waren, wenn jemand Ihnen ein Bonbon anbot! Die Freude ist die gleiche, auch wenn es die Leckerei nicht ist.

Probieren Sie es erst einmal mit der unten angegebenen Menge. Beim nächsten Mal möchten Sie vielleicht gleich die doppelte oder dreifache Menge machen. Die Zubereitung macht kaum Mühe, und Ihr Hund verdient mit zunehmendem Trainingsfortschritt eindeutig mehr davon.

1,2 l Wasser — Bringen Sie das Wasser in einem 2-Liter-Kochtopf zum Kochen.

455 g Hühnermägen — Geben Sie die Hühnermägen hinzu und lassen Sie das Wasser ohne Deckel noch einmal aufkochen. Dann vermindern Sie die Hitze auf niedrige Temperatur und lassen Sie das Ganze weiterhin ohne Deckel 20 Minuten köcheln.

Lassen Sie die Hühnermägen abtropfen und soweit abkühlen, dass Sie sie anfassen können. Heben Sie die Brühe auf und frieren Sie sie ein, sodass Sie einen Vorrat für andere Rezepte in diesem Buch haben, bei denen Hühnerbrühe benötigt wird.

Heizen Sie den Backofen auf 150 °C vor.

Schneiden Sie die Hühnermägen in ca. 0,5 cm dicke Streifen.

1 EL Olivenöl
¼ TL Knoblauchpulver — Vermischen Sie die Hühnermägen mit dem Olivenöl und Knoblauchpulver auf einem großen Backblech mit Rand.

Backen Sie sie 1 Stunde lang, wobei Sie sie 2- bis 3-mal wenden.

Schalten Sie den Ofen aus und lassen Sie die Hühnermägen eine weitere Stunde darin trocknen.

Bewahren Sie sie im Kühlschrank bis zu 3 Wochen oder im Gefrierschrank bis zu 3 Monate auf.

Ergibt: 1 Tasse

TAGESRATION:

4,5-KILO-HUND	9-KILO-HUND	18-KILO-HUND	27-KILO-HUND	36-KILO-HUND
1 TL	2 TL	1 EL	2 EL	3 EL

Entenherzen

Vielen Hunden, die aufgrund von Allergien eine Diät einhalten müssen, wird eine Diät mit Ente und Kartoffel verordnet. Ente ist für die meisten Hunde eine neue Eiweißquelle, die sie vorher noch nie bekommen haben und bei der eine allergische Reaktion deshalb kaum zu erwarten ist. Wenn Ihr Hund Allergiker ist, sollten Sie auch auf die in den Leckerlis enthaltenen Proteinquellen achten. Obwohl dieses Rezept für Hunde mit Allergien kreiert wurde, sind die Entenherzen doch für jeden Hund ein toller Leckerbissen. Ich lasse sie länger im Ofen, bis sie trocken und knusprig sind, und die Hunde lieben sie. Die weichere Version ist eine großartige Versteckmöglichkeit für Medikamente.

Entenherzen gibt es oft in Asia-Läden zu kaufen, aber selbst wenn Sie keine bekommen, können Sie sie ohne Weiteres durch Hühnerherzen ersetzen, es sei denn, Ihr Hund hätte Allergieprobleme.

Wenn Sie die doppelte Menge zubereiten möchten, so passt diese auch auf ein 28 mal 35 cm großes Backblech.

455 g Entenherzen

1 EL Olivenöl oder Färberdistelöl

1 EL getrockneter Rosmarin, fein zerkleinert

½ TL Knoblauchpulver

 Heizen Sie den Backofen auf 165 °C vor.

Vermischen Sie alle Zutaten in einer mittelgroßen Schüssel.

Verteilen Sie sie auf einem Backblech mit Rand und backen Sie sie 45 Minuten, bis Sie weiche, leicht gebräunte Leckerlis haben, die besonders gut für Seniorhunde geeignet sind. Oder lassen Sie sie 1¼ Stunden im Ofen, bis sie trocken und knusprig und damit länger haltbar sind. Wenden Sie sie alle 30 Minuten, damit sie gleichmäßig durchgaren.

Bewahren Sie die weichen Leckerlis bis zu 1 Woche im Kühlschrank oder bis zu 2 Monate im Gefrierschrank auf. Die knusprigen Belohnungshäppchen können Sie bis zu 1 Monat im Kühlschrank und bis zu 6 Monate im Gefrierschrank lagern.

 Ergibt: 80 Leckerlis

TAGESRATION:

4,5-KILO-HUND	9-KILO-HUND	18-KILO-HUND	27-KILO-HUND	36-KILO-HUND
2 Stück	3 Stück	5 Stück	6 Stück	8 Stück

Rinderbrühe

Wenn wir auf der Basis freudig wackelnder Hinterteile eine Umfrage durchführen würden, stünde Rindfleisch vermutlich auf Platz eins der Geschmacksvorlieben unserer Hunde. Diese Brühe ist unglaublich leicht zuzubereiten, und die Verwendung von Rindernackenknochen ist eine preisgünstige Möglichkeit, Fleisch, das nicht primär für den menschlichen Verzehr vorgesehen ist, sinnvoll zu verwerten. Wenn Ihr örtlicher Supermarkt keinen Rinderkamm führt, versuchen Sie es in einem Asia-Laden, wo Sie diese Knochen meist für wenig Geld bekommen.

Wenn Sie darauf warten, dass die Brühe abkühlt, schnappen Sie sich die Hundeleine und den Müll, und gehen Sie mit Ihrem besten Freund nach einem Halt an der Mülltonne spazieren. Dadurch verhindern Sie, dass neugierige Nasen eine Müllparty veranstalten und gefährliche Knochenstücke verschlucken.

900 g Rinderkamm (Nackenknochen)

¼ TL Knoblauchpulver

1,45 l Wasser

1 mittelgroße Karotte, grob zerkleinert

1 Roma-Tomate, geviertelt

- Heizen Sie den Backofen auf 200 °C vor.

- Bestreuen Sie die Knochen mit dem Knoblauchpulver und rösten Sie sie 15 Minuten lang in einer Auflaufform oder auf einem Backblech mit Rand.

  Wenden Sie die Knochen und lassen Sie sie weitere 20 Minuten backen, bis sie gebräunt sind. Das Fleisch auf den Knochen ist zu diesem Zeitpunkt immer noch nicht ganz gar.

- Während die Knochen im Ofen sind, bringen Sie das Wasser in einem großen Kochtopf bei starker Hitze zum Kochen.

 Geben Sie die gerösteten Knochen, die Karotte und die Tomate in das kochende Wasser. Schließen Sie den Deckel und lassen Sie das Wasser weitere 5 Minuten lang kochen.

  Schalten Sie den Herd auf niedrige Hitze herunter und lassen Sie das Ganze bei geschlossenem Deckel 1 Stunde lang köcheln. Die Brühe ist dann schon recht gut, wenn Sie sie aber 2 Stunden lang köcheln lassen, schmeckt sie noch besser, und Sie werden versucht sein, Sie in Ihrer eigenen Küche zu verwenden.

  Seihen Sie die Brühe ab. Das Fleisch an den Knochen kann jetzt abgestreift und als besondere Belohnung über das Futter gegeben werden. Entsorgen Sie die Knochen und das Gemüse.

  Die Brühe und das Fleisch können bis zu vier Tage im Kühlschrank oder bis zu 6 Monate im Gefrierschrank aufbewahrt werden.

- **Ergibt:** ca. 1,2 l Brühe und 2 Tassen Fleisch von den Knochen.

TAGESRATION RINDERBRÜHE:				
4,5-KILO-HUND	**9-KILO-HUND**	**18-KILO-HUND**	**27-KILO-HUND**	**36-KILO-HUND**
60 ml	80 ml	120 ml	160 ml	240 ml

TAGESRATION FLEISCH VON DEN KNOCHEN:				
4,5-KILO-HUND	**9-KILO-HUND**	**18-KILO-HUND**	**27-KILO-HUND**	**36-KILO-HUND**
1 EL	2 EL	3 EL	⅓ Tasse	½ Tasse

HÜHNERBRÜHE

Wenn Sie diese Brühe für Ihre Hunde kochen und geschmacklich aufwerten wollen, können Sie die Gelegenheit nutzen und Ihren Kühlschrank ein wenig ausmisten. Nehmen Sie Obst und Gemüse, das zwar noch frisch ist, aber mit großer Wahrscheinlichkeit in den nächsten Tagen nicht verbraucht wird, und geben Sie davon einiges in die Brühe. Sie müssen dabei nicht allzu genau sein – Sie brauchen die Brühe nicht immer exakt gleich zuzubereiten, denn schließlich haben Sie wahrscheinlich auch nicht immer die gleichen Sachen im Kühlschrank.

Die so erhaltene Brühe ist reich an Geschmack, Vitaminen und Mineralstoffen. Sie kann in allen Plätzchen-Rezepten verwendet werden, aber auch, um Trockenfutter anzufeuchten.

2,4 l Wasser	Bringen Sie das Wasser in einem großen Kochtopf bei starker Hitze zum Kochen.
Knochen von 1 Hähnchen, ohne Haut (siehe Anmerkung)	Geben Sie die Hühnerknochen, Karotten, den Sellerie, Apfel, Spinat, Rosmarin, Basilikum und das Knoblauchpulver dazu und lassen Sie das Ganze aufkochen. Schöpfen Sie den Schaum mit einem Löffel ab.
2 mittelgroße Karotten, klein geschnitten	
2 Stangen Sellerie, klein geschnitten	Schalten Sie auf niedrige Hitze herunter und lassen Sie das Ganze bei geschlossenem Deckel 40 Minuten lang köcheln.
1 Apfel, entkernt und klein geschnitten	
30 g frischer Spinat	Seihen Sie die Brühe ab und verwerfen Sie die Knochen und das Gemüse.
1 TL getrockneter Rosmarin	Die Brühe kann bis zu 1 Woche im Kühlschrank aufbewahrt und bis zu 6 Monate eingefroren werden.
1 TL getrocknetes Basilikum	
¼ TL Knoblauchpulver	**ERGIBT:** ca. 2,2 l

ANMERKUNG: Um eine herzhaftere Brühe zu erhalten, die Sie auch für Ihre eigenen Mahlzeiten verwenden können, heizen Sie zuerst den Ofen auf 200 °C auf und rösten Sie die Hühnerknochen 15 bis 20 Minuten lang, bis sie goldbraun sind. Dann fahren Sie wie beschrieben fort.

TAGESRATION:

4,5-KILO-HUND	9-KILO-HUND	18-KILO-HUND	27-KILO-HUND	36-KILO-HUND
60 ml	80 ml	120 ml	160 ml	240 ml

Fischbrühe

Für die meisten Plätzchen-Rezepte in diesem Kochbuch wird Hühner- oder Rinderbrühe benötigt, aber Sie können natürlich auch Fischbrühe nehmen, um die Belohnungshäppchen noch verlockender zu machen. Ab und zu kaufen wir einen ganzen Lachs und kochen die Gräten und die beim Filetieren ausrangierten Teile, und 20 Minuten später haben wir eine schmackhafte Fischbrühe. Man braucht nichts anderes dafür, denn der Fisch allein ist schon genug. Ich gebe unseren Hunden gerne ein wenig frisch gekochte und abgekühlte Brühe als Belohnung nach einem Spaziergang. Makrele, Heilbutt und Kaiserbarsch sind ebenfalls eine gute Wahl. Wenn Sie sehr ambitioniert sind, können Sie nach dem Kochen das Fleisch von den Gräten lösen und als besonderen Leckerbissen dem abendlichen Trockenfutter zugeben.

Fisch (alle Reste, wie z. B. Köpfe, Wirbelsäule oder sonstige Abfälle)

Wasser

Bringen Sie den Fisch in so viel Wasser, dass er gut 2 cm bedeckt ist, in einem großen Kochtopf bei starker Hitze zum Kochen.

Reduzieren Sie die Hitze und lassen Sie das Ganze 20 Minuten köcheln.

Nehmen Sie den Topf vom Herd und lassen Sie die Brühe abkühlen.

Seihen Sie sie ab und geben Sie Ihrem Hund ein wenig davon, solange sie frisch ist.

Die Brühe kann bis zu 1 Woche im Kühlschrank aufbewahrt und bis zu 2 Monate eingefroren werden.

 Ergibt: Dies hängt von der verwendeten Fisch- und Wassermenge ab.

TAGESRATION:

4,5-KILO-HUND	9-KILO-HUND	18-KILO-HUND	27-KILO-HUND	36-KILO-HUND
60 ml	80 ml	120 ml	160 ml	240 ml

Dein bester Freund gräbt den Garten um.

Pesto

Kaufen Sie auch manchmal ein Bund Petersilie für ein Rezept, in dem lediglich ein paar EL benötigt werden, und tun Sie den Rest dann wieder in den Kühlschrank? Eine Woche später ist das Ganze nur noch eine verwelkte Masse. Anstatt die überschüssige Petersilie verrotten zu lassen, können Sie sie über das Trockenfutter Ihres Hundes streuen und damit für frischen Atem sorgen. Die Paranuss ist eine gute Selen-Quelle, und der Käse macht die Mischung unwiderstehlich.

60 g gehackte frische Petersilie

4 EL frisch geriebener Parmesan-Käse

1 Paranuss

Geben Sie alle Zutaten für 20 Sekunden in die Küchenmaschine, bis die Mischung fein zerkleinert ist.

Bewahren Sie das Pesto bis zu 2 Wochen im Kühlschrank auf oder frieren Sie es in einem Eiswürfelbehälter ein. Danach halten sich die Würfel in einem Plastikbeutel bis zu 3 Monate im Gefrierschrank.

Ergibt: ca. 240 ml

TAGESRATION:				
4,5-KILO-HUND	**9-KILO-HUND**	**18-KILO-HUND**	**27-KILO-HUND**	**36-KILO-HUND**
1 TL	1 EL	2 EL	3 EL	4 EL

Sosse aus Innereien

Manche Menschen mögen Puteninnereien in ihrer Erntedank-Sauce, aber viele werfen diese nahrhaften Teile einfach weg. Werten Sie das Trockenfutter Ihres Hundes mit dieser leckeren und einfach zuzubereitenden Soße auf, und er wird es Ihnen danken. Solange die Kartoffeln keine Augen oder grüne Stellen haben, können Sie die Pelle belassen. Der Löwenanteil an Eisen und Calcium befindet sich in der Kartoffelschale, ebenso wie fast ein Viertel der gesamten Nährstoffe.

2 mittelgroße rote Kartoffeln

Vierteln Sie die Kartoffeln.

Innereien von 1 Pute, einschließlich Hals, Leber, Herz und Muskelmagen

1 l Wasser

4 EL gehackte frische Petersilie (optional)

Geben Sie die Kartoffeln, Innereien, das Wasser und (optional) die Petersilie in einen mittelgroßen Kochtopf. Bringen Sie alles ohne Deckel zum Kochen, dann schalten Sie auf niedrige Hitze herunter. Lassen Sie das Ganze mit leicht schräg aufgelegtem Deckel 20 Minuten köcheln, bis die Kartoffeln gar sind.

Nehmen Sie den Topf vom Herd und seihen Sie die Brühe ab. Entsorgen Sie den Hals. Lassen Sie die Brühe auf Zimmertemperatur abkühlen.

Dann verarbeiten Sie die Brühe, die verbliebenen Innereien, Kartoffeln und Petersilie in einer Küchenmaschine zu einer geschmeidigen Masse.

Bewahren Sie die Soße bis zu 1 Woche im Kühlschrank oder bis zu 2 Monate im Gefrierschrank auf.

Ergibt: ca. 1,5 l

TAGESRATION:				
4,5-KILO-HUND	**9-KILO-HUND**	**18-KILO-HUND**	**27-KILO-HUND**	**36-KILO-HUND**
30 ml	60 ml	80 ml	120 ml	160 ml

Kürbispüree

Kürbisse finden Sie in fast allen Geschäften, oder Sie ziehen Ihre eigenen. Wenn wir Kürbis kochen, verarbeite ich meistens gleich drei bis vier (kleine) auf einmal, damit sich das Ganze auch lohnt. Wenn Sie aber einen Kürbis für Halloween ausgehöhlt haben, sollten Sie die Reste auf den Kompost geben und sichergehen, dass Ihr Hund keinen Zugang dazu hat, da sich Bakterien und Schimmel darauf ansiedeln könnten.

Für Hunde ist Kürbispüree ein hervorragender Ausgleich; ob er nun an Verstopfung oder Durchfall leidet, die löslichen Faserstoffe bringen das Ganze wieder ins Lot. Sie sollten immer eine Packung vorrätig oder selbst gemachtes Püree im Gefrierschrank haben, damit Sie gewappnet sind, wenn die Verdauung Ihres Hundes aus dem Gleichgewicht gerät.

1 (1,4 bis 1,8 kg schwerer) Kürbis

 Heizen Sie den Backofen auf 175 °C vor.

Waschen Sie den Kürbis außen ab und schneiden Sie ihn in Viertel. Entfernen Sie das Innere mit einem schweren Metalllöffel und entsorgen Sie die Fasern. (Rösten Sie die Kürbiskerne gemäß dem nächsten Rezept und teilen Sie sie mit Ihrem Hund.)

Legen Sie die Kürbisviertel mit dem Fleisch nach unten in eine große Auflaufform oder auf ein Backblech mit Rand und rösten Sie sie 45 Minuten, bis das Fleisch weich ist.

Lassen Sie den Kürbis abkühlen, dann schälen Sie das Fleisch ab und entsorgen Sie die Schale.

Pürieren Sie das Kürbisfleisch portionsweise ca. 30 Sekunden in einer Küchenmaschine, bis es glatt ist, oder zerdrücken Sie es mit einem Kartoffelstampfer.

Wenn Sie das Püree in Rezepten einsetzen, geben Sie es in ein feinmaschiges Sieb und lassen Sie 5 Minuten lang überschüssige Flüssigkeit abtropfen bzw. bis das Püree eingedickt ist. (Die aufgefangene Flüssigkeit können Sie über das Trockenfutter Ihres Hundes geben.)

Das Kürbispüree kann bis zu 1 Woche im Kühlschrank und bis zu 6 Monate im Gefrierschrank aufbewahrt werden.

 Ergibt: 480 bis 720 ml

TAGESRATION:				
4,5-KILO-HUND	**9-KILO-HUND**	**18-KILO-HUND**	**27-KILO-HUND**	**36-KILO-HUND**
15 ml	45 ml	60 ml	80 ml	120 ml

Kürbiskerne

Das Geheimnis knuspriger Kürbiskerne besteht darin, sie zuerst einmal zu kochen. Wenn Sie das nicht möchten, sollten Sie sie auf einem Backblech ausbreiten und vor dem Backen über Nacht trocknen lassen. Ihr Hund kann sie nach dem Backen knabbern, oder Sie zerkleinern Sie erst in der Küchenmaschine. Sie sind ein natürliches Heilmittel zur Vorbeugung oder Abtreibung von Würmern. Dieses Rezept verwendet eine maßvolle Menge Knoblauchsalz, aber man kann auch einfach Knoblauchpulver als salzarme Alternative nehmen.

	Heizen Sie den Backofen auf 135 °C vor.
Rohe Kürbiskerne von 1 Kürbis	Befreien Sie die Kerne von Fasern und Kürbisfleisch, dann spülen Sie sie mit kaltem Wasser ab.
1,45 l Wasser	Geben Sie das Wasser und die Kürbiskerne in einen mittelgroßen Topf und bringen Sie alles zum Kochen. 10 Minuten köcheln lassen, dann abseihen.
2 EL Olivenöl **¼ TL Knoblauchsalz**	Vermischen Sie die Kerne, das Olivenöl und Knoblauchsalz auf einem Backblech mit Rand, bis die Kerne gut mit den anderen Zutaten überzogen sind.
	Backen Sie sie 45 bis 50 Minuten, bis sie leicht geröstet sind.
	Sie können die Kerne in einem luftdicht verschlossenen Behälter bei Zimmertemperatur bis zu 1 Monat lang aufbewahren.
	Ergibt: 3 bis 4 Tassen von einem 1,4 kg schweren Kürbis

TAGESRATION:

4,5-KILO-HUND	9-KILO-HUND	18-KILO-HUND	27-KILO-HUND	36-KILO-HUND
½ TL	1 TL	1½ TL	2 TL	1 EL

KÄSECRACKER Seite 86
GOLDENE KOI Seite 87
ERDNUSSBUTTER-ZIMT-KEKSE Seite 88
LEBERKEKSE Seite 90
PARMESANKEKSE Seite 91
WEIHNACHTSBÄUMCHEN AUS GRÜNEN ERBSEN Seite 92
SÜSSIGKEITEN MIT PFIFF Seite 94
PLÄTZCHEN – ZUM BELLEN GUT Seite 95
KEKSE FÜR FRISCHEN ATEM Seite 96
PFEFFERKUCHENMÄNNER Seite 97
BLAUBEERKEKSE Seite 98
WEICHE HAFERKEKSE Seite 100
APPETITHÄPPCHEN MIT SPECK Seite 101

KEKSE

Das Wort *Keks* erregt sofort die volle Aufmerksamkeit jedes Hundes. Ob es nun das Knirschen eines trockenen Plätzchens ist, das Ihren Hund an einen vergnüglichen Nachmittag erinnert, an dem er einen Knochen benagte, oder das durch die Verwendung von selbst gemachter Brühe erzeugte Fleischaroma, Kekse sind fantastische Leckerlis nach den Mahlzeiten oder nach einem Spaziergang als Belohnung für gutes Verhalten.

Alles, was Sie Ihrem Hund zu fressen geben, vermittelt ihm eine Botschaft: „Danke, ich sorge für dich, ich möchte dies mit dir teilen." Diese Botschaft geht oft verloren, wenn wir die Belohnung überreichen und der Hund damit zum Teppich eilt, um dort einen Haufen Krümel zu hinterlassen. Ihr Hund konzentriert sich auf den Keks, nicht auf Sie. Ob es nun beim Training ist oder wenn Sie einfach Zeit miteinander verbringen, viele Leute geben einfach einen Keks nach dem anderen; dies wiederum führt zu einer weiteren Gewichtszunahme, und die ursprüngliche Botschaft geht verloren.

Probieren Sie einmal das nachfolgende Zwei-Minuten-Experiment mit Ihrem besten Freund aus:

- Nehmen Sie ein paar Kekse und brechen Sie sie in 6 oder 8 Stücke.
- Lassen Sie Ihren Hund vor Ihnen absitzen.
- Sitzt Ihr Hund ruhig vor Ihnen, geben Sie ihm ein Stückchen Keks.
- Nachdem er auch das letzte Krümelchen verspeist hat, warten Sie, bis sich Ihr Hund wieder auf Sie konzentriert.
- Sitzt er wieder ruhig da, geben Sie ihm ein weiteres Keksstück.
- Wiederholen Sie dies, bis alle Kekse weg sind, dann zeigen Sie Ihrem Hund Ihre Handflächen als Zeichen dafür, dass es nichts mehr gibt.

Während dieser Übung genießt Ihr Hund nicht nur die Kekse; er konzentriert sich auch voll und ganz auf Sie, wenn Sie langsam ein Häppchen nach dem anderen hervorholen. Wenn tatsächlich ein Menschenjahr sieben Hundejahren entspricht, haben Sie gerade 14 Hundeminuten damit verbracht, den heutigen Tag für Ihren besten Freund zu einem ganz besonderen zu machen.

In dieselbe Richtung zielt es, wenn Sie Ihre Zeit nicht damit verbringen, den Keksen eine besonders ansprechende Form zu geben – es sei denn, sie wären als Geschenk gedacht –, sondern sie einfach mit einem Pizza-Schneider in 2 cm große Quadrate schneiden und die restliche Zeit Ihrem besten Freund widmen. Eine andere schnelle Methode, um Kekse zu einem hübschen Geschenk zu machen, besteht darin, einen Ravioli-Schneider mit gezackten Rändern zu nehmen.

In den Rezepten kommt eine Vielzahl verschiedener Vollkorn-Getreidesorten zum Einsatz. Versuchen Sie, diese in Ihre eigenen Backaktivitäten einzubauen, da sie gesündere Alternativen zum weißen Auszugsmehl sein können. Viele dieser Mehlsorten haben einen höheren Ölgehalt, wodurch sich ihre Haltbarkeitsdauer vermindert. Deshalb sollten Sie nur die benötigten Mengen und keine Großgebinde kaufen oder das Mehl im Kühlschrank lagern, damit es nicht so schnell verdirbt. Wenn Sie die Mehlsorten austauschen, kann die benötigte Menge von 75 bis 125 Prozent variieren, deshalb sollten Sie langsam anfangen und ausprobieren, was für Sie am besten funktioniert.

Die folgenden Mehle enthalten Gluten und haben sich beim Plätzchenbacken als einfacher in der Handhabung erwiesen:

- Vollkornweizenmehl ist nahrhafter und hat einen nussigeren Geschmack als Weißmehl. Es benötigt aber meist mehr Flüssigkeit, um dasselbe Ergebnis zu erzielen.
- Gerstenmehl ist etwas süßlicher als Weizenmehl und kann dieses zu gleichen Teilen ersetzen.
- Roggenmehl eignet sich für feste und feuchte Kekse mit viel Geschmack.
- Dinkelmehl nimmt Flüssigkeiten schneller auf als Weizenmehl, daher sollte man bis zu 25 Prozent weniger Flüssigkeit verwenden.

Glutenfreie Mehle sind bei Tieren mit einer Weizenunverträglichkeit angezeigt, haben aber manchmal gewisse Nachteile:

- Amaranthmehl enthält viel Eiweiß und sollte am besten in Kombination mit anderen Mehlsorten eingesetzt werden.
- Buchweizenmehl enthält trotz seines Namens kein Weizen oder Gluten. Es hat einen starken Eigengeschmack und kann zu gleichen Teilen gegen Weizenmehl ausgetauscht werden.
- Maismehl taucht in keinem meiner Plätzchen-Rezepte auf, kann aber in kleinen Mengen zugefügt werden, um den Keksen eine interessante Beschaffenheit zu geben. Plätzchen, die größere Anteile an Maismehl enthalten, brechen oft schnell auseinander.
- Kichererbsenmehl enthält viel leicht verdauliches Eiweiß und hat einen niedrigen glykämischen Index. Wenn Sie Vollkornweizenmehl durch Kichererbsenmehl ersetzen möchten, nehmen Sie 10 bis 15 Prozent weniger.
- Hirsemehl ist leicht verdaulich und macht mürbe Kekse, aber es sollte nur in kleinen Mengen gekauft werden, da es schnell verdirbt.
- Hafermehl ist glutenfrei, sollte aber auf dem Etikett auch als glutenfrei deklariert sein, wenn Gluten ein Problem ist, da es während der Produktion zur Kreuzkontamination kommen kann. Hafermehl macht den Teig oft klebrig, die Kekse werden damit aber schön mürbe.
- Quinoamehl ist reich an Mineralstoffen und Eiweiß, muss aber für ein optimales Backergebnis in Verbindung mit anderen Mehlsorten verwendet werden.
- Reismehl sollte mit Hafermehl kombiniert werden, da der Teig sonst oft schlecht seine Form behält.

In den Plätzchen-Rezepten sind auch verschiedene Backzeiten angegeben, die wiederum zu unterschiedlichen Ergebnissen führen:

- 🐾 Kürzere Backzeiten führen zu weichen Keksen. Diese sind ideal für ältere Hunde, solche mit Zahnproblemen, oder auch für Hunde, die etwas Weiches einfach lieber mögen als etwas Knuspriges. Aufgrund ihres höheren Feuchtigkeitsgehaltes sollten diese Kekse in einem luftdicht verschlossenen Behälter im Kühl- oder Gefrierschrank aufbewahrt werden.
- 🐾 Längere Backzeiten lassen knusprige, trockene Kekse entstehen. Diese nehme ich besonders gerne als Füllung für den Kong oder in kleine Stücke gebrochen als Belohnung während des Trainings. Knusprige Kekse können Sie in einem luftdicht verschlossenen Behälter bis zu 2 Wochen bei Zimmertemperatur aufbewahren.
- 🐾 Backpulver ist in vielen Plätzchen-Rezepten enthalten, da die Kekse dadurch lockerer werden und leichter für den Hund zu kauen sind, auch wenn sie länger gebacken werden. Diese Zutat ist allerdings optional.

KÄSECRACKER

Reismehl ist eine glutenfreie Variante, die manchmal schwierig zu verarbeiten ist, da der Teig damit nicht so gut seine Form behält. Durch die Verwendung von Eiern und Käse klebt der Teig besser zusammen, und das sofortige Ausrollen auf dem Backblech erleichtert die Verarbeitung ebenfalls erheblich.

330 g Reismehl, zusätzlich etwas zum Ausrollen

170 g geriebener Cheddar-Käse

1 EL getrockneter Oregano

2 große Eier

120 ml Rinder-, Hühner- oder Fischbrühe (ab Seite 72)

3 EL Olivenöl oder Färberdistelöl

Heizen Sie den Backofen auf 150 °C vor. Bestäuben Sie ein Backblech mit Reismehl.

Vermischen Sie das Reismehl, den Käse und Oregano in einer großen Schüssel mit der Hand, bis alles gut vermengt ist.

Geben Sie die Eier, Brühe und das Öl zu der Mehlmischung und verrühren Sie alles gut mit einer Gabel. Dann kneten Sie die Masse kurz zu einer Kugel zusammen und legen diese direkt auf das Backblech. Drücken Sie den Teigkloß flach und formen Sie ein Quadrat.

Bestäuben Sie den Teig mit Reismehl und rollen Sie ein 25 cm großes Quadrat aus. Dieses schneiden Sie mit einem Pizzamesser in 2,5 cm große Quadrate.

Backen Sie die Cracker 35 Minuten, um weiche Kekse zu erhalten, oder 50 Minuten für trockenere Cracker.

Nehmen Sie das Backblech aus dem Ofen und lassen Sie die Cracker darauf auskühlen, bevor Sie sie an den eingeschnittenen Linien in Stücke brechen.

ERGIBT: 100 Cracker

TAGESRATION:

4,5-KILO-HUND	9-KILO-HUND	18-KILO-HUND	27-KILO-HUND	36-KILO-HUND
1 Keks	2 Kekse	3 Kekse	4 Kekse	5 Kekse

Goldene Koi

Diese goldenen Kekse haben nicht nur das Aroma von Fisch – sie bestehen aus Fisch. Dieses Rezept wurde für Hunde entwickelt, die an Krebs leiden, da die Zutaten mehr Eiweiß und weniger Kohlenhydrate enthalten als normale Hundekekse auf Weizenbasis. Gelbwurz und Fisch unterstützen Hunde im Kampf gegen den Krebs. Durch das Kichererbsenmehl eignen sich diese Kekse auch für Hunde mit einer Glutenunverträglichkeit. Je trockener die Kekse sind, desto weniger Geruch verströmen sie beim Öffnen der Keksdose.

ACHTUNG SPRITZER!

Wenn Sie eine Sardinenbüchse öffnen, ziehen Sie den Deckel nicht ganz ab. Belassen Sie eine kleine Verbindung zwischen Dose und Deckel, dann ergießt sich nicht plötzlich die ganze Flüssigkeit über Sie.

Zutaten:

- 1 Dose (100 g) Sardinen in Tomatensoße
- 1 großes Ei
- 60 ml Wasser
- 1 TL gemahlene Gelbwurz (Kurkuma)
- 345 g Kichererbsenmehl, zusätzlich etwas zum Ausrollen
- 60 ml Olivenöl oder Färberdistelöl

Zubereitung:

- Heizen Sie den Backofen auf 165 °C vor. Bestäuben Sie ein Backblech leicht mit Kichererbsenmehl.
- Vermischen Sie die Sardinen mit dem Ei, Wasser und Gelbwurzpulver in einer mittelgroßen Schüssel mit einer Gabel, bis die Sardinen sehr fein zerdrückt sind.
- Rühren Sie das Kichererbsenmehl und das Öl mit einem Holzlöffel unter die Sardinenmischung, bis sich alles gut miteinander verbunden hat.
- Kneten Sie den Teig kurz zu einer Kugel und geben Sie diese direkt auf das Backblech. Drücken Sie den Teigkloß flach und formen Sie ein Quadrat.
- Bestäuben Sie den Teig mit Kichererbsenmehl und rollen Sie ein 25 cm großes Quadrat aus. Dieses schneiden Sie mit einem Pizzamesser in 2,5 cm große Quadrate.
- Backen Sie die Kekse 30 bis 35 Minuten, bis sie leicht gebräunt und trocken sind.
- Nehmen Sie das Backblech aus dem Ofen und lassen Sie die Kekse darauf auskühlen, bevor Sie sie an den eingeschnittenen Linien in Stücke brechen.

Ergibt: 100 Kekse

TAGESRATION:				
4,5-KILO-HUND	9-KILO-HUND	18-KILO-HUND	27-KILO-HUND	36-KILO-HUND
2 Kekse	4 Kekse	6 Kekse	8 Kekse	10 Kekse

Erdnussbutter-Zimt-Kekse

Manche Hunde lieben den Geschmack von Erdnussbutter. In diesem Rezept wird sie mit Zimt kombiniert, der Antioxidantien enthält und entzündungshemmend wirkt. Der Geruch von gebackener Erdnussbutter mit Zimt ist himmlisch und bringt mit Sicherheit neugierige Nasen auf den Plan. Wenn Sie in Ihrem Supermarkt Erdnussbutter aus frisch gemahlenen Erdnüssen bekommen, nehmen Sie diese. Die Kekse werden dadurch gesünder, weil sie weniger Zusatzstoffe enthalten und zuckerfrei sind.

Wie Sie Ihre eigene Erdnussbutter herstellen

Geben Sie 75 g ungesalzene trockengeröstete Erdnüsse für 3 bis 4 Minuten in die Küchenmaschine, bis sie zu einer glatten Masse geworden sind. Bitte beachten Sie, dass je nach Art der Erdnussbutter – glatt, crunchy, naturbelassen oder selbst gemacht – u. U. etwas mehr oder weniger Mehl benötigt wird, um dieselben Ergebnisse zu erzielen.

130 g ungesalzene Erdnussbutter

180 ml Rinder-, Hühner- oder Fischbrühe (ab Seite 72)

260 g Vollkornweizenmehl, zusätzlich etwas zum Ausrollen

1 TL Backpulver

1 TL gemahlener Zimt

Heizen Sie den Backofen auf 150 °C vor. Bestäuben Sie ein Backblech leicht mit Mehl.

Erhitzen Sie die Erdnussbutter und die Brühe in einer mittelgroßen Schüssel 40 Sekunden auf höchster Stufe in der Mikrowelle. Rühren Sie dann so lange, bis die Erdnussbutter vollkommen in der Brühe geschmolzen ist.

Geben Sie das Mehl, Backpulver und den Zimt zu der Erdnussbuttermischung und verrühren Sie alles mit einem Schneebesen, bis sich der Teig zu formen beginnt. Diesen kneten Sie zu einer glatten Kugel.

Legen Sie den Teigklumpen direkt auf das Backblech. Drücken Sie ihn flach und formen Sie ein Quadrat.

Bestäuben Sie den Teig mit Mehl und rollen Sie ein 25 cm großes Quadrat aus. Dieses schneiden Sie mit einem Pizzamesser in 2,5 cm große Quadrate.

Backen Sie die Kekse 20 Minuten, um eine weichere Konsistenz zu erhalten, oder 35 Minuten, wenn die Kekse knuspriger sein sollen.

Nehmen Sie das Backblech aus dem Ofen und lassen Sie die Kekse darauf auskühlen, bevor Sie sie an den eingeschnittenen Linien in Stücke brechen.

Ergibt: 100 Kekse

Tagesration:

4,5-Kilo-Hund	9-Kilo-Hund	18-Kilo-Hund	27-Kilo-Hund	36-Kilo-Hund
2 Kekse	4 Kekse	6 Kekse	8 Kekse	10 Kekse

Leberkekse

Dieses Rezept verwendet Hühnerleber, die einen weniger intensiven Geruch hat als Rinderleber. Damit ist sie für Sie angenehmer zu verarbeiten, gleichzeitig aber immer noch eine himmlische Angelegenheit für Ihren Hund. Diese Kekse kann man hervorragend in einen Kong stopfen, denn Ihr Hund wird nicht eher ruhen, bevor er nicht auch den letzten Krümel herausbekommen hat.

230 g Roggenmehl, zusätzlich etwas zum Ausrollen

 Heizen Sie den Backofen auf 165 °C vor. Bestäuben Sie ein Backblech leicht mit Roggenmehl.

1 TL Backpulver
120 ml Wasser

Geben Sie alle Zutaten für ca. 1 Minute in die Küchenmaschine, bis sich ein Teigklumpen bildet.

100 g Hühnerleber
3 EL Olivenöl oder Färberdistelöl

Kneten Sie den Teig kurz zu einer Kugel und legen Sie diese direkt auf das Backblech. Drücken Sie sie flach und formen Sie ein Quadrat.

Bestäuben Sie den Teig mit Mehl und rollen Sie ein 25 cm großes Quadrat aus. Dieses schneiden Sie mit einem Pizzamesser in 2,5 cm große Quadrate.

Backen Sie die Kekse 30 Minuten, um eine weichere Konsistenz zu erhalten, oder bis zu 40 Minuten, wenn die Kekse knuspriger sein sollen.

Nehmen Sie das Backblech aus dem Ofen und lassen Sie die Kekse darauf auskühlen, bevor Sie sie an den eingeschnittenen Linien in Stücke brechen.

 Ergibt: 100 Kekse

TAGESRATION:

4,5-KILO-HUND	9-KILO-HUND	18-KILO-HUND	27-KILO-HUND	36-KILO-HUND
2 Kekse	4 Kekse	6 Kekse	8 Kekse	10 Kekse

PARMESANKEKSE

Warum sollte man das Reststück vom Parmesan, den man für seine Nudeln verwendet hat, wieder in den Kühlschrank zurücklegen und verschimmeln lassen? Mit einer speziellen Käsereibe (WMF Käsemühle) können Sie es leicht verarbeiten. Sie werden kaum merken, dass etwas vom großen Käsestück fehlt, und Ihr Hund wird diese köstlichen Kekse lieben.

Heizen Sie den Backofen auf 165 °C vor. Bestäuben Sie ein Backblech leicht mit Mehl.

260 g Vollkornweizenmehl, zusätzlich etwas zum Ausrollen

Vermischen Sie das Mehl, Backpulver und den Rosmarin in einer großen Schüssel.

1 EL Backpulver

1 EL fein gehackter frischer Rosmarin

180 ml Rinder-, Hühner- oder Fischbrühe (ab Seite 72)

Geben Sie die Brühe, das Öl und den Käse dazu und rühren Sie so lange mit einem Löffel, bis sich der Teig zu formen beginnt.

3 EL Olivenöl oder Färberdistelöl

4 EL frisch geriebener Parmesan-Käse

Kneten Sie den Teig kurz zu einer glatten Kugel und legen Sie diese direkt auf das Backblech. Drücken Sie sie flach und formen Sie ein Quadrat.

Bestäuben Sie den Teig mit Mehl und rollen Sie ein 25 cm großes Quadrat aus. Dieses schneiden Sie mit einem Pizzamesser in 2,5 cm große Quadrate.

Backen Sie die Kekse 25 Minuten, um eine weichere Konsistenz zu erhalten, oder bis zu 40 Minuten, wenn die Kekse knuspriger sein sollen.

Nehmen Sie das Backblech aus dem Ofen und lassen Sie die Kekse darauf auskühlen, bevor Sie sie an den eingeschnittenen Linien in Stücke brechen.

ERGIBT: 100 Kekse

TAGESRATION:

4,5-KILO-HUND	9-KILO-HUND	18-KILO-HUND	27-KILO-HUND	36-KILO-HUND
2 Kekse	4 Kekse	6 Kekse	8 Kekse	10 Kekse

Weihnachtsbäumchen aus grünen Erbsen

Wenn es zum alljährlichen Austausch von Weihnachtsplätzchen kommt, denken Sie auch an diejenigen, die der Weihnachtsmann manchmal vergisst: die Hunde Ihrer Freunde und Mitarbeiter. Die Kombination aus zwei leicht verdaulichen Zutaten wie Erbsen und Fenchel macht diese Kekse zu magenfreundlichen Leckereien. Das Weizenmehl kann durch andere Mehlsorten wie Buchweizenmehl oder glutenfreies Hafermehl ersetzt werden, wenn Sie einen herzhafteren oder glutenfreien Keks möchten. Durch Zugabe von 60 g getrockneten Cranberrys zu den trockenen Zutaten und die Verwendung von Spinatsaft statt Brühe werden die Plätzchen noch festlicher.

140 g gefrorene Erbsen

60 ml Rinder-, Hühner- oder Fischbrühe (ab Seite 72)

3 EL Olivenöl oder Färberdistelöl

1 EL Fenchelsamen

260 g Vollkornweizenmehl, zusätzlich etwas zum Ausrollen

1 EL Backpulver

 Heizen Sie den Backofen auf 175 °C vor. Bestäuben Sie ein Backblech leicht mit Mehl.

 Erhitzen Sie die gefrorenen Erbsen und die Brühe in einer mikrowellengeeigneten Schüssel 2 Minuten auf höchster Stufe in der Mikrowelle.

 Geben Sie die Erbsenmischung, das Öl und die Fenchelsamen für ungefähr 1 Minute in eine Küchenmaschine, bis eine glatte Masse entstanden ist.

Geben Sie das Mehl und das Backpulver dazu und lassen Sie die Maschine 1 weitere Minute laufen, bis sich ein Teigkloß zu bilden beginnt.

 Kneten Sie den Teig zu einer Kugel und legen Sie diese direkt auf das Backblech. Drücken Sie sie flach und formen Sie ein Quadrat.

Bestäuben Sie den Teig mit Mehl und rollen Sie ein 25 cm großes Quadrat aus. Dieses schneiden Sie mit einem Pizzamesser in 2,5 cm große Quadrate, oder Sie stechen mit einem Förmchen kleine Weihnachtsbäume aus und legen diese im Abstand von gut 1 cm auf ein mit Mehl bestäubtes Backblech.

Backen Sie die Kekse 30 Minuten, um eine weichere Konsistenz zu erhalten, oder bis zu 45 Minuten, wenn die Kekse knuspriger sein sollen.

Nehmen Sie das Backblech aus dem Ofen und lassen Sie die Kekse darauf auskühlen. Brechen Sie sie an den eingeschnittenen Linien in Stücke, sofern Sie Quadrate gemacht haben.

 Ergibt: 100 Kekse

TAGESRATION:				
4,5-KILO-HUND	**9-KILO-HUND**	**18-KILO-HUND**	**27-KILO-HUND**	**36-KILO-HUND**
2 Kekse	4 Kekse	6 Kekse	8 Kekse	10 Kekse

Dein bester Freund ist ein zugelassener Copilot.

Süssigkeiten mit Pfiff

Yucca schidigera-Pulver ist ein Extrakt der Mojave-Yuccapalme und wird zunehmend in Tierfutter und Leckerlis eingesetzt. Es hat starke entzündungshemmende Eigenschaften und reduziert die Gasbildung im Verdauungstrakt. Der Ammoniakgehalt in Kot und Urin sinkt, sodass Ihr Rasen vielleicht etwas grüner bleibt. Hafermehl ist für Hunde leicht verdaulich und vermindert ebenfalls die Gasbildung im Darm.

Ich halte die von manchen Herstellern empfohlenen Mengenangaben für etwas übertrieben. Wenn Sie Yucca schidigera-Pulver in die Ernährung Ihres Hundes aufnehmen möchten, besorgen Sie sich Kapseln, die folgende Mengen enthalten:

Für Hunde mit einem Körpergewicht von 0,5 bis 7 kg: 25 mg

Für Hunde mit einem Körpergewicht von 7 bis 14 kg: 50 mg

Für Hunde mit einem Körpergewicht von 14 bis 32 kg: 75 mg

Für Hunde mit einem Körpergewicht von mehr als 32 kg: 100 mg

Yucca schidigera-Pulver finden Sie im Zoohandel, in Naturkostläden oder im Internet.

120 ml Rinder-, Hühner- oder Fischbrühe (ab Seite 72)

60 g gehackte frische Petersilie

2 EL Olivenöl oder Färberdistelöl

230 g Hafermehl, zusätzlich etwas zum Ausrollen

1¼ TL Yucca schidigera-Pulver

4 EL Hefeflocken

- Heizen Sie den Backofen auf 150 °C vor. Bestäuben Sie ein Backblech leicht mit Mehl.

- Vermischen Sie alle Zutaten in einer großen Schüssel zu einem Teig.

Kneten Sie den Teig kurz zu einer Kugel und legen Sie diese direkt auf das Backblech. Drücken Sie sie flach und formen Sie ein Quadrat.

Bestäuben Sie den Teig mit Mehl und rollen Sie ein 25 cm großes Quadrat aus. Dieses schneiden Sie mit einem Pizzamesser in 2,5 cm große Quadrate.

Backen Sie die Kekse 45 Minuten, bis sie hellbraun sind, um feste Kekse zu erhalten. Eine kürzere Backzeit kann dazu führen, dass die Kekse krümelig werden.

Nehmen Sie das Backblech aus dem Ofen und lassen Sie die Kekse darauf auskühlen, bevor Sie sie an den eingeschnittenen Linien in Stücke brechen.

- **Ergibt:** 100 Kekse

TAGESRATION:				
4,5-KILO-HUND	**9-KILO-HUND**	**18-KILO-HUND**	**27-KILO-HUND**	**36-KILO-HUND**
2 Kekse	4 Kekse	6 Kekse	8 Kekse	10 Kekse

Plätzchen – zum Bellen gut

Diese kleinen abgerundeten Kekse haben ein intensives Aroma und wenn sie in dünne Scheiben geschnitten werden, eignen sie sich hervorragend, um in kleine Stücke gebrochen zu werden oder um damit für lang anhaltende Beschäftigung einen Kong zu befüllen. Mit diesem Rezept bekommen Sie harte, knusprige Plätzchen, ähnlich wie Biscotti.

90 g geriebene Karotten
30 g feingehackte frische Petersilie
½ TL Knoblauchpulver
160 ml Rinderbrühe (Seite 72)
130 g Gerstenmehl
3 EL Olivenöl
1 EL Backpulver
100 g Roggenmehl

Heizen Sie den Backofen auf 150 °C vor.

Vermengen Sie die Karotten, die Petersilie und das Knoblauchpulver in einer großen Schüssel. Gießen Sie die heiße Brühe über das Gemüse und lassen Sie es ein paar Minuten stehen, bis es weich ist.

Rühren Sie das Gerstenmehl, Olivenöl und Backpulver unter die Gemüsemischung. Danach arbeiten Sie das Roggenmehl ein, bis alles gut miteinander verbunden ist.

Legen Sie den Teig auf ein leicht mit Mehl bestäubtes Brett und kneten Sie ihn ungefähr 2 Minuten, bis er geschmeidig ist.

Formen Sie aus dem Teig einen Laib, der ca. 40 cm lang, 7–8 cm breit und 1–1,5 cm hoch ist. Runden Sie die Oberfläche ab, sodass eine Art Kuppel entsteht.

Schneiden Sie diese in ca. 0,8 cm dicke Scheiben.

Legen Sie die Scheiben im Abstand von ca. 1 cm so auf ein Backblech, dass die abgerundete Seite nach oben zeigt.

Backen Sie die Kekse 1 Stunde lang, dann schalten Sie den Ofen aus und lassen die Kekse noch eine weitere Stunde darin ruhen. Dann nehmen Sie das Backblech aus dem Ofen und lassen die Kekse darauf auskühlen.

 Ergibt: 48 Kekse

TAGESRATION:				
4,5-KILO-HUND	**9-KILO-HUND**	**18-KILO-HUND**	**27-KILO-HUND**	**36-KILO-HUND**
1 Kekse	2 Kekse	3 Kekse	4 Kekse	5 Kekse

Kekse für frischen Atem

Unsere Hunde lieben uns, deshalb möchten sie uns auch gerne küssen, egal, wie sehr wir auch protestieren. Diese Kekse machen die Hundeküsse nicht nur erträglicher, sondern steigern auch noch das Verlangen unseres Hundes, sich bei uns zu bedanken. Lassen Sie sich aber frühzeitig küssen, bevor Ihr Hund anfängt zu sabbern!

	Heizen Sie den Backofen auf 150 °C vor. Bestäuben Sie ein Backblech leicht mit Mehl.
240 ml Rinder-, Hühner- oder Fischbrühe (ab Seite 72)	Erhitzen Sie die Brühe ungefähr 2 Minuten in der Mikrowelle bzw. bis sie kocht.
60 g feingehackte frische Petersilie	Vermischen Sie die Petersilie, die Minze, das Öl und die Brühe in einer großen Schüssel.
25 g feingehackte frische Minze	
2 EL Olivenöl oder Färberdistelöl	Rühren Sie das Mehl ein, bis alles gut miteinander vermischt ist.
300 g Vollkornweizenmehl, zusätzlich etwas zum Ausrollen	Legen Sie den Teig auf ein leicht mit Mehl bestäubtes Brett und kneten Sie ihn ungefähr 2 Minuten, bis er geschmeidig ist.
	Kneten Sie den Teig kurz zu einer Kugel und legen Sie diese direkt auf das Backblech. Drücken Sie sie flach und formen Sie ein Quadrat.
	Bestäuben Sie den Teig mit Mehl und rollen Sie ein 25 cm großes Quadrat aus. Dieses schneiden Sie mit einem Pizzamesser in 2,5 cm große Quadrate.
	Backen Sie die Kekse 25 Minuten, um eine weichere Konsistenz zu erhalten, oder bis zu 45 Minuten für knusprige Kekse.
	Nehmen Sie das Backblech aus dem Ofen und lassen Sie die Kekse darauf auskühlen, bevor Sie sie an den eingeschnittenen Linien in Stücke brechen.
	Ergibt: 100 Kekse

TAGESRATION:

4,5-KILO-HUND	9-KILO-HUND	18-KILO-HUND	27-KILO-HUND	36-KILO-HUND
2 Kekse	4 Kekse	6 Kekse	8 Kekse	10 Kekse

PFEFFERKUCHENMÄNNER

Da liegt Ihr Hund, friedlich schlummernd, als plötzlich der Postbote kommt. Es ist klar, dass ein Hund wie verrückt bellt, um sein Territorium zu verteidigen, auch wenn es vergebens ist. Hier kommt nun eine süße kleine Rache in Lebkuchenform. Denken Sie daran, die Portionsgröße richtig abzumessen; für einen kleinen Hund reicht oft ein Arm oder Bein, je nach Größe Ihrer Ausstechform.

 Heizen Sie den Backofen auf 165 °C vor.

130 g Vollkornweizenmehl

140 g Weizenmehl

1 TL Backpulver

1 TL gemahlener Zimt

½ TL gemahlener Ingwer

 Vermischen Sie Mehl, Backpulver, Zimt und Ingwer in einer großen Schüssel.

80 ml Hühnerbrühe (Seite 73) oder Wasser

80 ml Zuckerrohrmelasse

3 EL Olivenöl oder Färberdistelöl

Antihaft-Kochspray

Geben Sie die Brühe, die Melasse und das Öl dazu und rühren Sie so lange, bis alle Zutaten gut vermengt sind. (Wischen Sie nach dem Abmessen der Melasse zuerst das Innere des Messbechers mit ein wenig Öl aus, um zu verhindern, dass die Melasse festklebt.)

Kneten Sie den Teig kurz zu einer Kugel.

Sprühen Sie ein Backblech mit Antihaft-Kochspray ein.

Rollen Sie den Teig auf einer leicht mit Mehl bestäubten Oberfläche zu einem 25 cm großen Quadrat aus. Wenn Sie Figuren machen möchten, stechen Sie diese aus und legen Sie sie im Abstand von 1 cm auf das Backblech. Ansonsten legen Sie das Teigquadrat auf das Backblech und schneiden Sie es mit einem Pizzamesser in 2,5 cm große Quadrate.

Backen Sie die Kekse 25 Minuten, bis sie knusprig und trocken sind. Nehmen Sie das Backblech aus dem Ofen und lassen Sie die Kekse darauf auskühlen, bevor Sie sie an den eingeschnittenen Linien in Stücke brechen.

 Ergibt: 100 Kekse

TAGESRATION (2,5 × 2,5 CM GROSSE KEKSE):				
4,5-KILO-HUND	**9-KILO-HUND**	**18-KILO-HUND**	**27-KILO-HUND**	**36-KILO-HUND**
2 Kekse	4 Kekse	6 Kekse	8 Kekse	10 Kekse

Blaubeerkekse

Wenn Sie bereits die Blaubeer-Pfannkuchen (Seite 47) mit Ihrem Hund geteilt haben, wissen Sie, wie sehr diese ihm schmecken. Mit diesem Rezept zaubern sie knusprige kleine Plätzchen, für die Ihr Hund einen Salto machen wird. Mit all den Antioxidantien in den Blaubeeren und im Zimt springt er vielleicht sogar noch etwas höher!

 Heizen Sie den Backofen auf 165 °C vor.

130 g gefrorene Blaubeeren

60 ml Rinder-, Hühner- oder Fischbrühe (ab Seite 72)

Stellen Sie die Blaubeeren und die Brühe in einer mikrowellengeeigneten Schüssel für 2 Minuten auf höchster Stufe in die Mikrowelle.

3 EL Olivenöl oder Färberdistelöl

260 g Vollkornweizenmehl

1 TL Backpulver

1 TL gemahlener Zimt

Geben Sie die Blaubeermischung mit dem Öl, Mehl, Backpulver und Zimt für ca. 1 Minute in die Küchenmaschine, bis sich eine Kugel bildet.

Rollen Sie den Teig auf einer leicht mit Mehl bestäubten Oberfläche zu einem 25 cm großen Quadrat aus. Dann legen Sie dieses auf ein Backblech und schneiden es mit einem Pizzamesser in 2,5 cm große Quadrate.

Backen Sie die Kekse 25 Minuten, um eine weichere Konsistenz zu erhalten, oder bis zu 40 Minuten für knusprige Kekse.

Nehmen Sie das Backblech aus dem Ofen und lassen Sie die Kekse darauf auskühlen, bevor Sie sie an den eingeschnittenen Linien in Stücke brechen.

 Ergibt: 100 Kekse

TAGESRATION:

4,5-KILO-HUND	9-KILO-HUND	18-KILO-HUND	27-KILO-HUND	36-KILO-HUND
2 Kekse	4 Kekse	6 Kekse	8 Kekse	10 Kekse

Dein bester Freund zerrt ohne Zank.

Weiche Haferkekse

Diese weichen Kekse eignen sich besonders gut für ältere Hunde mit einer empfindlicheren Maulschleimhaut oder solche, die gerade erst von der Zahnreinigung zurückgekehrt sind. Mit zwei verschiedenen Apfelquellen und Süße aus Zuckerrohrmelasse sind diese Kekse geschmacklich ein Genuss und vitaminreich. Außerdem enthalten sie gesunde Ballaststoffe, sodass Ihr Hund zwischen den Mahlzeiten satt bleibt.

Antihaft-Kochspray

Heizen Sie den Backofen auf 175 °C vor. Sprühen Sie ein Backblech mit Antihaft-Kochspray ein.

1 großes Ei
125 g ungezuckertes Apfelmus
2 EL Olivenöl oder Färberdistelöl
2 EL Zuckerrohrmelasse

Verrühren Sie Ei, Apfelmus, Öl und Melasse in einer großen Schüssel.

130 g Vollkornweizenmehl
90 g Schmelzflocken (Hafer)
1 TL Backpulver
1 roter Apfel (z. B. Braeburn), entkernt und klein geschnitten

Geben Sie das Mehl, die Haferflocken, das Backpulver und den Apfel zu der Eimischung und verrühren Sie alles gut mit einem Löffel.

Setzen Sie mithilfe von 2 Löffeln esslöffelweise Teighäufchen im Abstand von 2,5 cm auf das Backblech.

Backen Sie die Kekse 15 Minuten bzw. bis sie hellbraun sind. Legen Sie sie dann auf einen Gitterrost und lassen Sie sie 20 Minuten abkühlen.

Da diese Kekse weich sind, sollten Sie sie maximal 1 Woche im Kühlschrank bzw. bis zu 2 Monate im Gefrierschrank aufbewahren.

Ergibt: 48 Kekse

TAGESRATION:

4,5-KILO-HUND	9-KILO-HUND	18-KILO-HUND	27-KILO-HUND	36-KILO-HUND
1 Kekse	2 Kekse	3 Kekse	4 Kekse	5 Kekse

Appetithäppchen mit Speck

Es scheint, als wären die besten Appetithäppchen auf einer Party immer mit Speck ummantelt. Diese Hundekekse erhalten durch den Einsatz von ein wenig ausgelassenem Speck und angebratenen Speckbröseln einen unvergleichlichen Duft, der alle Gäste einer Hundeparty schier in den Wahnsinn treibt. Sie können das Ganze noch krönen, indem Sie ein wenig geriebenen Parmesan auf die noch warmen Kekse streuen. Hefeflocken liefern zusätzliche B-Vitamine und vertreiben in Verbindung mit Knoblauch gleichzeitig die schlimmste Sorte von ungebetenen Partygästen – Flöhe.

Heizen Sie den Backofen auf 175 °C vor. Bestäuben Sie ein Backblech leicht mit Mehl.

2 Scheiben Speck

Erhitzen Sie den Speck 3 Minuten in der Mikrowelle auf höchster Stufe oder bei mittlerer Hitze in einer Pfanne, bis er knusprig ist. Lassen Sie ihn abtropfen und heben Sie 2 EL von dem ausgelassenen Fett auf.

200 g Roggenmehl, zusätzlich etwas zum Ausrollen
4 EL Hefeflocken
1 EL Backpulver
½ TL Knoblauchpulver

Mischen Sie Mehl, Hefe, Backpulver und Knoblauchpulver in einer großen Schüssel.

160 ml Rinderbrühe (Seite 72)

Verrühren Sie die Brühe mit dem ausgelassenen Fett und vermischen Sie die Flüssigkeit dann mit den trockenen Zutaten.

Zerkrümeln Sie den Speck und ziehen Sie ihn unter die Mischung.

Kneten Sie den Teig kurz zu einer Kugel und legen Sie diese direkt auf das Backblech. Drücken Sie sie flach und formen Sie ein Quadrat.

Bestäuben Sie den Teig mit Mehl und rollen Sie ein 25 cm großes Quadrat aus. Dieses schneiden Sie mit einem Pizzamesser in 2,5 cm große Quadrate.

Backen Sie die Kekse 20 Minuten, bis sie fest sind. Nehmen Sie das Backblech aus dem Ofen und lassen Sie die Kekse darauf auskühlen, bevor Sie sie an den eingeschnittenen Linien in Stücke brechen.

Ergibt: 100 Kekse

TAGESRATION:				
4,5-KILO-HUND	**9-KILO-HUND**	**18-KILO-HUND**	**27-KILO-HUND**	**36-KILO-HUND**
1 Kekse	2 Kekse	4 Kekse	6 Kekse	8 Kekse

MAMA HUBBARDS EIER UND HAFERFLOCKEN Seite 108

ARROZ CON POLLO Seite 109

HÜHNCHEN FÜRS HÜNDCHEN Seite 110

HÜHNCHEN-QUINOA-KASSEROLLE Seite 111

HÜHNERPARTY Seite 112

HÄHNCHENSCHENKEL UND TABOULÉ Seite 113

GESCHMORTES HÜHNCHEN UND GERSTE Seite 115

GEMÜSEPFANNE MIT REIS Seite 116

PUTEN-MINESTRONE Seite 117

LASAGNE FÜR FAULPELZE Seite 118

PUTENHACKBRATEN Seite 119

PUTEN-FRÜHSTÜCKS-PORRIDGE Seite 120

RIND MIT BULGUR Seite 121

GEBURTSTAGSKUCHEN MIT RIND (ODER PUPCAKES) Seite 122

RIND MIT HERZ Seite 124

RINDERBURGER (MIT EINEM HAUCH KÄSE) Seite 125

HACKBRATEN Seite 126

RINDFLEISCH MIT KARTOFFELN Seite 127

HAMBURGER (UND MEHR) FRIKADELLEN Seite 128

KLEINE THUNFISCH-NUDEL-KASSEROLLE Seite 129

LAMM-MUFFINS Seite 130

SCHOTTISCHE BRÜHE Seite 131

NUDELN MIT SCHWEINEFLEISCH Seite 133

KANINCHEN-EINTOPF Seite 134

TROCKENFUTTER ZUM KAUEN Seite 135

MAHLZEITEN

Wir haben zu Hause vier Hunde, deshalb ist es für uns einfacher, sie mit einer Mischung aus selbst zubereitetem und qualitativ hochwertigem kommerziellem Futter zu ernähren. Das kommerzielle Futter senkt auch die Kosten und die Zeit, die wir in der Küche verbringen, sodass wir mehr Zeit haben, um mit unseren Hunden spazieren zu gehen. Wir ergänzen ihr Futter mit frischem Gemüse, selbst gemachten Belohnungshäppchen und ab und zu auch mit einem klitzekleinen bisschen Käse. Notwendige Vitamine und Mineralstoffe werden durch das Trockenfutter abgedeckt, und die selbst gemachten Mahlzeiten liefern Vielfalt, Frische und Hunderte von Nährstoffen, die in handelsüblichem Futter fehlen.

Die Vielfalt von Lebensmitteln unterstützt auch die Zufuhr von notwendigen Nährstoffen aus natürlichen Quellen. Der größte Unterschied zwischen unserer eigenen Ernährung und der unserer Hunde besteht darin, dass wir uns selbst eine große Vielfalt gestatten, gleichzeitig jedoch darauf bestehen, dass unsere Hunde ein Leben lang ein und dasselbe fressen müssen. Fragen Sie einen Tierarzt, einen Züchter oder jemanden in Ihrem Tierfuttergeschäft, und so gut wie jeder wird Sie nicht nur in Richtung einer bestimmten Art von Futter lenken, sondern Ihnen auch erzählen, dass Sie bloß keinen Futterwechsel vornehmen sollen, um keine Verdauungsprobleme und Durchfall zu riskieren. Dies trifft auf kommerzielle Futtermittel auch tatsächlich zu. Wie viele andere Leute habe ich immer wieder einmal zu schnell von einem handelsüblichen Futter zu einem anderen gewechselt und hatte es prompt mit Durchfall bei meinen Hunden zu tun. Es liegen nicht viele Forschungsergebnisse darüber vor, warum genau der Wechsel von kommerziellen Futtermitteln zu Verdauungsstörungen führt, aber wenn man bedenkt, dass das durchschnittliche Trockenfutter ca. 50 verschiedene Zutaten enthält, könnte jede von ihnen der Übeltäter sein. Handelsübliches Futter sollte immer langsam gewechselt werden.

Auch wenn Sie gerade erst anfangen, Ihrem Hund frisches Futter zu geben, sollten Sie vorsichtig vorgehen. Wenn Sie feststellen, dass Ihr Hund verschiedene frische Futtermittel gut verträgt, können Sie versuchen, sie in andere Mahlzeiten einzubauen. Sie finden in diesem Buch eine Vielzahl von Rezepten und werden sicher einige entdecken, deren Zubereitung Ihnen Spaß macht und die Ihrem Hund schmecken.

Ich habe großen Respekt vor der Rohfleischfütterung, weil sie für viele Haustiere eine gute Alternative sein kann. Allerdings habe ich keine entsprechenden Rezepte aufgenommen, weil ich der Ansicht bin, dass Rohfleischmahlzeiten am besten kommerziell hergestellt werden sollten. Die moderne Fleischproduktion unterliegt strengen Sicherheitsvorschriften, und trotzdem gibt es immer wieder Rückrufe aufgrund bakterieller Kontamination. Im Supermarkt gekauftes Fleisch ist nicht für den Rohverzehr vorgesehen und wird daher auch nicht entsprechend überwacht oder eingestuft. In frischem Fleisch tummeln sich jede Menge Bakterien, die durch ordnungsgemäße Erhitzung abgetötet werden, bei Verzehr des rohen Fleisches aber zu Erkrankungen von Mensch und Hund führen können. Die Hersteller von Rohfleischfutter müssen ihre Zutaten ständig kontrollieren, um einen unbedenklichen Bakteriengehalt sicherzustellen. Solche Tests werden beim Metzger bzw. an der Fleischtheke nicht durchgeführt.

Viele Hundebesitzer sind besorgt, weil handelsübliches Hundefutter oftmals sehr viel Getreide enthält, und ich stimme ihnen da voll und ganz zu. Futtermittel, die zum größten Teil aus Getreide bestehen und nur wenig fleischliche Bestandteile enthalten, sind nicht meine erste Wahl. Auf der anderen Seite muss man aber auch berücksichtigen, dass die Fleischproduktion eine schwere Bürde für unsere Umwelt ist, und es erscheint etwas rückständig, wenn der Hund mehr Fleisch verzehrt als sein Herrchen. Getreide ist ein guter Lieferant für Energie, Ballaststoffe und Nährstoffe, wenn es in Maßen eingesetzt wird. Es verlangsamt die Verdauung und steigert das Sättigungsgefühl. Außerdem enthält es weniger Kalorien als Fleisch. Allerdings vermeide ich es, meinen Hunden kommerzielles Hundefutter zu geben, das aus Mais hergestellt wird, denn erfahrungsgemäß enthalten diese Produkte mehr Mais als sonst etwas.

TIPPS, WIE SIE FÜR IHREN BESTEN FREUND KOCHEN

- Zerkleinern Sie Gemüse und Obst in einer Küchenmaschine. Ihr Hund kann es so leichter verdauen, die Kochdauer wird verkürzt, und je kleiner das Gemüse ist, desto geringer ist die Wahrscheinlichkeit, dass Ihr Hund es herauspickt.
- Kochen Sie Getreide immer zusammen mit dem Fleisch oder in selbst gemachter Brühe, sodass es mehr Aroma aufnimmt. Reis allein für sich ist eher fade und nicht so interessant für Ihren Hund, aber Reis mit Hühnchen-Aroma schmeckt wie Reis, der aus Hühnerfleisch gemacht ist.
- Mahlzeiten, die für die regelmäßige Fütterung vorgesehen sind, sind so konzipiert, dass die Gesamtmenge rund 3.600 Kalorien enthält, sodass sie immer dieselbe Anzahl an Portionen ergibt. Die Portionsgröße wird immer für aktive Hunde mit einem Gewicht von 4, 5, 9, 18, 27 und 36 kg Körpergewicht angegeben. Ist der Kalorienbedarf Ihres Hundes ein anderer, passen Sie die Portionsgröße entsprechend an.
- Alle Rezepte können halbiert, verdoppelt, vervierfacht oder anderweitig an die Größe Ihrer Töpfe angepasst werden. Die Zubereitung größerer Mengen spart Zeit und Geld. Sie müssen nur sichergehen, dass die Kochzeit entsprechend angepasst wird, damit alle Zutaten auch wirklich durchgegart sind. Wenn Sie ein Rezept anpassen möchten, schreiben Sie die berichtigten Mengenangaben an den Rand, damit Sie sicher sein können, dass alle Zutaten im richtigen Verhältnis zueinander bleiben. Die meisten Geamtmengen der Rezepte werden in Tassen angegeben – 1 Tasse entspricht dabei 240 ml.
- Wenn Sie ein Vitamin ergänzen und Ihr Hund es in seiner ursprünglichen Form nicht aufnehmen will, mahlen Sie die Tablette in einer sauberen Kaffeemühle. Damit die Kaffeemühle auch wirklich sauber ist, lassen Sie ein paar Sekunden lang weißen Reis durchlaufen und bürsten Sie ihn dann mit einem Backpinsel ab.

- Die fertigen Mahlzeiten können bis zu 4 Tage im Kühlschrank aufbewahrt werden. Frieren Sie weitere Portionen in Behältern ein, die die Futtermenge für zwei bis drei Tage fassen, und entnehmen Sie dann die entsprechende Menge zu den einzelnen Mahlzeiten.
- Sonderangebote in Sachen Fleisch finden Sie im Großhandel, bei Zulieferern von Restaurants und in Asia-Märkten (spezielle Fleischsorten).
- Wenn Sie für sich selbst Zutaten aus nachhaltiger und ökologischer Produktion bevorzugen, liegt es nahe, dies auch für Ihren Hund zu tun. Sie können den Tieren, die Ihnen und Ihrem Hund als Nahrung dienen, Ehre erweisen, indem Sie human erzeugtes Fleisch kaufen.

Mama Hubbards Eier und Haferflocken

Das passiert jedem manchmal: Sie schauen Ihren Partner an und fragen: „Warst Du nicht einkaufen?" Wenn Ihnen das Hundefutter ausgegangen ist und das Geschäft geschlossen hat oder Sie gerade zur Arbeit müssen, können Sie Ihrem Hund immer noch schnell eine warme Mahlzeit zubereiten. Dieses Rezept ist unglaublich einfach und Sie müssen lediglich zweimal zu Ihrer Mikrowelle laufen, bevor Sie wieder einkaufen gehen können.

	4,5-KILO HUND	9-KILO HUND	18-KILO HUND	27-KILO HUND	36-KILO HUND
Ei(er)	1 großes	1 großes	2 große	3 große	3 große
Wasser	30 ml	80 ml	120 ml	120 ml	160 ml
Haferflocken	20 g	45 g	60 g	75 g	75 g
Karotten, Äpfel oder grüne Bohnen	30 g	60 g	90 g	90 g	140 g
KOCHZEIT	2 Minuten	2½ Minuten	3 Minuten	3½ Minuten	4½ Minuten
PORTIONEN	1	1	1	1	1

Sprühen Sie eine mikrowellengeeignete Schüssel mit Antihaft-Kochspray ein.

Verquirlen Sie die Eier und das Wasser in einer mittelgroßen Schüssel.

Rühren Sie die Haferflocken ein. Befüllen Sie die mikrowellengeeignete Schüssel mit der Mischung und schichten Sie dann das Gemüse obenauf, sodass es gedämpft wird und die Haferflocken die Flüssigkeit aufsaugen.

Stellen Sie die Schüssel entsprechend der obigen Tabelle in die Mikrowelle.

Rühren Sie anschließend einmal um und lassen Sie das Ganze vor dem Servieren 5 bis 10 Minuten abkühlen.

Arroz con Pollo

Arroz con Pollo (Huhn mit Reis) ist ein beliebtes Gericht in Lateinamerika und wird auch Ihrem Hund schmecken. Typischerweise wird dieses Gericht mit Sofrito zubereitet, einer Mischung aus Paprika, Knoblauch und Zwiebeln. Wir lassen die Zwiebeln weg, da sie für Ihren Hund gefährlich sind, behalten aber die gesunde rote Paprika, den Knoblauch und die Tomaten bei. Dieses Gericht ist überaus schmackhaft und Ihr Hund wird keine Extraeinladung brauchen, um es zu genießen.

60 ml Olivenöl	Erhitzen Sie das Olivenöl bei mittlerer Hitze in einem großen Topf. Geben Sie das Hühnerfleisch dazu und braten Sie es 8 Minuten lang unter gelegentlichem Umrühren.
455 g Hähnchenschenkel ohne Knochen und Haut, in Würfel geschnitten	
1 rote Paprika, entkernt und klein geschnitten	Fügen Sie Paprika, Oregano, Rosmarin und Knoblauchpulver hinzu und kochen Sie das Ganze 1 Minute.
2 TL getrockneter Oregano	
2 TL getrockneter Rosmarin	
¼ TL Knoblauchpulver	
2 EL Olivenöl oder Färberdistelöl	Geben Sie die 2 EL Oliven- oder Distelöl, die Tomaten, das Wasser und den Reis dazu. Bringen Sie das Ganze bei starker Hitze zum Kochen, reduzieren Sie dann die Hitze und kochen Sie das Gericht 20 Minuten, bis der Reis sehr weich ist. Rühren Sie gelegentlich um, damit der Reis nicht am Topfboden haftet und anbrennt.
1 (800 g) Dose Tomaten	
1,45 l Wasser	
675 g Langkornreis (weiß)	
4 EL klein gehackte frische Petersilie (optional)	Nehmen Sie den Topf vom Herd und lassen Sie den Eintopf abkühlen, bevor Sie etwaige Ergänzungsmittel hineinmischen. Rühren Sie sofern gewünscht die Petersilie unter.

ERGIBT: 13 Tassen; 275 Kalorien pro Tasse

TAGESRATION:

Teilen Sie die Tagesmenge auf zwei Mahlzeiten auf oder servieren Sie eine halbe Portion pro Tag und die Hälfte der normalen Trockenfutterration.

4,5-KILO-HUND	9-KILO-HUND	18-KILO-HUND	27-KILO-HUND	36-KILO-HUND
1 bis 1¼ Tassen	1⅔ bis 2 Tassen	2⅔ bis 3½ Tassen	3⅔ bis 4⅔ Tassen	4⅔ bis 6 Tassen

Hühnchen fürs Hündchen

Es geht nichts über eine Schale mit warmem Hühnchen und Klößen, um die winterliche Kälte zu vertreiben. In dieser Version werden die Klöße durch Kartoffelwürfel ersetzt, sodass dieses Gericht perfekt für Hunde ist, die auf Gluten verzichten müssen.

3 EL Olivenöl

1,4 kg Hähnchenschenkel ohne Knochen und Haut, in 1 × 1 cm große Würfel geschnitten

Erhitzen Sie das Öl bei mittlerer bis großer Hitze in einem großen Suppentopf. Geben Sie das Hühnerfleisch dazu und rühren Sie gelegentlich um, bis alle Stücke leicht gebräunt sind, ca. 8 Minuten.

1 EL getrockneter Rosmarin

¼ TL Knoblauchpulver

Fügen Sie den Rosmarin und das Knoblauchpulver hinzu und rühren Sie ca. 1 Minute lang um, bis es entsprechend nach den Kräutern duftet.

960 ml Hühnerbrühe (Seite 73)

125 g geriebene Karotten

1,4 kg Kartoffeln, ungeschält, ohne Augen und grüne Flecken, in 1 × 1 cm große Würfel geschnitten

140 g gefrorene Erbsen

Rühren Sie die Brühe, Karotten, Kartoffeln und Erbsen unter. Schalten Sie die Hitze auf mittel bis niedrig herunter und lassen Sie das Ganze 20 Minuten kochen, bis die Kartoffeln weich sind.

Nehmen Sie den Topf vom Herd und lassen Sie den Eintopf abkühlen, bevor Sie etwaige Ergänzungsmittel hineinmischen.

Ergibt: 14 Tassen; 260 Kalorien pro Tasse

TAGESRATION:

Teilen Sie die Tagesmenge auf zwei Mahlzeiten auf oder servieren Sie eine halbe Portion pro Tag und die Hälfte der normalen Trockenfutterration.

4,5-KILO-HUND	9-KILO-HUND	18-KILO-HUND	27-KILO-HUND	36-KILO-HUND
1 bis 1 ⅓ Tassen	1 ⅔ bis 2 ⅓ Tassen	3 bis 4 Tassen	4 bis 5 ¼ Tassen	5 bis 6 ½ Tassen

Hühnchen-Quinoa-Kasserolle

Wir denken oft, dass ein Hackbraten aus Rindfleisch gemacht wird, aber aus Hähnchenfleisch ist er genauso einfach zuzubereiten, nahrhaft und lecker für Ihren Hund. Quinoa ist der Samen eines Mitglieds der Familie der Spinatgewächse und war ein Grundnahrungsmittel der Inkas. Heutzutage wird Quinoa langsam, aber sicher wiederentdeckt, weil jede Menge Eiweiß, Eisen, Kalium und B-Vitamine in ihr stecken. Außerdem enthält Quinoa sogenannte Saponine, die krebs- und entzündungshemmende Eigenschaften haben sollen. Probieren Sie Quinoa bei sich selbst und Ihrem Hund aus.

Antihaft-Kochspray

Heizen Sie den Backofen auf 175 °C vor und sprühen Sie eine ca. 23 × 33 cm große Auflauf- oder Backform mit Antihaft-Kochspray ein.

720 ml Hühnerbrühe (Seite 73)
250 g Quinoa
1,4 kg Hühnerhackfleisch
4 große Eier, verquirlt
125 g geriebene Karotten
125 g geriebene Zucchini
1 EL Olivenöl

Vermischen Sie alle Zutaten gründlich in einer großen Schüssel.

Verteilen Sie die Mischung mit einem Löffel in der Auflaufform.

Backen Sie das Gericht 1 Stunde, bis die ganze Flüssigkeit aufgesaugt wurde.

Nehmen Sie die Form aus dem Ofen und lassen Sie sie abkühlen, bevor Sie etwaige Ergänzungsmittel hineinmischen.

Ergibt: 14 Tassen; 280 Kalorien pro Tasse

TAGESRATION:

Teilen Sie die Tagesmenge auf zwei Mahlzeiten auf oder servieren Sie eine halbe Portion pro Tag und die Hälfte der normalen Trockenfutterration.

4,5-KILO-HUND	9-KILO-HUND	18-KILO-HUND	27-KILO-HUND	36-KILO-HUND
1 bis 1 ¼ Tassen	1 ²/₃ bis 2 ¼ Tassen	2 ²/₃ bis 3 ²/₃ Tassen	4 bis 5 ¼ Tassen	5 bis 6 ½ Tassen

Hühnerparty

Die Verwendung von preisgünstigen Hühnerinnereien ermöglicht Ihnen die geschmackliche Aufwertung von Trockenfutter. Aufgrund des hohen Gehalts an Eiweiß und Phosphor dürfen Sie aber nicht vergessen, das Eierschalenpulver hinzuzufügen, um die Versorgung mit Calcium sicherzustellen. Dieses Gericht wird am besten in Kombination mit einem kommerziellen Futter serviert, damit Ihr Hund auch alle notwendigen Nährstoffe in ausreichender Menge erhält.

3 EL Olivenöl oder Färberdistelöl

Erhitzen Sie das Öl bei mittlerer Hitze in einem großen Kochtopf.

1,6 kg Hähnchenschenkel ohne Knochen und Haut, in mundgroße Häppchen geschnitten

455 g Hühnermägen, klein geschnitten

455 g Hühnerherzen, klein geschnitten

85 g Hühnerleber, klein geschnitten

1 EL sehr klein gehackter frischer Rosmarin

¼ TL Knoblauchpulver

240 ml Wasser

Geben Sie die Hähnchenschenkel, Hühnerherzen, -mägen und -leber, den Rosmarin, das Knoblauchpulver und das Wasser dazu und lassen Sie alles 20 bis 25 Minuten köcheln, bis das Fleisch gebräunt und gar ist.

2½ TL Eierschalenpulver (Seite 17)

Nehmen Sie den Topf vom Herd und lassen Sie den Eintopf abkühlen, bevor Sie das Eierschalenpulver einrühren.

Ergibt: 12 Tassen; 300 Kalorien pro Tasse.

TAGESRATION:

Teilen Sie die Tagesmenge auf zwei Mahlzeiten auf oder servieren Sie eine halbe Portion pro Tag und die Hälfte der normalen Trockenfutterration.

4,5-KILO-HUND	9-KILO-HUND	18-KILO-HUND	27-KILO-HUND	36-KILO-HUND
⅔ bis 1¼ Tassen	1½ bis 2 Tassen	2⅔ bis 3⅓ Tassen	3½ bis 4½ Tassen	4½ bis 5⅔ Tassen

Hähnchenschenkel und Taboulé

Taboulé ist ein leckerer Sommersalat aus Bulgur, Tomaten und Minze. Die Zubereitung von Bulgur ist einfach, und das ganze Gericht ist in einer guten Stunde fertig.

1,45 l Hühnerbrühe (Seite 73)	Bringen Sie die Brühe in einem großen Topf zum Kochen.
585 g Bulgur	Geben Sie den Bulgur in eine große hitzeresistente Schüssel und übergießen Sie ihn mit der kochenden Brühe. Lassen Sie die abgedeckte Schüssel ca. 1 Stunde lang stehen. Der Bulgur nimmt die Flüssigkeit auf und wird leicht und locker.
60 ml Olivenöl oder Färberdistelöl	In der Zwischenzeit erhitzen Sie das Öl bei mittlerer Hitze in demselben Kochtopf, den Sie für die Brühe verwendet haben.
900 g Hähnchenschenkel ohne Knochen und Haut, in 2 × 2 cm große Stücke geschnitten	Geben Sie das Hühnerfleisch und die Paprika dazu und lassen Sie das Ganze unter ständigem Rühren 8 Minuten lang kochen, bis das Fleisch gar und die Paprika weich ist.
1 mittelgroße rote Paprika, entkernt und in 2 × 2 cm große Stücke geschnitten	Nehmen Sie den Topf vom Herd und fügen Sie die Tomaten und Petersilie hinzu. Decken Sie den Topf zu und lassen Sie ihn stehen, bis der Bulgur fertig ist.
2 Roma-Tomaten, in 2 × 2 cm große Stücke geschnitten	Geben Sie dann die Hähnchen-Mischung zum Bulgur und vermischen Sie alles gründlich. Lassen Sie das Gericht erst abkühlen, bevor Sie etwaige Ergänzungsmittel hineingeben.
30 g klein gehackte frische Petersilie oder Minze	

Ergibt: 14 Tassen; 260 Kalorien pro Tasse

TAGESRATION:
Teilen Sie die Tagesmenge auf zwei Mahlzeiten auf oder servieren Sie eine halbe Portion pro Tag und die Hälfte der normalen Trockenfutterration.

4,5-KILO-HUND	9-KILO-HUND	18-KILO-HUND	27-KILO-HUND	36-KILO-HUND
1 bis 1⅓ Tassen	1⅔ bis 2⅓ Tassen	3 bis 3¾ Tassen	4 bis 5¼ Tassen	5 bis 6½ Tassen

Dein bester Freund schätzt getoastete Zehen.

Geschmortes Hühnchen und Gerste

Hunde werden es lieben, wie sich das Hähnchen-Aroma während des langsamen Schmorens in einem Schongarer auf alle anderen Zutaten überträgt. Nach nur 10 Minuten Zubereitungszeit können Sie einfach den Schongarer anschalten und zur Arbeit gehen. Stellen Sie aber sicher, dass während Ihrer Abwesenheit keine neugierige Nase an den Topf gelangt. Durch das lange Kochen wird die Gerste weich und klumpig, was eine üppige Portionsgröße erlaubt. Dieses Gericht enthält wenig Fett und viele Ballaststoffe und ist damit ideal für Hunde, die auf Diät sind.

500 g Perlgraupen

900 g Hähnchenschenkel ohne Knochen und Haut, klein geschnitten

220 g sehr klein geschnittene grüne Bohnen

2 große Karotten, gewürfelt oder geraspelt

2 Roma-Tomaten, klein geschnitten

1,2 l Wasser

2 EL Olivenöl oder Färberdistelöl

¼ TL Knoblauchpulver

Geben Sie alle Zutaten in den Behälter eines 5- bis 6-Liter-Schongarers und verrühren Sie sie gründlich, sodass sie gleichmäßig verteilt sind.

Stellen Sie die Temperatur auf niedrig ein und lassen Sie das Ganze 8 Stunden lang kochen.

Schalten Sie den Schongarer aus und lassen Sie den Eintopf abkühlen, bevor Sie etwaige Ergänzungsmittel hineinmischen.

Ergibt: 14 Tassen; 260 Kalorien pro Tasse

TAGESRATION:

Teilen Sie die Tagesmenge auf zwei Mahlzeiten auf oder servieren Sie eine halbe Portion pro Tag und die Hälfte der normalen Trockenfutterration.

4,5-KILO-HUND	9-KILO-HUND	18-KILO-HUND	27-KILO-HUND	36-KILO-HUND
1 bis 1⅓ Tassen	1⅔ bis 2⅓ Tassen	3 bis 3¾ Tassen	4 bis 5¼ Tassen	5 bis 6⅓ Tassen

Gemüsepfanne mit Reis

Durch Kochen von frischem Ingwer werden einige seiner Antioxidantien (die sogenannten Gingerole) in zwei andere wirkungsvolle Antioxidantien umgewandelt, die in der rohen Form nicht vorliegen: Shogaol und Zingeron. Die im Ingwer enthaltenen Antioxidantien können bei Hunden hilfreich sein, die an Übelkeit, Durchfall oder übermäßiger Gasbildung leiden. Außerdem liegen Studien über ihre krebsvorbeugenden Eigenschaften vor. Dieses Gericht ist nicht nur gesund, es ist auch unglaublich leicht zuzubereiten und enthält viele Zutaten, die Sie auch für Ihre eigene Gemüsepfanne verwenden würden.

60 ml Olivenöl oder Färberdistelöl		Erhitzen Sie das Öl bei mittlerer Hitze in einer großen, schweren Pfanne.
570 g Hähnchenschenkel ohne Knochen und Haut, in 1 × 1 cm große Würfel geschnitten		Geben Sie das Hühnerfleisch und die Karotten dazu und braten Sie das Ganze unter ständigem Umrühren 5 Minuten lang an, bis das Fleisch gebräunt ist.
2 mittelgroße Karotten, gerieben		
1 kg gekochter weißer Langkornreis (siehe Anmerkung)		Fügen Sie den Reis, Spinat, Ingwer und das Knoblauchpulver hinzu und kochen Sie alles 5 Minuten unter ständigem Rühren, damit nichts ansetzt.
80 g aufgetauter Tiefkühlspinat		
½ TL geriebener frischer Ingwer		
¼ TL Knoblauchpulver		
4 große Eier, verquirlt		Rühren Sie die Eier ein und kochen Sie unter Rühren ca. 2 Minuten weiter, bis die Eier gestockt sind.
		Nehmen Sie die Pfanne vom Herd und lassen Sie das Gericht abkühlen, bevor Sie etwaige Ergänzungsmittel hineinmischen.

 Ergibt: 9 Tassen; 400 Kalorien pro Tasse

Anmerkung: Um Reis zu kochen, geben Sie in einen mittelgroßen Topf 960 ml Wasser und 455 g Reis. Bringen Sie das Ganze bei starker Hitze zum Kochen, dann schalten Sie die Temperatur herunter und lassen den Reis 25 Minuten köcheln, bis das ganze Wasser aufgesaugt ist.

TAGESRATION:

Teilen Sie die Tagesmenge auf zwei Mahlzeiten auf oder servieren Sie eine halbe Portion pro Tag und die Hälfte der normalen Trockenfutterration.

4,5-KILO-HUND	9-KILO-HUND	18-KILO-HUND	27-KILO-HUND	36-KILO-HUND
⅔ bis 1 Tasse	1¼ bis 1½ Tassen	2 bis 2½ Tassen	2⅔ bis 3⅓ Tassen	3⅓ bis 4¼ Tassen

Puten-Minestrone

Dieses Rezept eignet sich vor allem für Hunde, die Gemüse mögen. Wenn unser Lhasa Apso Baxter hört, dass wir Karotten und grüne Bohnen klein schneiden, hofft er immer auf eine Portion Minestrone. Da dieses Gericht im Schongarer zubereitet wird, hat Baxter den ganzen Tag Zeit, von seinem Lieblings-Abendessen zu träumen.

2 mittelgroße Karotten

120 g grüne Bohnen

Schneiden Sie die Karotten in große Stücke und geben Sie sie zusammen mit den grünen Bohnen in eine Küchenmaschine. Verarbeiten Sie sie darin so lange, bis sie sehr fein zerkleinert sind. (Wenn Sie keine Küchenmaschine zur Hand haben, können Sie die Karotten auch reiben.)

60 ml Olivenöl oder Färberdistelöl

680 g Putengehacktes

3 große ungeschälte Kartoffeln, ohne Augen und grüne Stellen, gewürfelt

140 g gefrorene Erbsen

1 Dose (400 g) Cannellini-Bohnen, abgespült und abgetropft

1 Dose (400 g) Tomaten

200 g ungekochte Eiernudeln

4 EL klein gehackte frische Petersilie

¼ TL Knoblauchpulver

1,2 l Wasser

Geben Sie die Karotten, grünen Bohnen, das Öl, das Putenfleisch, die Kartoffeln, Erbsen, Cannellini-Bohnen, Tomaten, Nudeln, die Petersilie, das Knoblauchpulver und Wasser in den Behälter eines 5- bis 6-Liter-Schongarers. Stellen Sie die Temperatur auf niedrig ein und lassen Sie das Ganze 7 bis 8 Stunden lang kochen.

Schalten Sie den Schongarer aus und lassen Sie den Eintopf abkühlen, bevor Sie etwaige Ergänzungsmittel hineinmischen.

frisch geriebener Parmesankäse (optional)

Als besondere Überraschung können Sie das Gericht mit etwas Parmesan krönen.

Ergibt: 14 Tassen; 260 Kalorien pro Tasse

TAGESRATION:

Teilen Sie die Tagesmenge auf zwei Mahlzeiten auf oder servieren Sie eine halbe Portion pro Tag und die Hälfte der normalen Trockenfutterration.

4,5-KILO-HUND	9-KILO-HUND	18-KILO-HUND	27-KILO-HUND	36-KILO-HUND
1 bis 1¼ Tassen plus ½ TL Käse	1⅔ bis 2¼ Tassen plus 1 TL Käse	3 bis 3¾ Tassen plus 2 TL Käse	4 bis 5¼ Tassen plus 1 EL Käse	5 bis 6⅓ Tassen plus 2 EL Käse

Lasagne für Faulpelze

Die Zubereitung von selbst gemachter Lasagne kann eine angenehme Beschäftigung für einen Sonntagnachmittag sein, aber Hunde essen so schnell, dass es mehr als zweifelhaft ist, ob sie die knifflige Schichtung tatsächlich wertschätzen. Deshalb bereite ich für das sonntägliche Abendessen lieber zwei Portionen Lasagne zu. Eine ist mit selbst gemachter Sauce, drei verschiedenen Käsesorten und sowohl süßen italienischen als auch würzigen Chorizo-Würstchen. Diese Auflaufform wandert auf meinen Esstisch. Die hier beschriebene Version für Faulpelze ist hingegen schnell gekocht und zusammengerührt. Unsere Hunde haben sich aber noch nie darüber beschwert – im Gegenteil, ihnen läuft immer das Wasser im Munde zusammen (und heraus), während sie darauf warten, dass wir endlich „Mangia!" sagen.

1,9 l Wasser

Bringen Sie das Wasser in einem großen Topf zum Kochen.

455 g ungekochte Eiernudeln

900 g Putengehacktes

Geben Sie die Nudeln und das Putenfleisch in den Topf und lassen Sie das Wasser erneut aufkochen, ohne Deckel, damit es nicht überkocht. Schalten Sie die Temperatur herunter und lassen Sie das Ganze 12 Minuten unter gelegentlichem Umrühren köcheln, bis die Nudeln sehr weich sind (weicher als al dente).

Gießen Sie die Brühe ab, heben Sie sie aber für andere Gerichte auf.

1 Dose (400 g) Tomaten

1 Packung (300 g) aufgetauten Tiefkühlspinat

450 g Hüttenkäse, Magerstufe

Geben Sie alle anderen Zutaten zu den Nudeln und dem Fleisch in den Topf und vermischen Sie sie gut.

Lassen Sie die Nudelmischung auf etwas über Zimmertemperatur abkühlen, bevor Sie etwaige Ergänzungsmittel hineinmischen.

1 TL getrocknetes Basilikum

1 TL getrockneter Oregano

¼ TL Knoblauchpulver

Ergibt: 16 Tassen; 230 Kalorien pro Tasse

TAGESRATION:

Teilen Sie die Tagesmenge auf zwei Mahlzeiten auf oder servieren Sie eine halbe Portion pro Tag und die Hälfte der normalen Trockenfutterration.

4,5-KILO-HUND	9-KILO-HUND	18-KILO-HUND	27-KILO-HUND	36-KILO-HUND
1¼ bis 1½ Tassen	2 bis 2⅔ Tassen	3⅓ bis 4⅓ Tassen	4½ bis 5⅔ Tassen	5⅔ bis 7¼ Tassen

PUTENHACKBRATEN

Als ich dieses Rezept zum ersten Mal ausprobierte, konnte ich der Versuchung nicht widerstehen, einen Bissen davon zu nehmen, und dann noch einen. Wenn Sie etwas Salz und Pfeffer dazugeben, könnte es sogar zu Ihrem eigenen Abendessen werden. Hunde mögen es so, wie es ist, und das ist auch gut so, denn die Zubereitung dauert nur 10 Minuten und dann wandert es in den Backofen, während ich mich um mein eigenes Abendessen kümmere. Durch die Zugabe von Basilikum, Knoblauch und Oregano riecht es auch richtig gut.

Heizen Sie den Backofen auf 175 °C vor.

Antihaft-Kochspray

Sprühen Sie zwei Kastenformen oder eine 23 × 33 cm große Auflaufform mit Antihaft-Kochspray ein.

2 große Eier
1 Dose (425 g) Tomaten
40 g frisch geriebener Parmesankäse
4 EL klein gehackte frische Petersilie
2 TL getrocknetes Basilikum
2 TL getrockneter Oregano
¼ TL Knoblauchpulver
1 EL Sojasauce

Verrühren Sie die Eier, Tomaten, den Parmesan, die Petersilie, das Basilikum, den Oregano, das Knoblauchpulver und die Sojasauce in einer großen Schüssel, bis alles gründlich vermischt ist.

390 g Instant-Haferflocken
1 kg Putengehacktes

Rühren Sie die Haferflocken und das Putenfleisch gut unter und löffeln Sie dann die Mischung in die vorbereiteten Formen.

Backen Sie den Hackbraten 45 bis 55 Minuten, bis das Fleischthermometer in der Mitte des Bratens 80 °C anzeigt.

Nehmen Sie den Hackbraten aus dem Ofen und lassen Sie ihn abkühlen, bevor Sie etwaige Ergänzungsmittel hineinmischen.

ERGIBT: 11 Tassen; 320 Kalorien pro Tasse

TAGESRATION:

Teilen Sie die Tagesmenge auf zwei Mahlzeiten auf oder servieren Sie eine halbe Portion pro Tag und die Hälfte der normalen Trockenfutterration.

4,5-KILO-HUND	9-KILO-HUND	18-KILO-HUND	27-KILO-HUND	36-KILO-HUND
¾ bis 1¼ Tassen	1½ bis 2 Tassen	2⅓ bis 3¼ Tassen	3⅓ bis 4¼ Tassen	4¼ bis 5¼ Tassen

Puten-Frühstücks-Porridge

Lassen Sie den Tag Ihres Hundes gut mit einem gesunden und schnell zuzubereitenden Frühstück beginnen.

1,45 l Wasser
900 g Putengehacktes
115 g Hühnerleber, klein geschnitten

Bringen Sie das Wasser in einem Kochtopf bei mittlerer Hitze zum Kochen und geben Sie das Putenhackfleisch sowie die klein geschnittene Hühnerleber dazu.

Lassen Sie das Ganze 10 Minuten köcheln und rühren Sie dabei um, damit das Hackfleisch zerfällt.

350 g grob gehackte grüne Bohnen
1 EL klein gehackter frischer Salbei

Geben Sie die grünen Bohnen und den Salbei dazu. Lassen Sie alles bei niedriger Hitze weitere 5 Minuten köcheln.

430 g Instant-Haferflocken
2 EL Färberdistelöl

Fügen Sie die Haferflocken und das Öl hinzu, dann nehmen Sie den Topf vom Herd. Lassen Sie die Haferflocken die gesamte Flüssigkeit aufsaugen (dies sollte rund 15 Minuten dauern), bevor Sie etwaige Ergänzungsmittel hineinmischen.

Ergibt: 12 Tassen; 300 Kalorien pro Tasse

TAGESRATION:

Teilen Sie die Tagesmenge auf zwei Mahlzeiten auf oder servieren Sie eine halbe Portion pro Tag und die Hälfte der normalen Trockenfutterration.

4,5-KILO-HUND	9-KILO-HUND	18-KILO-HUND	27-KILO-HUND	36-KILO-HUND
¾ bis 1¼ Tassen	1½ bis 2 Tassen	2²/₃ bis 3¹/₃ Tassen	3½ bis 4½ Tassen	4½ bis 5²/₃ Tassen

Rind mit Bulgur

Dieses Gericht muss nur wenige Minuten kochen und dann 20 Minuten abkühlen. Damit ist es unglaublich leicht zuzubereiten.

2 EL Olivenöl oder Färberdistelöl	Erhitzen Sie das Öl in einem großen Schmortopf bei mittlerer bis starker Hitze und geben Sie dann das Rinderhack, die Zucchini, die Paprika und das Knoblauchpulver dazu.
680 g mageres Rinderhackfleisch (85 % Magerfleischanteil)	
2 mittelgroße Zucchini, sehr klein geschnitten	Lassen Sie das Ganze 8 Minuten schmoren und rühren Sie häufig um, damit das Hackfleisch zerfällt und gleichmäßig gebräunt wird.
75 g sehr klein geschnittene rote Paprika	
¼ TL Knoblauchpulver	Geben Sie den Bulgur und Oregano in den Topf. Kochen Sie unter ständigem Rühren ca. 3 Minuten lang weiter, bis der Bulgur leicht angeröstet ist.
675 g Bulgur	
1 TL getrockneter Oregano	Rühren Sie nun das Wasser und die Tomaten ein. Bringen Sie das Ganze zum Köcheln, dann schalten Sie den Herd aus, decken den Topf zu und lassen ihn 20 Minuten lang stehen, bis die ganze Flüssigkeit aufgesaugt wurde. Lassen Sie das Gericht abkühlen, bevor Sie etwaige Ergänzungsmittel hineingeben.
1,45 l Wasser	
1 Dose (400 g) Tomaten, gewürfelt	

Ergibt: 12 Tassen; 300 Kalorien pro Tasse

TAGESRATION:

Teilen Sie die Tagesmenge auf zwei Mahlzeiten auf oder servieren Sie eine halbe Portion pro Tag und die Hälfte der normalen Trockenfutterration.

4,5-KILO-HUND	9-KILO-HUND	18-KILO-HUND	27-KILO-HUND	36-KILO-HUND
¾ bis 1¼ Tassen	1½ bis 2 Tassen	2²/₃ bis 3¹/₃ Tassen	3½ bis 4½ Tassen	4½ bis 5²/₃ Tassen

Geburtstagskuchen mit Rind (oder Pupcakes)

Wenn Ihr Hund Geburtstag hat und Sie ihm etwas Besonderes zukommen lassen möchten, geben Sie ihm Fleisch und keinen Weizen. Schmeicheln Sie seinem Gaumen mit einem Geburtstagskuchen mit Rind und er wird sich wünschen, dass Sie seinen Geburtstag jedes Jahr siebenmal feiern mögen. Die Glasur wird aus Kartoffelbrei gemacht; damit schaut sie genauso aus und ist ebenso leicht aufzutragen (lassen Sie Ihre Kinder dabei helfen) wie herkömmliche Glasuren für Haustiere, enthält aber im Gegensatz zu diesen keinen kalorienreichen Frischkäse oder Zucker.

Heizen Sie den Backofen auf 175 °C vor.

1 großes Ei

4 EL gehackte frische Petersilie

Verrühren Sie das Ei mit der Petersilie, dann geben Sie das Fleisch, die Karotten und Haferflocken dazu und vermischen alles gut.

150 g Rinder- (85 % Magerfleischanteil), Puten- oder Hühnerhackfleisch

4 EL geriebene Karotten

50 g Instant-Haferflocken

Gießen Sie die Mischung in eine kleine Auflaufform mit einem Fassungsvermögen von 240 ml.

Backen Sie den Kuchen 45 Minuten, dann nehmen Sie ihn aus dem Ofen und lassen ihn abkühlen.

960 ml Wasser

2 mittelgroße rote Kartoffeln, ohne Augen und grüne Stellen, geschält und geviertelt

In der Zwischenzeit bringen Sie das Wasser zum Kochen und geben die Kartoffeln hinein. Schalten Sie den Herd auf mittlere Hitze herunter und lassen Sie die Kartoffeln ungefähr 15 Minuten kochen, bis die Kartoffeln weich sind (stechen Sie mit einem Messer hinein, dieses muss leicht hindurchgehen).

Gießen Sie das Kochwasser ab und lassen Sie die Kartoffeln 10 Minuten abkühlen.

2 EL 1,8 % Milch

Geben Sie die Milch zu den Kartoffeln und zerdrücken Sie alles mit einem Kartoffelstampfer oder ca. 2 Minuten mit einem Handrührgerät, bis eine glatte Masse entstanden ist. Mixen Sie nicht zu lange, da die Kartoffeln sonst gummiartig werden. Wenn ein paar Stückchen darin bleiben, wird Ihr Hund sicher keine Einwände erheben.

Nehmen Sie den Kuchen aus der Form und legen Sie ihn auf einen Teller. Überziehen Sie ihn mit dem Kartoffelbrei und kredenzen Sie ihn Ihrem Hund mit einem Geburtstagsständchen, aber ohne Kerzen.

Ergibt: 1 Kuchen; 900 Kalorien

TAGESRATION:				
4,5-KILO-HUND	**9-KILO-HUND**	**18-KILO-HUND**	**27-KILO-HUND**	**36-KILO-HUND**
1/6 Kuchen	1/4 Kuchen	1/2 Kuchen	2/3 Kuchen	1 Kuchen

Rind mit Herz

Dieses Gericht kann gelegentlich als vollwertige Mahlzeit gegeben werden und ist dann ein echter fleischiger Leckerbissen, aber noch besser eignet es sich, um langweiliges Trockenfutter aufzupeppen. Die Kombination verschiedener Fleischsorten vereinigt deren besten Eigenschaften. Rinderherz ist eine preisgünstige Möglichkeit, um mageres Fleisch in die Ernährung Ihres Hundes einzubauen. Außerdem ist es ein guter Ausgleich zu den in Rinderhack enthaltenen Nährstoffen. Hunde lieben diese Kombination; sie tut ihnen gut und schont Ihren Geldbeutel.

Da dieses Rezept hauptsächlich aus Fleisch besteht, enthält es viel Phosphor. Deshalb müssen Sie unbedingt Calcium ergänzen, also vergessen Sie nicht das Eierschalenpulver! Wenn Sie die Ergänzungsmischung (Seite 16) zugeben, die bereits Eierschalenpulver enthält, können Sie das unten angegebene Eierschalenpulver weglassen.

900 g Rinderhackfleisch (85 % Magerfleischanteil)

1 EL gehackter frischer Rosmarin

½ TL Knoblauchpulver

Erhitzen Sie das Rinderhack, den Rosmarin und das Knoblauchpulver 5 Minuten lang in einem großen Schmortopf bei mittlerer bis starker Hitze, bis das Fleisch Saft und Fett abzugeben beginnt.

1,4 kg Rinderherz (siehe Anmerkung)

Schneiden Sie das Rinderherz in 1 bis 2 cm große Würfel. Geben Sie diese für 10 Sekunden in die Küchenmaschine.

Dann fügen Sie das Rinderherz dem Schmortopf hinzu und rühren alles gut um.

115 g Rinderleber, kleingehackt (siehe Anmerkung)

Geben Sie zum Schluss die Rinderleber dazu und lassen Sie das Ganze 10 bis 15 Minuten kochen, bis das Fleisch gleichmäßig gebräunt ist. Rühren Sie währenddessen 3- bis 4-mal um.

2½ TL Eierschalenpulver (Seite 17)

Nehmen Sie den Topf vom Herd, rühren Sie das Eierschalenpulver hinein und lassen Sie das Gericht abkühlen, bevor Sie etwaige Ergänzungsmittel hineingeben.

Ergibt: 11 Tassen; 330 Kalorien pro Tasse

Anmerkung: Für dieses Rezept benötigen Sie grob gewolftes Rinderherz. Allerdings wird es normalerweise nicht in dieser Form verkauft. Anstatt es aber selbst klein zu schneiden und durch den Wolf zu drehen, können Sie auch Ihren Metzger darum bitten.

Beim Kleinschneiden der Leber müssen Sie bedenken, dass sie glitschig und daher schwierig mit einem Messer zu schneiden ist. Es geht einfacher, wenn Sie die Leber auf ein Schneidbrett legen und mit einer Küchenschere zerschneiden.

TAGESRATION:

Teilen Sie die Tagesmenge auf zwei Mahlzeiten auf oder servieren Sie eine halbe Portion pro Tag und die Hälfte der normalen Trockenfutterration.
Wenn Ihr Hund es nicht gewöhnt ist, große Mengen Fleisch zu fressen, beginnen Sie mit einem Viertel der unten angegebenen Tagesmenge und vergrößern Sie allmählich die Portionen.

4,5-KILO-HUND	9-KILO-HUND	18-KILO-HUND	27-KILO-HUND	36-KILO-HUND
⅔ bis 1 Tasse	1¼ bis 1⅔ Tassen	2⅓ bis 3 Tassen	3¼ bis 4 Tassen	4 bis 5 Tassen

Rinderburger (mit einem Hauch Käse)

Das Geheimnis der von mir servierten Makkaroni mit Käse besteht in geröstetem Butternusskürbis. Ich würfele den Kürbis, vermische ihn mit ein paar ELn Olivenöl und röste ihn 25 Minuten bei 200 °C. Dadurch wird das Gericht cremiger und ich kann die verwendete Käsemenge um ein Drittel reduzieren. Versuchen Sie es einmal für Ihren eigenen Rinder-Käseburger und verwenden Sie die gleichen Zutaten und Reste, um eine Mahlzeit für Ihren Hund zuzubereiten.

2 l Wasser — Bringen Sie das Wasser bei starker Hitze in einem großen Topf zum Kochen.

455 g Rinderhackfleisch (85 % Magerfleischanteil) — Geben Sie das Rinderhack, den Kürbis und das Knoblauchpulver hinein und lassen Sie das Ganze aufkochen.

400 g geschälter und gewürfelter Butternusskürbis (2,5 cm große Würfel)

¼ TL Knoblauchpulver

455 g Makkaroni, ungekocht — Fügen Sie die Makkaroni hinzu, reduzieren Sie die Hitze und lassen Sie alles weitere 16 Minuten köcheln, bis die Nudeln und der Kürbis weich sind. (Wenn Sie Nudeln für Ihren Hund kochen, sollten Sie sie mindestens 2 bis 3 Minuten länger kochen lassen, als auf der Packung steht.)

Gießen Sie das Kochwasser ab, heben Sie es aber auf. (Sie können das Kochwasser statt Brühe für andere Rezepte, z. B. für Kekse, verwenden. Bewahren Sie Kochwasser bis zu 4 Tage im Kühlschrank oder bis zu 2 Monate im Gefrierschrank auf.)

125 g Panko-Paniermehl — Nun geben Sie das Paniermehl, den Käse und die Petersilie ebenfalls in den Topf und vermischen alles bei mittlerer Hitze.

55 g geriebener Cheddar-Käse

4 EL klein gehackte frische Petersilie — Nehmen Sie den Topf vom Herd und lassen Sie das Gericht abkühlen, bevor Sie etwaige Ergänzungsmittel einrühren.

Ergibt: 14 Tassen; 260 Kalorien pro Tasse

TAGESRATION:

Teilen Sie die Tagesmenge auf zwei Mahlzeiten auf oder servieren Sie eine halbe Portion pro Tag und die Hälfte der normalen Trockenfutterration.

4,5-KILO-HUND	9-KILO-HUND	18-KILO-HUND	27-KILO-HUND	36-KILO-HUND
1 bis 1⅓ Tassen	1⅔ bis 2⅓ Tassen	3 bis 3¾ Tassen	4 bis 5¼ Tassen	5 bis 6⅓ Tassen

Hackbraten

Legen Sie Ihre Ringe ab, denn die beste Methode, um einen guten Hackbraten zuzubereiten, besteht darin, ihn mit den Händen zu kneten. Wie eine freundliche Promenadenmischung ist auch dieser Hackbraten eine gelungene Mischung aus verschiedenen Dingen. In unserem Fall sind dies gesunde und schmackhafte Zutaten, die leicht zu verarbeiten sind.

 Heizen Sie den Backofen auf 175 °C vor.

3 mittelgroße rote Kartoffeln, ohne Augen und grüne Stellen, gerieben

2 mittelgroße Karotten, gerieben

Geben Sie die geriebenen Kartoffeln und Karotten in eine große Rührschüssel.

1 Dose (425 g) Kidneybohnen, abgespült und abgetropft

4 große Eier

1 TL frischer Rosmarin, fein gehackt

¼ TL Knoblauchpulver

1 kg Rinderhackfleisch (85 % Magerfleischanteil)

 Verarbeiten Sie die Kidneybohnen, die Eier, den Rosmarin und das Knoblauchpulver in einer Küchenmaschine, bis die Kidneybohnen gut zerkleinert sind.

Verrühren Sie die Ei-Bohnen-Mischung mit den Kartoffeln und Karotten.

Rühren Sie das Rinderhack gründlich unter. Verteilen Sie die Mischung auf zwei 13 × 23 cm große Kastenformen und backen Sie die beiden Hackbraten 1 Stunde und 10 Minuten, bis die Kerntemperatur mit dem Fleischthermometer gemessen ca. 80 °C beträgt.

Nehmen Sie die Formen aus dem Ofen und lassen Sie die Hackbraten abkühlen. Wenn Sie die Ergänzungsmischung hinzugeben möchten, teilen Sie die benötigte Menge auf zwei gleiche Portionen auf und streuen Sie diese über die Hackbraten.

 Ergibt: 11 Tassen; 330 Kalorien pro Tasse

TAGESRATION:

Teilen Sie die Tagesmenge auf zwei Mahlzeiten auf oder servieren Sie eine halbe Portion pro Tag und die Hälfte der normalen Trockenfutterration.

4,5-KILO-HUND	9-KILO-HUND	18-KILO-HUND	27-KILO-HUND	36-KILO-HUND
⅔ bis 1 Tasse	1¼ bis 1⅔ Tassen	2⅓ bis 3 Tassen	3¼ bis 4 Tassen	4 bis 5 Tassen

RINDFLEISCH MIT KARTOFFELN

Eigentlich müsste dieses Gericht Kartoffeln mit Rindfleisch heißen, da mehr Kartoffeln als Rindfleisch enthalten sind. Allerdings nehmen die Kartoffeln beim Vermischen den ganzen Fleischsaft auf und bekommen dadurch selber einen fleischigen Geschmack. Deshalb würde Ihr Hund die Frage, welchen Namen dieses Gericht bekommen sollte, sehr wahrscheinlich mit „Rindfleisch mit Kartoffeln" beantworten.

1,9 l Wasser

Bringen Sie das Wasser bei starker Hitze in einem großen Topf zum Kochen.

9 mittelgroße rote Kartoffeln (ca. 1,4 kg), ohne Augen und grüne Stellen

Schneiden Sie die Kartoffeln in 1 cm große Würfel.

Geben Sie die Kartoffeln in das kochende Wasser und schalten Sie den Herd auf mittlere Hitze herunter. Lassen Sie die Kartoffeln bei leicht geöffnetem Deckel 20 bis 25 Minuten köcheln, bis sie leicht mit einer Gabel eingestochen werden können.

Gießen Sie die Kartoffeln ab und stellen Sie sie beiseite.

1 (275 g) Packung tiefgekühlte Bohnen, aufgetaut

Zerkleinern Sie die grünen Bohnen in einer Küchenmaschine, bis sie sehr fein gehackt sind.

1,1 kg Rinderhackfleisch (85 % Magerfleischanteil)

1 EL frischer Rosmarin, fein gehackt

¼ TL Knoblauchpulver

Geben Sie das Rinderhack, die grünen Bohnen, den Rosmarin und das Knoblauchpulver in den Topf, in dem Sie die Kartoffeln gekocht haben, und kochen Sie alles bei mittlerer bis hoher Hitze 12 bis 15 Minuten lang, bis das Rindfleisch gebräunt ist. Rühren Sie häufig um, damit das Fleisch in kleinere Stücke zerfällt.

Nehmen Sie die Rindfleischmischung vom Herd, rühren Sie die Kartoffeln unter und lassen Sie das Ganze abkühlen, bevor Sie etwaige Ergänzungsmittel dazugeben.

ERGIBT: 12 Tassen; 300 Kalorien pro Tasse

TAGESRATION:

Teilen Sie die Tagesmenge auf zwei Mahlzeiten auf oder servieren Sie eine halbe Portion pro Tag und die Hälfte der normalen Trockenfutterration.

4,5-KILO-HUND	9-KILO-HUND	18-KILO-HUND	27-KILO-HUND	36-KILO-HUND
⅔ bis 1¼ Tassen	1½ bis 2 Tassen	2⅔ bis 3⅓ Tassen	3½ bis 4½ Tassen	4½ bis 5⅔ Tassen

Hamburger (und mehr) Frikadellen

Jeder mag einen guten Hamburger, Ihr Hund auch. Durch die Zugabe von Haferflocken und Gemüse enthalten die Frikadellen nicht so viel Fett und gleichzeitig mehr Nährstoffe. Durch das langsame Kochen bei niedriger Temperatur verhindert man außerdem Fettspritzer und gibt den Haferflocken ausreichend Zeit, die ganze Flüssigkeit aufzusaugen, wodurch sie leichter verdaulich werden. Weder Mensch noch Hund sollte sich ausschließlich von Hamburgern ernähren, aber als gelegentlicher Leckerbissen sind sie natürlich immer willkommen. Dieses Gericht ergibt nur halb so viel an Menge wie die anderen Rezepte. Ich empfehle, dass es nicht mehr als ein Drittel der Gesamttagesration Ihres Hundes ausmachen sollte, da es sowohl Belohnung als auch Futter in einem ist.

Zutaten	Zubereitung
1 großes Ei	Schlagen Sie das Ei in einer großen Schüssel mit einer Gabel auf.
155 g Instant-Haferflocken	Geben Sie alle anderen Zutaten ebenfalls in die Schüssel und vermischen Sie alles gründlich.
455 g Rinderhackfleisch (85 % Magerfleischanteil)	Teilen Sie die Mischung in acht Portionen auf. Rollen Sie eine Portion zwischen Ihren Handflächen, um eine Kugel zu formen. Drücken Sie jede einzelne Kugel zu einer Frikadelle, die 2 cm dick und ca. 8–9 cm im Durchmesser ist, und legen Sie sie dann auf einen Teller.
1 mittelgroße Zucchini, gerieben	
1 mittelgroße Karotte, gerieben	
4 EL feingehackte frische Petersilie	Braten Sie zwei bis drei Frikadellen auf einmal in einer beschichteten Pfanne bei mittlerer Hitze 6 Minuten pro Seite. Die gebratenen Frikadellen legen Sie auf einen zweiten, sauberen Teller oder in eine Aufbewahrungsbox.
	Lassen Sie die Frikadellen vor dem Servieren abkühlen, bis sie fast Zimmertemperatur erreicht haben, dann zerkrümeln Sie sie über dem Trockenfutter.

 Ergibt: 8 Frikadellen; 225 Kalorien pro Frikadelle

TAGESRATION:
Servieren Sie diese Menge pro Tag und zwei Drittel der normalen Trockenfutterration.

4,5-KILO-HUND	9-KILO-HUND	18-KILO-HUND	27-KILO-HUND	36-KILO-HUND
½ Frikadelle plus Trockenfutter	¾ Frikadelle plus Trockenfutter	1⅓ Frikadellen plus Trockenfutter	1½ Frikadellen plus Trockenfutter	2 Frikadellen plus Trockenfutter

Kleine Thunfisch-Nudel-Kasserolle

Dies ist eine Wiederentdeckung aus Kindertagen, die viel Käse enthält und einfach zuzubereiten ist. Damit ist sie eine willkommene Belohnung für besondere Anlässe. Dieses Rezept ist so konzipiert, dass Sie einfach ein paar Zutaten abzweigen können, wenn Sie eine Thunfisch-Nudel-Kasserolle für sich selbst zubereiten. Gehen Sie nur sicher, dass Ihr Hund auch seine Erbsen isst, damit er auch wirklich den Käse verdient.

Zutaten	Zubereitung
1,2 l Wasser	Bringen Sie das Wasser in einem mittelgroßen Topf bei starker Hitze zum Kochen.
200 g ungekochte Eiernudeln 30 g gefrorene Erbsen	Geben Sie die Nudeln und Erbsen dazu und lassen Sie das Wasser erneut aufkochen. Kochen Sie das Ganze 10 Minuten, bis die Nudeln sehr weich sind.
	Gießen Sie die Nudeln und Erbsen ab und schütten Sie die Nudeln und Erbsen in eine mittelgroße Schüssel.
1 (150 g) Dose Thunfisch in Wasser, abgetropft 4 EL magerer Naturjoghurt 4 EL geriebener Cheddar-Käse 4 EL Panko-Paniermehl	Geben Sie den Thunfisch, Joghurt, Käse und das Paniermehl in die Schüssel und vermischen Sie alles gründlich.
	Lassen Sie das Ganze vor dem Servieren abkühlen, bis es fast Zimmertemperatur erreicht hat.

Ergibt: 3 Tassen; 300 Kalorien pro Tasse

TAGESRATION:

Teilen Sie die Tagesmenge auf zwei Mahlzeiten auf oder servieren Sie eine halbe Portion pro Tag und die Hälfte der normalen Trockenfutterration.

4,5-KILO-HUND	9-KILO-HUND	18-KILO-HUND	27-KILO-HUND	36-KILO-HUND
1 Tasse	1 2/3 Tassen	3 Tassen	3 Tassen plus ein Viertel normales Futter	3 Tassen plus ein Drittel normales Futter

LAMM-MUFFINS

Ein paarmal im Jahr belohne ich mich selber mit Lammkoteletts. Während die Koteletts braten, versammeln sich alle Hunde um mich herum und versuchen herauszufinden, woher der köstliche Geruch kommt. Hier ist eine Möglichkeit, eine Belohnung für besondere Anlässe mit Ihrem Hund zu teilen. Da Lammfleisch reich an Fett ist, empfiehlt es sich, dieses Gericht mit der Hälfte des normalen Hundefutters zu vermischen. Die Zubereitung in einer Muffin-Form erleichtert die Portionierung und die nachfolgende Aufbewahrung im Gefrierschrank.

120 ml Wasser

4 große Eier

2 TL frischer Rosmarin, fein gehackt

¼ TL Knoblauchpulver

570 g Lammhackfleisch

430 g Instant-Haferflocken

125 g geriebene Karotten oder klein gehackte grüne Bohnen

 Heizen Sie den Backofen auf 175 °C vor.

Verquirlen Sie das Wasser mit den Eiern, dem Rosmarin und Knoblauchpulver in einer großen Schüssel.

 Geben Sie das Lammfleisch, die Haferflocken und das Gemüse dazu und vermischen Sie alles gründlich.

Verteilen Sie die Mischung auf eine Muffin-Form mit 12 Mulden und backen Sie sie 45 Minuten.

Nehmen Sie die Muffins aus dem Ofen und lassen Sie sie vor dem Servieren abkühlen.

Sie können die Muffins bis zu 3 Tage im Kühlschrank oder bis zu 2 Monate im Gefrierschrank aufbewahren.

 ERGIBT: 12 Muffins; 300 Kalorien pro Muffin

TAGESRATION:

Servieren Sie diese Menge pro Tag und die Hälfte der normalen Trockenfutterration.

4,5-KILO-HUND	9-KILO-HUND	18-KILO-HUND	27-KILO-HUND	36-KILO-HUND
½ Muffin plus Trockenfutter	¾ Muffin plus Trockenfutter	1 ½ Muffins plus Trockenfutter	2 Muffins plus Trockenfutter	2 ½ Muffins plus Trockenfutter

Schottische Brühe

Dieser wunderbar herzhafte Eintopf besteht aus Lammfleisch, Gemüse und Gerste. Hier ist die traditionellere Methode angegeben, aber Sie können das Gericht auch im Schongarer zubereiten, indem Sie alle Zutaten in den Topf geben, gut vermischen und 5 bis 7 Stunden bei niedriger Hitze kochen lassen. Niemand wird es Ihnen zum Vorwurf machen, wenn Sie eine Schale für sich selbst abzweigen!

Zutaten	Zubereitung
1 EL Olivenöl **680 g Lammhackfleisch**	Erhitzen Sie das Öl bei mittlerer bis starker Hitze in einem großen Schmortopf. Geben Sie das Lamm hinzu und braten Sie es unter gelegentlichem Umrühren ca. 8 Minuten, bis das Fleisch gebräunt ist.
¼ TL Knoblauchpulver	Rühren Sie das Knoblauchpulver hinein und braten Sie das Ganze weitere 30 Sekunden.
1,9 l Wasser **400 g Perlgraupen** **2 mittelgroße Karotten, in 1 cm große Würfel geschnitten** **2 große Steck- oder Kohlrüben, in 1 cm große Würfel geschnitten** **1 EL frischer Rosmarin, fein gehackt**	Geben Sie das Wasser, die Perlgraupen, Karotten, Rüben und den Rosmarin hinzu, dann schalten Sie den Herd auf starke Hitze hoch. Bringen Sie die Suppe zum Kochen, dann schalten Sie auf niedrige Hitze herunter. Lassen Sie das Ganze ca. 1 Stunde lang köcheln, bis das Lamm und die Graupen weich sind.
225 g klein gehackte grüne Bohnen	Rühren Sie die grünen Bohnen unter und lassen Sie die Suppe weitere 15 Minuten köcheln. Nehmen Sie den Topf vom Herd und lassen Sie den Eintopf abkühlen, bevor Sie etwaige Ergänzungsmittel dazugeben.

Ergibt: 13 Tassen; 280 Kalorien pro Tasse

TAGESRATION:

Teilen Sie die Tagesmenge auf zwei Mahlzeiten auf oder servieren Sie eine halbe Portion pro Tag und die Hälfte der normalen Trockenfutterration.

4,5-KILO-HUND	9-KILO-HUND	18-KILO-HUND	27-KILO-HUND	36-KILO-HUND
1 bis 1¼ Tassen	1²⁄₃ bis 2 Tassen	2¾ bis 3½ Tassen	3¾ bis 4²⁄₃ Tassen	4²⁄₃ bis 5¾ Tassen

MAHLZEITEN 133

Nudeln mit Schweinefleisch

Schweinefleisch wird als Tierfutter oft vernachlässigt, aber solange es gründlich durchgegart wird, ist es vollkommen sicher. Außerdem schont es den Geldbeutel. Ein paar Umdrehungen in der Küchenmaschine machen Schweineschulter zu einer idealen Ergänzung zu Äpfeln und Nudeln.

1,9 l Wasser
455 g Nudeln (Penne), ungekocht

Bringen Sie das Wasser in einem großen Topf zum Kochen. Geben Sie die Nudeln hinein und lassen Sie sie ca. 12 Minuten kochen, bis sie weich sind. (Wenn Sie Nudeln für Ihren Hund kochen, sollten Sie sie mindestens 2 bis 3 Minuten länger kochen lassen, als auf der Packung steht).

Gießen Sie die Nudeln ab, heben Sie dabei 240 ml des Kochwassers auf.

680 g Schweineschulter, von überschüssigem Fett befreit

Zerkleinern Sie das Schweinefleisch in der Küchenmaschine oder schneiden Sie es in 1 cm große Würfel, wenn Ihr Hund weniger als 14 kg wiegt, bzw. in 2 cm große Würfel, wenn er schwerer ist.

Erhitzen Sie den Topf, den Sie für die Nudeln verwendet haben, bei mittlerer bis starker Hitze und geben Sie das Schweinefleisch und das zurückbehaltene Kochwasser hinein. Lassen Sie das Ganze unter gelegentlichem Umrühren 15 Minuten kochen, bis das Fleisch gleichmäßig durchgegart ist.

260 g Tiefkühl-Mangold, aufgetaut

Fügen Sie den Mangold hinzu und lassen Sie alles weitere 3 Minuten kochen, dann nehmen Sie den Topf vom Herd.

2 große Äpfel der Sorte Rote Gala, entkernt und in 1 cm große Würfel geschnitten

Geben Sie die gekochten Nudeln und die Äpfel zu der Schweinefleischmischung und rühren Sie gut um. Lassen Sie das Gericht abkühlen, bevor Sie etwaige Ergänzungsmittel hineingeben.

Ergibt: 13 Tassen; 280 Kalorien pro Tasse

TAGESRATION:

Teilen Sie die Tagesmenge auf zwei Mahlzeiten auf oder servieren Sie eine halbe Portion pro Tag und die Hälfte der normalen Trockenfutterration.

4,5-KILO-HUND	9-KILO-HUND	18-KILO-HUND	27-KILO-HUND	36-KILO-HUND
1 bis 1¼ Tassen	1²⁄₃ bis 2 Tassen	2¾ bis 3½ Tassen	3¾ bis 4²⁄₃ Tassen	4²⁄₃ bis 5¾ Tassen

Kaninchen-Eintopf

Manchen Menschen ist bei dem Gedanken, ein Kaninchen zu kochen, etwas unwohl, aber Ihrem Hund macht es mit Sicherheit nichts aus, es zu essen. Für die meisten Hunde ist Kaninchen eine neue und exotische Geschmacksrichtung. Wenn Ihr Hund empfindlich auf herkömmliche Fleischsorten reagiert, versuchen Sie, Kaninchenfleisch in einem Geschäft zu finden, das sich auf asiatische oder italienische Lebensmittel spezialisiert hat. Dort ist es oft preisgünstig zu bekommen und meist auch vorrätig.

1,45 l Wasser
1 Kaninchen (knapp 1 kg), ausgenommen

Bringen Sie das Wasser und das Kaninchen in einem großen Topf bei starker Hitze zum Kochen. Schalten Sie die Temperatur auf niedrig herunter und lassen Sie das Ganze 1 Stunde lang köcheln.

Nehmen Sie das Kaninchen mithilfe einer Zange aus dem Kochtopf und legen Sie es in ein Sieb, das Sie über eine Schüssel gehängt haben. Geben Sie die aufgefangene Flüssigkeit zurück in den Topf.

425 g geschälte und geriebene Yamswurzel
510 g Quinoa
140 g gefrorene Erbsen
2 EL Olivenöl

Fügen Sie die Yamswurzel, Quinoa, Erbsen und das Öl zu der Flüssigkeit in den Topf und lassen Sie das Ganze erneut aufkochen.

Schalten Sie die Temperatur auf niedrig herunter und lassen Sie das Ganze 25 Minuten lang köcheln, bis die ganze Flüssigkeit aufgesaugt ist.

Wenn das Kaninchen abgekühlt ist, entfernen Sie die Knochen und schneiden Sie das Fleisch in grobe Stücke. Dann geben Sie es zu der Quinoa-Mischung in den Topf.

Ergibt: 11 Tassen; 330 Kalorien pro Tasse

TAGESRATION:

Teilen Sie die Tagesmenge auf zwei Mahlzeiten auf oder servieren Sie eine halbe Portion pro Tag und die Hälfte der normalen Trockenfutterration.

4,5-KILO-HUND	9-KILO-HUND	18-KILO-HUND	27-KILO-HUND	36-KILO-HUND
¾ bis 1 Tasse	1½ bis 1¾ Tassen	2⅓ bis 3 Tassen	3¼ bis 4 Tassen	4 bis 5 Tassen

Trockenfutter zum Kauen

Handelsübliches Trockenfutter hat oft nur wenige Sekunden Kontakt zu dem Gaumen Ihres Hundes. Dieses Rezept für selbst gemachtes Trockenfutter ermöglicht Ihrem Hund ein länger anhaltendes Kau- und Geschmackserlebnis. Daneben ist es auch ein großartiges Futter für Hunde mit einer empfindlichen Maulschleimhaut und für Familien mit großen, wohlerzogenen Rudeln, für die man Belohnungshäppchen in großen Gebinden braucht.

Heizen Sie den Backofen auf 175 °C vor.

Antihaft-Kochspray

Sprühen Sie ein 30 × 45 cm großes Backblech mit Antihaft-Kochspray ein.

2 große Eier
240 ml Wasser
60 ml Sonnenblumenöl
1 Dose (425 g) oder selbst gemachtes Kürbispüree (siehe Seite 78)
60 g gehackte frische Petersilie

Verquirlen Sie die Eier mit dem Wasser, Sonnenblumenöl, Kürbispüree und der Petersilie in einer großen Schüssel.

275 g aufgetauten Tiefkühlspinat
455 g Rinderhackfleisch (75 % Magerfleischanteil)

Geben Sie den Spinat und das Rinderhack zu der Eimischung und verrühren Sie alles, bis das Hackfleisch gut verteilt ist.

150 g Roggenmehl
235 g Instant-Haferflocken
8 EL fettfreies Instant-Milchpulver
4 EL Hefeflocken

Fügen Sie das Mehl, die Haferflocken, das Milchpulver und die Hefeflocken hinzu und kneten Sie alles zu einem Teig.

Legen Sie den Teig auf das vorbereitete Backblech und rollen Sie ihn gut 1 cm dick aus.

Backen Sie ihn 1 Stunde, dann nehmen Sie das Blech aus dem Ofen und lassen den Teig darauf abkühlen. Wenn das Trockenfutter fester sein soll, schalten Sie den Ofen aus und lassen Sie das Backblech bei geschlossener Tür noch für eine weitere Stunde im Ofen.

Schneiden Sie den Teig nach dem Abkühlen mit einem scharfen Messer in 2,5 × 2,5 cm große Quadrate.

Ergibt: 11 Tassen; 330 Kalorien pro Tasse

TAGESRATION:

Teilen Sie die Tagesmenge auf zwei Mahlzeiten auf oder servieren Sie eine halbe Portion pro Tag und die Hälfte der normalen Trockenfutterration.

4,5-KILO-HUND	9-KILO-HUND	18-KILO-HUND	27-KILO-HUND	36-KILO-HUND
$^2/_3$ bis 1 Tasse	$1^1/_3$ bis $1^2/_3$ Tassen	$2^1/_3$ bis 3 Tassen	$3^1/_3$ bis 4 Tassen	4 bis 5 Tassen

WIE MAN HERANWACH- SENDE WELPEN FÜTTERT

Es braucht schon einiges, um groß und stark zu werden, und Welpen stellen hierbei keine Ausnahme dar. Qualitativ hochwertiges Futter im Welpenalter bildet die ideale Grundlage für das gesamte weitere Leben des Hundes. Das Gewicht eines Welpen kann sich innerhalb kurzer Zeit verdoppeln, und ein großer Teil davon geht direkt in den Muskelaufbau. Ihr Welpe benötigt doppelt so viel Eiweiß wie ein erwachsener Hund; dieses muss über das Futter zugeführt werden und sollte aus magerem Fleisch stammen. Verglichen mit anderen Tierarten ist das Skelett von Hundewelpen nur wenig mineralisiert. Daher benötigen sie im ersten Lebensjahr zwei- oder dreimal mehr Mineralstoffe als ausgewachsene Hunde. Dagegen müssen Vitamine nur in geringfügig höherer Dosierung zugeführt werden als bei erwachsenen Hunden.

Das Wachstum eines Welpen einer großwüchsigen Rasse muss langsam über einen Zeitraum von 18 Monaten bis 2 Jahren gefördert werden. Während die meisten Vitamine und Mineralstoffe in den gleichen Mengen zugeführt werden wie bei Welpen anderer Rassen, dürfen diejenigen, die für den Aufbau eines starken Skeletts zuständig sind, nur in kontrollierten Mengen verabreicht werden, um ein übermäßig schnelles Wachstum zu vermeiden. In ihrer langen Welpen- und Junghundephase sollten Hunde großer Rassen schlank, aber nicht zu dünn sein.

Auch wenn Welpen diesen weichen, runden Körper haben, mit dem man nur allzu gerne knuddelt, ist es doch wichtig, das Körpergewicht im Griff zu halten, um unnötigem körperlichen Stress in der Entwicklungsphase und Übergewicht im späteren Lebensalter vorzubeugen. Wenn die Welpen ungefähr zwei Monate alt sind, sollten sie anfangen, einen schlanken Körper mit einer leichten Fettschicht über den Rippen zu entwickeln, genau wie erwachsene Hunde.

Um festzustellen, wie viel Futter Sie Ihrem Welpen geben sollten, wiegen Sie ihn immer am Monatsanfang und beurteilen Sie seine Rippen wie auf Seite 23 beschrieben. In der untenstehenden Tabelle finden Sie Angaben zu den durchschnittlichen Mengen der Kraftnahrung für Welpen (Rezept auf Seite 143), die man seinem heranwachsenden Hund entsprechend seinem Alter und Gewicht pro Tag geben sollte. In Abhängigkeit von seiner Rasse, seinem Körpertyp und der Bewegung, die er täglich bekommt, kann es sein, dass Ihr Welpe etwas mehr oder weniger benötigt.

2 BIS 3 MONATE

GEWICHT	TAGESRATION*	BEMERKUNGEN
450 g	½ Tasse	Mit zwei Monaten hat ein Hund einer kleinen Rasse etwa 31 % und ein Hund einer größeren Rasse ungefähr 21 % seines Erwachsenengewichts erreicht.
900 g	½ bis 1 Tasse	
1,8 kg	1 Tasse	
2,7 kg	1 bis 1½ Tassen	Mit drei Monaten hat ein Hund einer kleinen Rasse etwa 45 % und ein Hund einer größeren Rasse ungefähr 36 % seines Erwachsenengewichts erreicht.
3,6 kg	1½ bis 2 Tassen	
4,5 kg	1½ bis 2½ Tassen	
5,4 kg	2 bis 3½ Tassen	Welpen sollten mit sechs bis acht Wochen entwöhnt werden. Geben Sie festes Futter in drei bis vier Mahlzeiten.
6,8 kg	3 bis 3½ Tassen	
8,2 kg	3½ bis 4½ Tassen	Mit acht Wochen hat ein Welpe die stärkste Wachstumsphase abgeschlossen und seine Koordination hat sich deutlich verbessert. Da er nun nicht länger über die Muttermilch versorgt wird, ist er bereit für die anstehenden Impfungen.
9 kg	4 Tassen	
11,3 kg	5 Tassen	
13,6 kg	6½ Tassen	
15,9 kg	7½ Tassen	Die Zahnung beginnt im dritten Lebensmonat; halten Sie reichlich Spielzeug bereit.

ANMERKUNG: Eine Tasse entspricht einem Fassungsvermögen von 240 ml.

4 BIS 6 MONATE

GEWICHT	TAGESRATION*	BEMERKUNGEN
450 g	½ Tasse	Mit vier Monaten hat ein Hund einer kleinen Rasse etwa 56 % und ein Hund einer größeren Rasse ungefähr 46 % seines Erwachsenengewichts erreicht.
900 g	½ bis 1 Tasse	
1,8 kg	1 Tasse	
2,7 kg	1 bis 1½ Tassen	Mit fünf Monaten hat ein Hund einer kleinen Rasse etwa 64 % und ein Hund einer größeren Rasse ungefähr 54 % seines Erwachsenengewichts erreicht.
3,6 kg	1½ bis 2 Tassen	
4,5 kg	1½ bis 2½ Tassen	
5,4 kg	2 bis 3½ Tassen	Mit sechs Monaten hat ein Hund einer kleinen Rasse etwa 69 % und ein Hund einer größeren Rasse ungefähr 59 % seines Erwachsenengewichts erreicht.
6,8 kg	3 bis 3½ Tassen	
8,2 kg	3½ bis 4½ Tassen	
9 kg	4 Tassen	Zink und Kupfer werden in dieser Wachstumsphase in größeren Mengen benötigt.
11,3 kg	5 Tassen	
13,6 kg	6½ Tassen	
15,9 kg	7½ Tassen	Viele Hunde gehen um den sechsten Lebensmonat herum noch einmal durch eine zweite ängstliche Phase. Ermutigen Sie Ihren Hund statt ihn zu beruhigen, und helfen Sie ihm dadurch, zu einem großen, tapferen Hund heranzuwachsen.
20,4 kg	5½ bis 8 Tassen	
22,7 kg	6 bis 7 Tassen	
25 kg	6½ bis 8 Tassen	Diese Zeit ist gut geeignet, um mit dem Training zu beginnen und die Sozialisierung außerhalb des Hauses fortzusetzen.
27 kg	7 Tassen	
29,5 kg	8 Tassen	

7 BIS 9 MONATE

GEWICHT	TAGESRATION*	BEMERKUNGEN
450 g	½ Tasse	Mit sieben Monaten hat ein Hund einer kleinen Rasse etwa 73 % und ein Hund einer größeren Rasse ungefähr 63 % seines Erwachsenengewichts erreicht.
900 g	½ Tasse	
2,2 kg	1 Tasse	
3,6 kg	1 bis 1½ Tassen	Mit acht Monaten hat ein Hund einer kleinen Rasse etwa 76 % und ein Hund einer größeren Rasse ungefähr 66 % seines Erwachsenengewichts erreicht.
4,5 kg	1 bis 1½ Tassen	
5,4 kg	1½ bis 2 Tassen	
6,8 kg	2 Tassen	Mit neun Monaten hat ein Hund einer kleinen Rasse etwa 80 % und ein Hund einer größeren Rasse ungefähr 70 % seines Erwachsenengewichts erreicht.
8,2 kg	2 bis 2½ Tassen	
9 kg	2½ Tassen	
11,3 kg	3 Tassen	Die bleibenden Zähne sind immer noch nicht alle vollständig durchgebrochen, deshalb sollten Sie Ihrem Hund weiterhin eine breite Vielfalt an weichem und hartem Spielzeug anbieten.
13,6 kg	3½ Tassen	
15,9 kg	3½ bis 4½ Tassen	
18 kg	4½ bis 5 Tassen	Hat der Welpe so langsam seine rebellische Teenager-Phase überwunden, ist dies ein guter Zeitpunkt, um das Training etwas anspruchsvoller zu gestalten. Versuchen Sie ab und zu, ein Viertel einer Mahlzeit während des Trainings zu verfüttern und den Rest im Napf anzubieten.
20,4 kg	5 Tassen	
22,7 kg	5½ Tassen	
25 kg	5½ bis 6 Tassen	
27 kg	6 bis 6½ Tassen	
29,5 kg	6½ bis 7 Tassen	Die Tagesration kann nun auf zwei Mahlzeiten pro Tag aufgeteilt werden.
31,8 kg	7 bis 8 Tassen	
34 kg	7 bis 8 Tassen	
36 kg	8 Tassen	

10 BIS 12 MONATE

GEWICHT	TAGESRATION*	BEMERKUNGEN
450 g	½ Tasse	Mit zehn Monaten hat ein Hund einer kleinen Rasse etwa 84 % und ein Hund einer größeren Rasse ungefähr 75 % seines Erwachsenengewichts erreicht.
900 g	½ Tasse	
1,8 kg	½ bis 1 Tasse	
2,7 kg	1 Tasse	Mit elf Monaten hat ein Hund einer kleinen Rasse etwa 87 % und ein Hund einer größeren Rasse ungefähr 78 % seines Erwachsenengewichts erreicht.
3,6 kg	1 Tasse	
4,5 kg	1½ Tassen	
5,4 kg	1½ bis 2 Tassen	Mit zwölf Monaten hat ein Hund einer kleinen Rasse etwa 91 % und ein Hund einer größeren Rasse ungefähr 82 % seines Erwachsenengewichts erreicht.
6,8 kg	2 Tassen	
8,2 kg	2 Tassen	
9 kg	2½ Tassen	Die meisten Hunde erreichen in diesem Alter ihre Endgröße, nehmen aber noch an Gewicht zu. Der Hund sollte nun seine niedliche rundliche Welpenstatur abgelegt haben und vom Aussehen her dem Rassestandard entsprechen. Überprüfen Sie den körperlichen Zustand Ihres Welpen und passen Sie bei Bedarf die Mahlzeiten entsprechend an.
11,3 kg	2½ bis 3 Tassen	
13,6 kg	3½ Tassen	
15,9 kg	4 Tassen	
18 kg	4 Tassen	
20,4 kg	4½ bis 5 Tassen	
22,7 kg	5 bis 5½ Tassen	
25 kg	5½ bis 6 Tassen	
27 kg	6 Tassen	
29,5 kg	6½ bis 7 Tassen	
31,8 kg	7 Tassen	
34 kg	7½ Tassen	
36 kg	7½ bis 8 Tassen	
38,5 kg	8 bis 8½ Tassen	
41 kg	8½ Tassen	
43 kg	9 Tassen	

Die Tagesration bezieht sich auf einen durchschnittlichen Hund, der mit dem Kraftfutter für Welpen aus diesem Buch (Seite 143) ernährt wird. In Abhängigkeit von der Rassezugehörigkeit, Aktivität und dem körperlichem Zustand Ihres Hundes benötigt er u. U. +/-25 % der angegebenen Menge.

Ein Welpe braucht eine ziemlich große Menge Futter am Tag, um zu einem gesunden Hund heranzuwachsen. In den ersten sechs Monaten sollten Sie Ihren Welpen drei- bis viermal täglich füttern, später können Sie die Anzahl der Mahlzeiten auf zwei pro Tag reduzieren.

Kraftnahrung für Welpen

Welpen sind von Natur aus sehr neugierig und werden versuchen, so gut wie alles zu fressen. Dieses Rezept gibt Ihnen die Möglichkeit, in Ihrem Welpen die Liebe zu Obst und Gemüse zu wecken, die dann auch bis ins Erwachsenenalter andauert. Sie können bei jeder Zubereitung unterschiedliches Obst und Gemüse nehmen – Karotten, Erbsen, Spinat, Äpfel, Bananen, Pflaumen, Salat oder andere Sorten aus der Liste, die Sie ab Seite 33 finden. Versuchen Sie, immer wenigstens zwei verschiedene Obst- und Gemüsesorten einzubauen.

200 g gemischtes Obst und Gemüse, klein gehackt

900 g Hähnchenschenkel ohne Knochen und Haut, in 1 cm große Würfel geschnitten

550 g brauner Langkornreis

1,7 l Wasser

60 ml Oliven- oder Färberdistelöl

1 (100 g) Dose Sardinen in Tomatensauce

1¼ TL Kaliumchlorid

10 EL Ergänzungsmischung (Seite 16)

Geben Sie Obst und Gemüse, Hühnerfleisch, Reis, Wasser, Öl und Sardinen in den Behälter eines 5-Liter-Schongarers und rühren Sie alles gut um.

Lassen Sie das Ganze 6 Stunden bei niedriger Hitze kochen, bis der Reis sehr weich ist und die ganze Flüssigkeit aufgesaugt hat.

Schalten Sie den Schongarer aus und lassen Sie die Mischung weitere 20 Minuten ruhen. Wenn sie etwas abgekühlt ist, rühren Sie das Kaliumchlorid und die Ergänzungsmischung unter.

Ergibt: 15 Tassen; 280 Kalorien pro Tasse

ALLERGIEN Seite 148
Lamm, Hirse und Yamswurzel bei Allergien
Seite 149

ARTHRITIS Seite 150
Makrele und Hirse lindern Arthritis
Seite 151
Rind und Süßkartoffel lindern Arthritis
Seite 152

DIABETES Seite 154
Pute und Gerste bei Diabetes Seite 155

KREBS Seite 156
Schälerbsensuppe gegen Krebs Seite 157
Pute gegen Krebs Seite 159

HERZERKRANKUNGEN
Seite 160
Rind und Yamswurzel für ein gesundes Herz
Seite 162
Huhn und Reis für ein gesundes Herz Seite 163

LEBERERKRANKUNGEN
Seite 164
Leber-Diät Seite 165

MAGEN-DARM-ERKRANKUNGEN
Seite 166
Reisbrei für die schnelle Genesung Seite 168
Reis und Ei für den empfindlichen Magen
Seite 169
Huhn und Reis für den empfindlichen Magen
Seite 170

NIERENERKRANKUNGEN
Seite 171
Kartoffeln und Rind für gesunde Nieren
Seite 174
Reis und Ei für gesunde Nieren Seite 175
gewichtsreduktion
Seite 176

STÄRKENDE MAHLZEITEN FÜR KRÄNKELNDE HUNDE

Hühnersuppe mit Nudeln ist ein altbewährtes Hausrezept für Erkältungen, und das nicht nur, weil sie die Nase freimacht oder gut schmeckt, sondern auch, weil selbst zubereitete Speisen die Botschaft vermitteln: „Ich liebe dich." Genau wie Mutters Hühnersuppe können auch die Rezepte in diesem Kapitel helfen, Symptome zu lindern und die Genesung zu unterstützen, auch wenn sie nicht unbedingt zur vollständigen Heilung führen. Es ist sehr wichtig, die richtige Mischung aus heilungsförderndem Futter und den von Ihrem Tierarzt empfohlenen Maßnahmen zu finden.

Ich gebe offen zu, dass ich kein Tierarzt bin, deshalb stelle ich niemals eine Diagnose und verordne auch keine bestimmten Therapien. Allerdings weiß ich aus eigener Erfahrung, wie schwer es sein kann, wenn der eigene Hund nicht fressen will oder ernsthaft erkrankt ist. Wenn Ihr bester Freund krank ist, ist das nicht nur für ihn schlimm, sondern auch für Sie. Im Internet finden Sie zu jeder beliebigen Erkrankung Tausende von Empfehlungen. Mir wäre es allerdings lieber, Sie würden mit Ihrem Hund spazieren gehen oder die Zeit mit ihm auf dem Sofa verbringen und ihm beim Fernsehen eine schöne Massage angedeihen lassen, anstatt Stunden mit der Recherche im Internet oder in Büchern zu verbringen. Dieses Kapitel habe ich verfasst, um Sie bei Gesprächen mit Ihrem Tierarzt zu unterstützen und Ihnen vernünftige, auf Fakten beruhende Möglichkeiten anzubieten, die Sie in Kombination mit den vom Tierarzt ausgesprochenen Empfehlungen umsetzen können.

Alle Rezepte in diesem Abschnitt basieren auf Informationen, die explizit für Tierärzte oder von Tierärzten entwickelt wurden. Sie sollten immer erst Ihren Tierarzt aufsuchen, wenn Sie bei einem kranken Hund einen neuen Speiseplan einführen möchten. Empfiehlt Ihr Tierarzt ein kommerzielles Futter, sollten Sie sich die Inhaltsstoffe sehr genau anschauen und sich nicht scheuen, Fragen zu den Eigenschaften und Vorzügen der wichtigsten Zutaten zu stellen. Viele der vom Tierarzt verordneten Diätfuttermittel enthalten sehr viel Mais und sind daher nicht unbedingt die beste Nährstoffquelle für einen kranken Hund. Man sollte sich immer wieder ins Gedächtnis rufen, dass eine gute Ernährung der Schlüssel zu guter Gesundheit ist. Das bedeutet aber nicht einfach nur, dass man den Bedarf eines Hundes an Vitaminen und Mineralstoffen deckt. Genauso wichtig, wenn nicht wichtiger ist es, ein Futter anzubieten, das ansprechend und vollwertig ist und aus absolut frischen und geeigneten Zutaten besteht.

Zu jeder in diesem Kapitel enthaltenen Erkrankung bzw. Beschwerde finden Sie einen Überblick über die ernährungsphysiologischen Zusammenhänge, der Ihnen im Gespräch mit Ihrem Tierarzt helfen wird. Ich möchte darauf hinweisen, dass alle Informationen auf einer gründlichen Recherche anhand fachlich fundierter Quellen beruhen. Wenn Ihr Tier ernsthaft erkrankt ist, sollten Sie die Angelegenheit sehr ernst nehmen. Beziehen Sie sich bei Ihren eigenen Nachforschungen lieber auf die im Anhang dieses Buches genannten Quellen und auf Gespräche mit Ihrem Tierarzt, als auf zwar gut gemeinte, aber oft schlecht informierte Blogs, Webseiten und Mund-zu-Mund-Propaganda.

Die Mehrzahl der Gerichte in diesem Kapitel wird im Schongarer zubereitet. Dadurch intensiviert sich nicht nur das Aroma, sondern Sie haben auch mehr Zeit, die Sie mit Ihrem Hund verbringen können. Ein kranker Hund versteht nicht immer, warum er sich so miserabel fühlt. Aber wenn Sie ihm Ihre Aufmerksamkeit schenken, ihn massieren, mit ihm spazieren gehen und ihm eine Schüssel warmes Futter anbieten, versteht er ganz genau, wie sehr Sie sich um ihn sorgen.

ALLERGIEN

Kratzen, kratzen, kratzen. Kratzen, kratzen, kratzen. Kratzen, kratzen, kratzen. Das Kratzen eines Hundes, der an lang dauerndem Juckreiz leidet, ist eine Qual für Mensch und Tier. Anfangs können wir es noch ignorieren, aber wenn es länger anhält, fangen wir doch an, nach einer Ursache und möglichen Lösung zu suchen. Manchmal ziehen wir allerdings voreilige Schlüsse, ohne uns die Sache genauer anzuschauen.

Keine Frage, es gibt wirklich Allergien, und viele Hunde, die ihr Leben lang ausschließlich eine Sorte einer bestimmten Hundefuttermarke bekommen, entwickeln Allergien gegen bestimmte Inhaltsstoffe. Allerdings kann es auch andere Gründe für anhaltenden Juckreiz geben. Die Hunderasse, bei der ich bisher die meisten Hautprobleme gesehen habe, sind Labrador Retriever. Labbies wurden ursprünglich in Neufundland gezüchtet, um den Fischern bei der Arbeit zu helfen. Dabei kam ihnen ihr dichtes, wasserabweisendes Fell zugute. Die Hunde halfen nicht nur beim Fischfang, sondern Fisch war gleichzeitig auch ihre Hauptnahrungsquelle. Fisch ist reich an Omega-3-Fettsäuren und sorgt damit bei den Hunden für das wassertaugliche Fell. Wenn wir den Fisch bei der Fütterung weglassen, entziehen wir auch die Omega-3-Fettsäuren. Dadurch verschlechtert sich der Zustand von Haut und Fell oft dermaßen, dass irgendwann Juckreiz einsetzt.

Omega-3-Fettsäuren, v. a. die aus Lachsöl, werden von der Haut rasch verstoffwechselt und verwertet. Deshalb ist es eine gute Sache, bei Juckreiz des Hundes erst einmal Lachsöl zu geben. Eine weitere Möglichkeit ist die Zugabe von Sardinen in Olivenöl zum Futter. Damit werten Sie nicht nur die Nahrung Ihres Hundes auf, sondern erfreuen ihn auch mit einer extra Leckerei (Mengenangaben finden Sie auf Seite 40). Sie werden schon innerhalb weniger Wochen Ergebnisse sehen, allerdings kann es bis zu 12 Wochen dauern, bis der Juckreiz völlig verschwunden ist.

Handelt es sich aller Wahrscheinlichkeit nach doch um eine Futtermittelallergie, so sollte die Diagnose am besten durch einen Tierarzt gestellt werden und nicht zu Hause am Küchentisch. Der Tierarzt wird nach weiteren Anzeichen Ausschau halten, beispielsweise Ohrenentzündungen, Hot Spots, häufigerem Kotabsatz und Hautproblemen, die das ganze Jahr über bestehen. Durch ein paar Tests können Futterallergene entdeckt und anschließend aus der Fütterung eliminiert werden. Handelt es sich jedoch um ein Umweltallergen, kann Ihnen der Tierarzt ebenfalls Tipps geben, wie Sie am besten damit umgehen können.

Bei Futtermittelallergien ist es zwingend erforderlich, alle Allergenquellen zu eliminieren, auch die Snacks. Im Augenblick scheint die Diät der Wahl für Allergiker Ente mit Kartoffeln zu sein. Lamm ist ebenfalls oft eine gute Wahl, v. a. wenn Ihr Hund in der Vergangenheit noch kein Lamm bekommen hat. Für Kaninchen und Wild gilt das Gleiche. Wenn sich erst einmal eine Allergie gegen ein bestimmtes Protein entwickelt hat, ist es sehr wahrscheinlich, dass neue Eiweißquellen später ebenfalls zu Allergenen werden. Daher ist es wichtig, die Fleischsorten nicht zu rasch zu wechseln, damit man seine Trümpfe nicht zu schnell aus der Hand gibt. Behalten Sie einige Proteinquellen in Reserve, für Zeiten, in denen Sie sie wirklich brauchen. Rezepte wie Makrele und Hirse auf Seite 151 und Kaninchen-Eintopf auf Seite 134 sind weitere mögliche Optionen, wenn Ihr Tierarzt den Wechsel zu anderen Eiweißquellen empfiehlt.

Lamm, Hirse und Yamswurzel bei Allergien

Dieses Rezept verwendet Lammfleisch, das leichter erhältlich ist als Ente oder Wild. Dazu kommt Hirse, eine Getreidesorte, die nicht mit der Weizenfamilie verwandt ist und nur selten Allergien auslöst. Hirse wird vorwiegend als Vogelfutter verwendet, aber sie ist auch für den Hund eine gute Wahl, da sie Eiweiß, Ballaststoffe, B-Vitamine und Mineralstoffe wie Kupfer und Zink enthält.

200 g Hirse
455 g Lammhackfleisch
680 g Yamswurzel, gerieben
720 ml Wasser
1 TL feingehackter frischer Rosmarin
¼ TL Knoblauchpulver
2 EL Lachsöl

Geben Sie die Hirse, das Lammfleisch, die Yamswurzel, das Wasser, den Rosmarin und das Knoblauchpulver in den Behälter eines 5-Liter-Schongarers und rühren Sie gut um.

Lassen Sie alles bei niedriger Hitze 6 Stunden lang kochen, bis die Hirse das ganze Wasser aufgesaugt hat.

Schalten Sie den Schongarer aus und lasen Sie die Mischung noch 20 Minuten ruhen. Wenn sie etwas abgekühlt ist, rühren Sie das Lachsöl und etwaige andere Ergänzungen unter.

Ergibt: 10 Tassen; 370 Kalorien pro Tasse

TAGESRATION:

Teilen Sie die Tagesmenge auf zwei Mahlzeiten auf oder servieren Sie eine halbe Portion pro Tag und die Hälfte der normalen Trockenfutterration.

4,5-KILO-HUND	9-KILO-HUND	18-KILO-HUND	27-KILO-HUND	36-KILO-HUND
⅔ bis 1 Tasse	1⅓ bis 1⅔ Tassen	2 bis 2⅔ Tassen	2¾ bis 3⅔ Tassen	3½ bis 4½ Tassen

ARTHRITIS

Mit zunehmender Lebensdauer unserer Hunde steigt auch das Risiko für Arthritis. Osteoarthritis ist eine Erkrankung, bei der langsam der Gelenkknorpel abgebaut wird und die Gelenke zunehmend steif und unbeweglich werden. Es gibt viele Ursachen für Osteoarthritis, aber übermäßige Anstrengung und Übergewicht sind wohl die wichtigsten Risikofaktoren bei Hunden. An einer Entzündung wie bei der rheumatoiden Arthritis ist das Immunsystem beteiligt, das überschießend reagiert und dabei die Gelenke, Gewebe und Organe angreift.

Prostaglandine sind Fettsäuren mit Hormonwirkung, die viele Aufgaben im Körper haben, darunter die Regulation von Entzündungsreaktionen. Die Menge und Zusammensetzung von Antioxidantien, Kohlenhydraten, Fetten, Vitaminen, Mineralstoffen und entzündungshemmenden Stoffen im Futter entscheiden darüber, ob es im Körper zu einem Überschuss an entzündungsfördernden Prostaglandinen kommt. Durch eine Diät, bei der sich entzündungshemmende und entzündungsfördernde Zutaten die Waage halten, kann die Menge schädlicher Prostaglandine gesenkt oder zumindest nicht weiter gesteigert werden.

Monica Reinagel schreibt in ihrem Buch *The Inflammation-Free Diet Plan* [Diätplan für ein Leben ohne Entzündungen] detailliert über die Auswahl geeigneter Lebensmittel und gibt dem Leser eine Bandbreite an Menüvorschlägen an die Hand, die sich bei entzündungsbedingten Erkrankungen eignen. Anhand ihrer Informationen habe ich zwei Rezepte mit Zutaten kreiert, die für Hunde geeignet sind. Nachstehend einige allgemeine Empfehlungen für die Ernährung von Hunden mit Arthritis:

- Mitglieder aus der Familie der Nachtschattengewächse – Auberginen, Paprika, Kartoffeln und Tomaten – sollten gemieden werden.
- Süßkartoffeln, Butternusskürbis und andere Kürbissorten sind gut, Yamswurzel dagegen nicht.
- Lachs und Lachsöl haben entzündungshemmende Eigenschaften. Wildlachs hat eine stärkere Wirkung als Zuchtlachs.
- Kohlenhydrate mit einem hohen glykämischen Index (das bedeutet, dass sie im Körper sehr schnell zu Glukose umgewandelt werden) wirken eher entzündungsfördernd. Vollkorngetreide, das in den nachstehenden Rezepten verwendet wird, hat zwar auch gewisse entzündungsfördernde Eigenschaften, diese werden aber durch die anderen Zutaten wieder ausgeglichen.
- Eier sind mäßig entzündungsfördernd, aber andere Proteinquellen wie z. B. Rinderhackfleisch sind beinahe neutral.
- Ergänzungsmittel mit Glucosamin und Chondroitin, die aus Schalentieren gewonnen werden, werden oft zur Linderung von Arthritisbeschwerden eingesetzt. Beim Kauf solcher Produkte sollten Sie sich genau die Dosierungsanleitung durchlesen, da man oft zwei oder mehr Tabletten geben muss, um die angegebene Dosis zu erzielen. Sprechen Sie mit Ihrem Tierarzt über die exakte Dosierung.
- Cetylmyristoleat wird überall im Internet als Wundermittel bei Arthritis angepriesen. Allerdings gibt es keine wissenschaftlichen Studien, die diesen Anspruch auch belegen. Fragen Sie erst Ihren Tierarzt, bevor Sie diesen Stoff in den Behandlungsplan für Ihren Hund aufnehmen.

Makrele und Hirse lindern Arthritis

Diese Mahlzeit ist schnell zuzubereiten, daher benötigt man keinen Schongarer. Damit diese kleinkörnige Getreidesorte weich genug wird, dass unsere Hunde sie auch gut verdauen können, wird sie hier mit mehr Wasser zubereitet, als wir für unser eigenes Essen nehmen würden. Dadurch wird die Hirse schön locker und erzeugt trotz der geringen Kalorienzahl ein angenehmes Sättigungsgefühl.

2,4 l Wasser 550 g Hirse	Bringen Sie das Wasser mit der Hirse in einem großen Topf bei starker Hitze zum Kochen.
180 g Mangold, in dünne Streifen geschnitten 60 ml Olivenöl	Geben Sie den Mangold und das Olivenöl dazu und schalten Sie auf niedrige Hitze herunter. Lassen Sie alles 35 bis 40 Minuten köcheln, bis die ganze Flüssigkeit aufgesaugt ist. Nehmen Sie den Topf vom Herd und lassen Sie ihn abkühlen.
2 (425 g) Dosen Makrele	Gießen Sie die Makrele ab und schneiden Sie sie in kleine Stücke. Entfernen Sie alle größeren Gräten.
250 g Kürbispüree (siehe Seite 78) 30 g gehackte frische Petersilie 3.000 mg Glucosamin mit Chondroitin in Tablettenform, zerdrückt oder in der Küchenmaschine zerkleinert	Geben Sie die Makrele, das Kürbispüree, die Petersilie und das Glucosamin-Ergänzungsmittel zu der Hirsemischung und rühren Sie alles gut um.

Ergibt: 15 Tassen; 240 Kalorien pro Tasse

TAGESRATION:

Teilen Sie die Tagesmenge auf zwei Mahlzeiten auf oder servieren Sie eine halbe Portion pro Tag und die Hälfte der normalen Trockenfutterration.

4,5-KILO-HUND	9-KILO-HUND	18-KILO-HUND	27-KILO-HUND	36-KILO-HUND
1 bis 1¹/₃ Tassen	2 bis 2½ Tassen	3¹/₃ bis 4¼ Tassen	4½ bis 5²/₃ Tassen	5½ bis 7 Tassen

Rind und Süsskartoffel lindern Arthritis

Dieses Rezept ist eine getreidefreie Alternative für Hunde mit Arthritis. Es hat ein ausgeprägtes Rinderaroma, und der geriebene Ingwer lindert die Gelenkschmerzen. Rinderhack lässt sich sehr schnell und einfach zubereiten, und wenn man die Süßkartoffeln in der Mikrowelle kocht, ist auch das ein Kinderspiel.

900 g Rinderhackfleisch (85 % Magerfleischanteil)

150 g aufgetauter Tiefkühlspinat

360 ml Wasser

1 TL geriebener frischer Ingwer

1,4 kg Süßkartoffeln, gesäubert und in 2 cm große Würfel geschnitten

3 EL Lachsöl

4 EL gehackte frische Petersilie

3.000 mg Glucosamin mit Chondroitin in Tablettenform, zerdrückt oder in der Küchenmaschine zerkleinert

Braten Sie das Rinderhack in einer großen Pfanne bei mittlerer Hitze 6 Minuten lang an. Geben Sie den Spinat, 120 ml Wasser und den Ingwer dazu und lassen Sie das Ganze unter gelegentlichem Umrühren noch weitere 6 Minuten kochen.

Nehmen Sie die Pfanne vom Herd und lassen Sie die Rinderhackmischung abkühlen.

Geben Sie die Süßkartoffeln mit den verbliebenen 240 ml Wasser in ein mikrowellengeeignetes Gefäß und lassen Sie sie auf höchster Stufe 7 Minuten kochen. Rühren Sie einmal um und stellen Sie sie noch einmal für 7 Minuten bei höchster Stufe in die Mikrowelle.

Lassen Sie die Süßkartoffeln abkühlen, dann vermischen Sie sie in einer großen Schüssel mit dem Rinderhack, dem Lachsöl, der Petersilie und dem Glucosamin-Ergänzungsmittel.

Ergibt: 12 Tassen; 295 Kalorien pro Tasse

TAGESRATION:

Teilen Sie die Tagesmenge auf zwei Mahlzeiten auf oder servieren Sie eine halbe Portion pro Tag und die Hälfte der normalen Trockenfutterration.

4,5-KILO-HUND	9-KILO-HUND	18-KILO-HUND	27-KILO-HUND	36-KILO-HUND
⅔ bis 1¼ Tassen	1½ bis 2 Tassen	2⅔ bis 3⅓ Tassen	3½ bis 4½ Tassen	4½ bis 5⅔ Tassen

DIABETES

Die Bauchspeicheldrüse produziert Insulin, ein Hormon, das dafür sorgt, dass die Körperzellen Glukose, also Zucker, zur Energiegewinnung nutzen können. Bei Hunden mit Diabetes wird entweder nicht genügend Insulin gebildet oder das Insulin ist nicht wirkungsvoll genug, um alle Zellen mit ausreichend Glukose zu versorgen. Die Zellen beginnen dann nach anderen Energiequellen zu suchen und ziehen statt der Glukose das im Körper gespeicherte Eiweiß, Fett oder auch Stärke zur Energiegewinnung heran. Währenddessen häuft sich immer mehr Glukose im Körper an, die aber nicht gespeichert werden kann und daher über die Nieren mit sehr viel Wasser ausgeschieden wird. Dies ist der Grund dafür, warum Tiere mit Diabetes meist übermäßig großen Durst haben und sehr viel und häufig Harn absetzen. Diabetes tritt im Allgemeinen bei erwachsenen Hunden im Alter zwischen 7 und 9 Jahren auf, kann aber Hunde jeder Altersstufe betreffen.

Bei den meisten diabetischen Hunden muss der Insulinspiegel mit Insulinspritzen aufrechterhalten werden. Allerdings sind die richtige Ernährung und Bewegung ebenso wichtig, um plötzliche Blutzuckerspitzen zu vermeiden. Übergewichtige Hunde haben zusätzliche Probleme, den Blutzuckerspiegel auf einer Höhe zu halten. Deshalb sollten sie unbedingt mithilfe einer Kombination aus Diät und Bewegung abnehmen. Das Fütterungsregime und die Größe der Mahlzeiten sollten gleichbleibend sein, und es sollten auch keine allzu unterschiedlichen Futtermittel oder Diätformen eingesetzt werden.

Nachfolgend einige Hinweise zur Fütterung diabetischer Hunde:

- Komplexen Kohlenhydraten ist der Vorzug zu geben, da sie sehr viel langsamer verdaut werden als einfache Kohlenhydrate. Da sie auch weniger Zucker wie z. B. Glukose enthalten, kommt es auch seltener zu einem plötzlichen Anstieg des Blutzuckers. Mindestens 50 Prozent der Diät eines diabetischen Hundes sollten aus komplexen Kohlenhydraten bestehen.
- Ballaststoffe verlangsamen ebenfalls den Verdauungsvorgang und die Aufnahme von Glukose. Außerdem liefern sie Füllstoffe ohne Kalorien, was dem Hund beim Abnehmen hilft. Zwar liefern Futtermittel, die reich an komplexen Kohlenhydraten sind, gleichzeitig Ballaststoffe, aber in dem unten stehenden Rezept wird Weizenkleie verwendet, um die von Tierernährungsexperten empfohlenen 15 Prozent sicherzustellen. Da Weizenkleie ein unlöslicher Faserstoff ist, nimmt sie keine übermäßig große Menge Wasser auf. Hunde haben auch sehr viel seltener Durchfall, wenn sie Weizenkleie bekommen, als wenn sie mit großen Mengen löslicher Faserstoffe gefüttert werden.
- Zur Belohnung können Sie Ihrem Hund anstelle von Keksen Gemüse geben, beispielsweise Karotten, oder auch dünne Scheiben Fleisch.

Pute und Gerste bei Diabetes

Die in diesem Rezept enthaltenen grünen Bohnen, der Mangold, das Kurkuma, der Kreuzkümmel und Zimt haben sich in Studien an Ratten als wirksam erwiesen und werden oft für Menschen mit Diabetes empfohlen. Rote Paprika ist ein ausgezeichneter Vitamin C-Lieferant und unterstützt damit die Regulation des Blutzuckerspiegels und die Nierenfunktion. Außerdem soll sie grauem Star vorbeugen. Dieses Rezept ist außerdem fettarm, was den Vorteil hat, dass es Hunden mit Diabetes beim Abnehmen hilft.

600 g Perlgraupen
1,9 l Wasser
680 g Putenhackfleisch
1 mittelgroße rote Paprika, entkernt und fein gehackt
75 g fein gehackte gefrorene grüne Bohnen
40 g Mangold
4 EL Weizenkleie
½ TL gemahlener Cumin (Kreuzkümmel)
½ TL gemahlene Kurkuma (Gelbwurz)
½ TL gemahlener Zimt
2 TL Oliven- oder Färberdistelöl

Geben Sie alle Zutaten in den Behälter eines 5-Liter-Schongarers und vermischen Sie alles gut.

Lassen Sie das Ganze bei niedriger Hitze 6 bis 8 Stunden kochen, bis die Perlgraupen das ganze Wasser aufgesogt haben.

Schalten Sie den Schongarer aus und lassen Sie den Eintopf abkühlen.

Ergibt: 15 Tassen; 220 Kalorien pro Tasse

TAGESRATION:

Teilen Sie die Tagesmenge auf zwei Mahlzeiten auf oder servieren Sie eine halbe Portion pro Tag und die Hälfte der normalen Trockenfutterration.

4,5-KILO-HUND	9-KILO-HUND	18-KILO-HUND	27-KILO-HUND	36-KILO-HUND
1¼ bis 1½ Tassen	2 bis 2½ Tassen	$3^{1}/_{3}$ bis $4^{1}/_{3}$ Tassen	$4^{2}/_{3}$ bis 6 Tassen	6 bis 7½ Tassen

KREBS

Ich habe selbst erlebt, wie schwer es ist, wenn man beim Tierarzt sitzt und das Wort *Krebs* fällt. Die Hälfte unserer Hunde entwickelt Krebs; die Gründe dafür sind nicht bekannt, aber die Folgen können verheerend sein. Eine Gruppe von Zellen im Körper eines Hundes kann plötzlich anfangen, sich unkontrolliert zu vermehren und in der Folge einen Knoten zu bilden oder in andere Bereiche des Körpers einzudringen. Plötzlicher Gewichtsverlust, Apathie und Appetitverlust sind subtile Zeichen, die oftmals im Frühstadium von Krebs auftreten. Eine frühzeitige Diagnose kann den Behandlungserfolg deutlich steigern, daher sollten Sie bei allen ungewöhnlichen Symptomen Ihres Hundes Ihren Tierarzt konsultieren. Die Ergänzung einer onkologischen Behandlung mit optimaler Ernährung gibt Ihrem Hund im Kampf gegen den Krebs eine echte Chance.

Krebskranke Hunde verlieren selbst bei ausreichender Nahrungsaufnahme oft Gewicht und Muskelmasse, weil Krebszellen sehr gierig sind und die Nährstoffe für ihr eigenes schnelles Wachstum missbrauchen. Kohlenhydrate, besonders einfache Kohlenhydrate wie Zucker, sind die bevorzugte Energiequelle von Krebszellen, da sie schnell verstoffwechselt werden und deren Wachstum fördern. Die Einschränkung von einfachen Kohlenhydraten in der Nahrung schneidet den Krebs von der Energieversorgung ab. Die anderen Körperzellen können auch Fett zur Energiegewinnung heranziehen, daher ist eine fettreiche und kohlenhydratarme Diät für krebskranke Hunde am besten.

Krebs wirkt sich auch störend auf den Eiweißstoffwechsel aus, sowohl was das Futter angeht als auch im Körper selbst. Eine proteinreiche Diät hilft krebskranken Hunden, ihre Muskelmasse zu erhalten. Arginin ist normalerweise bei Hunden keine essenzielle Aminosäure, da es in den Nieren synthetisiert wird. Im Körper hat Arginin einen großen Einfluss auf die Funktion der T-Zellen und das Immunsystem. Deshalb enthalten die nachstehenden Rezepte mehr als 400 Prozent der empfohlenen Tagesmenge an Arginin, um den Hund in seinem Kampf gegen den Krebs zu unterstützen.

Antioxidantien sind wichtig, um freie Radikale abzufangen und das Immunsystem zu stärken. Die folgenden weithin bekannten Antioxidantien spielen in der Krebsbehandlung eine wichtige Rolle:

- Vitamin A ist ein Retinoid, eine chemische Verbindung, die hilft, das Krebswachstum zu kontrollieren. Leber, Brokkoli, Karotten, Süßkartoffeln und andere Gemüsesorten sind reich an Vitamin A.
- Vitamin C unterstützt nicht nur gesunde Zellen, sondern soll auch die Widerstandskraft von Krebszellen gegenüber Arzneimitteln schwächen.
- Vitamin E ist in Weizenkeimöl enthalten und hemmt das Krebswachstum.
- Selen ist in den Paranüssen der Ergänzungsmischung enthalten und hemmt die Entwicklung von Tumoren. Außerdem vermindert es in Verbindung mit Vitamin A und E die Toxizität von Chemotherapeutika.

Verwenden Sie soweit möglich Bio-Produkte und Fleisch aus artgerechter Tierhaltung, damit Ihr Tier nicht noch weitere krebserzeugende Chemikalien aufnimmt, während es ohnehin schon gegen den Krebs kämpft.

Schälerbsensuppe gegen Krebs

Ich ging dazu über, mindestens eine von Jacksons Mahlzeiten getreidefrei zuzubereiten. Die maßvolle Verwendung von Schälerbsen liefert Eiweiß und gerade genug komplexe Kohlenhydrate, um Ihrem Hund ein wenig Energie zu verleihen. Dieses Rezept enthält eine gesunde Portion Hühnchen und verführt selbst einen kranken Hund dazu, seinen Napf noch einmal zu kontrollieren. Das Gemüse, der Knoblauch und Rosmarin liefern Antioxidantien, Vitamine und Mineralstoffe, die nicht nur das Immunsystem stärken, sondern beim Kochen auch ein sehr verlockendes Aroma entfalten.

455 g Hühnermägen

Schneiden Sie die Hühnermägen in 2 cm große Stücke oder zerkleinern Sie sie 15 Sekunden in der Küchenmaschine. Geben Sie sie in den Behälter eines 5-Liter-Schongarers.

900 g Hähnchenschenkel ohne Knochen und Haut, in 2 cm große Würfel geschnitten

Fügen Sie alle anderen Zutaten hinzu und rühren Sie ein paarmal schnell um.

540 g Butternusskürbis, geschält und in 1 cm große Würfel geschnitten oder gerieben

Lassen Sie das Ganze bei niedriger Hitze 6 bis 8 Stunden kochen, bis die Schälerbsen weich sind.

280 g grüne Schälerbsen

Schalten Sie den Schongarer aus und lassen Sie die Suppe abkühlen, bevor Sie etwaige Ergänzungsmittel einrühren.

70 g gehackter Brokkoli

4 EL gehackte Hühnerleber

120 ml Oliven- oder Färberdistelöl

1,2 l Wasser

2 EL fein gehackter frischer Rosmarin

¼ TL Knoblauchpulver

Ergibt: 13 Tassen; ca. 400 Kalorien pro Tasse

TAGESRATION:

Teilen Sie die Tagesmenge auf zwei Mahlzeiten auf oder servieren Sie eine halbe Portion pro Tag und die Hälfte der normalen Trockenfutterration.

4,5-KILO-HUND	9-KILO-HUND	18-KILO-HUND	27-KILO-HUND	36-KILO-HUND
⅔ bis 1 Tasse	1¼ bis 1½ Tassen	2 bis 2½ Tassen	2⅔ bis 3⅓ Tassen	3⅓ bis 4¼ Tassen

PUTE GEGEN KREBS

Dieses Rezept enthält vorwiegend Fleisch und gibt einem krebskranken Hund damit etwas, wofür es sich zu kämpfen lohnt. Die Weizenkeime liefern natürliches Vitamin E zur Stärkung des Immunsystems.

1,4 kg Putenhackfleisch

550 g Yamswurzel, gewürfelt

155 g Tiefkühlspinat, aufgetaut

80 ml Oliven- oder Färberdistelöl

1 EL fein gehackter frischer Rosmarin

¼ TL Knoblauchpulver

Geben Sie das Putenfleisch, die Yamswurzeln, den Spinat, das Öl, den Rosmarin und das Knoblauchpulver in den Behälter eines Schongarers.

Rühren Sie gut um, dann lassen Sie das Ganze bei niedriger Hitze 6 bis 8 Stunden kochen.

Schalten Sie den Herd aus und lassen Sie den Eintopf auf Zimmertemperatur abkühlen.

2 mittelgroße rote Äpfel beliebiger Sorte, entkernt und fein gewürfelt

4 EL Weizenkeime

Fügen Sie die Äpfel, Weizenkeime und alle sonstigen Ergänzungsmittel unter und vermischen Sie alles gut.

ERGIBT: 10 Tasse; ca. 360 Kalorien pro Tasse

TAGESRATION:

Teilen Sie die Tagesmenge auf zwei Mahlzeiten auf oder servieren Sie eine halbe Portion pro Tag und die Hälfte der normalen Trockenfutterration.

4,5-KILO-HUND	**9-KILO-HUND**	**18-KILO-HUND**	**27-KILO-HUND**	**36-KILO-HUND**
²/₃ bis 1 Tasse	1¹/₃ bis 1²/₃ Tassen	2 bis 2²/₃ Tassen	3 bis 3²/₃ Tassen	3²/₃ bis 4²/₃ Tassen

HERZKRANKHEITEN

Auch wenn manche Herzkrankheiten wie z. B. die Herzwurm-Erkrankung geheilt werden können, sind die meisten angeborenen, degenerativen und infektiösen Herzkrankheiten chronisch und werden auch nach der Diagnose weiter fortschreiten. Die Hauptaufgabe des Herzens ist die Verteilung des Blutes. Wenn das Herz krank wird, stellt sich ein Domino-Effekt ein: Das Herz kann das Blut nicht ausreichend durch den Körper pumpen, deshalb beginnt dieser, Natrium zurückzuhalten, was wiederum die Nieren dazu zwingt, Wasser zurückzuhalten. Dies alles ist ein Versuch, damit jeder Herzschlag, der zwar schwächer ist, dennoch eine größere Menge Blut bewegt. Leider belastet die Flüssigkeitsretention das Herz nur noch mehr und kann zusätzlich die Funktion von Leber und Nieren stören.

Die richtige tiermedizinische Versorgung und Medikation sind ebenso entscheidend wie die richtige Ernährung. Sowohl die Krankheit an sich als auch manche der notwendigen Behandlungen können sich negativ auf den Appetit des Hundes auswirken, so dass er nicht ausreichend dringend benötigte Nährstoffe aufnimmt. Normale handelsübliche Futtermittel enthalten oft 500 Prozent oder mehr der empfohlenen Tagesmenge an Natrium, um die Schmackhaftigkeit zu erhöhen. Kommerzielle Diäten für herzkranke Hunde sind oft natriumarm und enthalten mehr Getreide als Fleisch, was sie für den Hund nicht gerade interessant macht und ihn kaum animiert, einen Blick in seinen Napf zu werfen. Und damit noch nicht genug, wenn der Hund dann doch einmal etwas frisst, werden durch den gesteigerten Harnabsatz notwendige Proteine, Vitamine und Mineralstoffe aus dem Körper geschwemmt.

Um die tierärztliche Behandlung zu ergänzen, muss das Futter Nährstoffe und Antioxidantien in ausreichender Menge enthalten, um die Unfähigkeit des Körpers, diese zu resorbieren und zu speichern, auszugleichen. Nachstehend noch einige besondere Aspekte, die es zu berücksichtigen gilt:

- Natrium sollte auf die empfohlene Tagesdosis reduziert werden, (0,08 Prozent der Gesamttrockenmasse), um die Flüssigkeitsretention zu regulieren. In den nachstehenden Rezepten verwenden wir beispielsweise Leber statt Salz, um die Schmackhaftigkeit zu verbessern.
- L-Carnitin ist ein Eiweiß, das die Energiegewinnung aus Fett fördert. Obwohl die Nieren normalerweise ausreichend L-Carnitin aus anderen Proteinen bilden (Methionin und Lysin), sofern ausreichend Vitamine und Mineralstoffe vorhanden sind (Vitamin B_3, B_6, C und Eisen), kann es doch sein, dass ein Defizit besteht und Ihr Tierarzt empfiehlt, es zu ergänzen. Dazu können wir die beste Quelle für L-Carnitin nutzen: rotes Fleisch (113 g Rinderhackfleisch liefern mehr als 100 mg L-Carnitin).
- Kalium hält den Flüssigkeits- und Elektrolythaushalt des Körpers im Gleichgewicht. Natriumarme Futtermittel und die vermehrte Arbeit der Nieren führen oft zu einem Kaliummangel, deshalb verwenden wir Kartoffeln, Spinat

und den Salzersatz Kaliumchlorid, um den Kaliumspiegel wieder ins Lot zu bringen.
- 🐾 Magnesium wird von jeder Körperzelle benötigt, um Vitamine und Mineralstoffe im Gleichgewicht zu halten, enzymatische Vorgänge zu ermöglichen und die Zusammensetzung der Knochen zu regulieren. Spinat ist auch dafür eine hervorragende Quelle.
- 🐾 B-Vitamine sind wasserlöslich und werden daher über die Nieren ausgeschieden. Deshalb müssen wir dafür sorgen, dass sie in ausreichender Menge mit der Nahrung zugeführt werden, beispielsweise mit Hefeflocken, Leber und Sardinen.
- 🐾 Die ausreichende Versorgung mit dringend benötigten Nährstoffen ist ganz entscheidend, deshalb sollte dem Futter nach der Zubereitung ein Vitaminpräparat zugefügt werden. Es ist einfacher für Sie und Ihr Tier, wenn Sie Ergänzungsmittel zusammen mit dem Futter geben und nicht einzeln.
- 🐾 Hat Ihr Hund Übergewicht, ist es darüber hinaus sehr wichtig, dass die Kalorienzufuhr gedrosselt wird. Übergewicht führt dazu, dass das Herz das Blut durch noch mehr Gewebe und Fett pumpen muss. Eine Gewichtsabnahme macht jeden Herzschlag effektiver. Das Rezept mit Huhn und Reis ist für Hunde mit normalem Appetit gedacht, die außerdem ein paar Pfunde abspecken müssen. Zeigt Ihr Hund allerdings wenig Begeisterung für seinen Futternapf, lässt ihm das Gericht mit Rind und Yamswurzel vielleicht doch das Wasser im Mund zusammenlaufen; gleichzeitig enthält es möglichst viele Nährstoffe in möglichst wenig Volumen, sodass wirklich jeder Bissen zählt.
- 🐾 Der Wasserhaushalt des Körpers ist ein heikles Thema, aber mit der richtigen Ernährung und tierärztlichen Betreuung kann das Gleichgewicht wieder hergestellt werden. Sorgen Sie dafür, dass immer ausreichend Wasser zur freien Verfügung steht, vorzugsweise gefiltert, damit es möglichst rein ist. Leitungswasser, das mit einem Wasserenthärter gefiltert wird, sollte nicht verwendet werden, da in dem Filtrationsprozess Natrium eingesetzt wird.
- 🐾 Viele Hunde leiden an der unglücklichen Kombination aus Herz- und Nierenerkrankung. Sollte dies bei Ihrem Hund der Fall sein, orientieren Sie sich stattdessen an den Rezepten für Nierenerkrankungen.

Rind und Yamswurzel für ein gesundes Herz

Durch den Einsatz eines Schongarers lässt sich dieses Rezept sehr einfach zubereiten, wenn Sie gerade mit den Vorbereitungen für Ihr eigenes Abendessen beschäftigt sind. Damit sich die Rinderleber leichter schneiden lässt, können Sie sie eine Stunde vorher einfrieren. Umgekehrt, wenn die Leber bereits gefroren ist, lassen Sie sie eine Stunde vor dem Kleinschneiden bei Zimmertemperatur antauen.

Zutaten:
- 900 g Rinderhackfleisch (85 % Magerfleischanteil)
- 4 EL Rinderleber, in 1 cm große Stücke geschnitten
- 900 g Yamswurzel, in 1 cm große Stücke geschnitten
- 155 g Tiefkühlspinat, aufgetaut
- 2 EL feingehackter frischer Rosmarin
- ¼ TL Knoblauchpulver
- 240 ml Wasser
- 2 EL Hefeflocken

- Geben Sie alle Zutaten bis auf die Hefeflocken in den Behälter eines 5-Liter-Schongarers und vermischen Sie alles gut.

- Lassen Sie das Ganze bei niedriger Hitze 4 bis 6 Stunden kochen, bis die Yamswurzeln weich sind und das Rindfleisch durchgegart ist.

- Schalten Sie den Schongarer aus, rühren Sie die Hefeflocken unter und lassen Sie den Eintopf auf Zimmertemperatur abkühlen.

- **Ergibt:** 13 Tassen; 280 Kalorien pro Tasse

TAGESRATION:
Teilen Sie die Tagesmenge auf zwei Mahlzeiten auf oder servieren Sie eine halbe Portion pro Tag und die Hälfte der normalen Trockenfutterration.

4,5-KILO-HUND	9-KILO-HUND	18-KILO-HUND	27-KILO-HUND	36-KILO-HUND
1 bis 1¼ Tassen	1²⁄₃ bis 2 Tassen	2¾ bis 3½ Tassen	3¾ bis 4²⁄₃ Tassen	4²⁄₃ bis 5¾ Tassen

Huhn und Reis für ein gesundes Herz

Hühnerherzen stellen eine preisgünstige Fleischquelle dar, die mehr Kupfer, Zink und wichtige B-Vitamine enthält als andere Teile vom Huhn wie Schenkel oder Brust. Ihr niedriger Natriumgehalt macht sie zu einer gesunden Wahl für das Herz und aufgrund ihrer geringen Größe muss man gerade bei kleinen Hunden nicht viel klein schneiden. Brauner Reis ist sehr viel gesünder als weißer Reis, da das äußere Häutchen des Korns erhalten ist und er somit mehr Nähr- und Faserstoffe enthält.

900 g Hühnerherzen; für Hunde unter 14 kg halbiert

4 EL gehackte Hühnerleber

550 g brauner Reis

1,45 l Wasser

2 mittelgroße Zucchini, gerieben

2 EL Oliven- oder Färberdistelöl

1 TL Kaliumchlorid (Salz-Ersatz)

1 (100 g) Dose Sardinen in Tomatensauce

2 EL Hefeflocken

Geben Sie alle Zutaten bis auf die Sardinen und die Hefeflocken in den Behälter eines 5-Liter-Schongarers und vermischen Sie alles gut.

Lassen Sie das Ganze bei niedriger Hitze 4 bis 6 Stunden kochen, bis die gesamte Flüssigkeit aufgesaugt ist.

Schalten Sie den Schongarer aus und lassen Sie den Eintopf auf Zimmertemperatur abkühlen. Heben Sie die Sardinen und die Hefeflocken unter.

Ergibt: 13 Tassen; 280 Kalorien pro Tasse

TAGESRATION:

Teilen Sie die Tagesmenge auf zwei Mahlzeiten auf oder servieren Sie eine halbe Portion pro Tag und die Hälfte der normalen Trockenfutterration.

4,5-KILO-HUND	9-KILO-HUND	18-KILO-HUND	27-KILO-HUND	36-KILO-HUND
1 bis 1¼ Tassen	1⅔ bis 2 Tassen	2¾ bis 3½ Tassen	3¾ bis 4⅔ Tassen	4⅔ bis 5¾ Tassen

LEBERKRANKHEITEN

Die Leber zählt zu den fleißigsten Organen des Körpers. Sie ist gleichzeitig Fabrik, Umschlagplatz und Müllverwertungsanlage, während sie die Nährstoffe umwandelt und speichert und Giftstoffe filtert, die im Rahmen der Verdauung und anderer Körperfunktionen anfallen. Wenn auch nur eine dieser wichtigen Funktionen aufgrund einer Lebererkrankung eingeschränkt ist, kann sich dies auf den gesamten Körper auswirken. Die wichtigsten Anzeichen sind Appetitmangel, vermehrte Wasseraufnahme, Schwäche, Depression und/oder gräulicher Kot.

Die Leber hat von allen Organen die größte Fähigkeit zur Regeneration. Allerdings benötigt sie für die Heilung eine entsprechende Ernährung. Für die Leber belastende Nährstoffe sollten reduziert werden, ebenso wie alle Nährstoffe, die in der Leber in hohen Konzentrationen gespeichert werden. Es ist eine Gratwanderung, ausreichende Mengen von allen Nährstoffen zuzuführen, damit der Körper normal arbeiten kann, gleichzeitig aber auch nicht die Leber ins Chaos zu stürzen. Hier ist die Liebe zum Detail gefragt. Nachstehend einige Richtlinien:

- Bei der Verwertung von tierischem Eiweiß entsteht Ammoniak. Da die Leber ohnehin eine schwere Zeit durchmacht, um den Anforderungen des Körpers gerecht zu werden, sollte Eiweiß, und ganz besonders tierisches Eiweiß, in reduzierten Mengen gefüttert werden. Die unten beschriebene Leber-Diät enthält 22 Prozent Protein, wobei nur ein Drittel aus tierischen Quellen stammt.
- Kohlenhydrate und Proteine sollten leicht verdaulich sein. Das folgende Rezept enthält viel Hüttenkäse und Reis.
- Natrium sollte reduziert werden, daher empfiehlt es sich, die Etiketten genau zu lesen. Es gibt Hüttenkäse ganz ohne Salz, aber natriumarme Sorten gehen auch. Auch das Hühnerfleisch sollte nicht mit Salz oder Konservierungsstoffen behandelt sein.
- Die Leber speichert das Mineral Kupfer und eliminiert überschüssiges Kupfer normalerweise über die Galle. Bei reduzierter Leberfunktion steigt der Kupferspiegel auf toxische Werte an. Das folgende Rezept enthält etwas weniger Kupfer als die empfohlene Tagesmenge.
- Zink spielt eine wichtige Rolle für die Verwertung von Nährstoffen in der Leber. Bei leberkranken Hunden besteht oft ein Zinkmangel. Zink hilft bei der Umwandlung von Ammoniak in den für die Leber weniger schädlichen Harnstoff. Außerdem sorgt eine höhere Menge Zink in der Nahrung dafür, dass weniger Kupfer resorbiert wird. Da Zink so wichtig ist, enthält unsere Leber-Diät nicht nur das Zink aus dem Multivitamin-Präparat, sondern auch noch ein Zink-Ergänzungsmittel, um sicherzustellen, dass der Hund mehr als das Doppelte der empfohlenen Tagesmenge bekommt.
- Vitamin A wird ebenfalls in der Leber in großen Mengen gespeichert (daher ist Leber von Rind und Huhn auch so reich an Vitamin A). Um toxischen Wirkungen vorzubeugen, sollten leberkranke Hunde keine Karotten, Kürbis, Spinat, Mangold, Leber oder andere Vitamin-A-reiche Nahrungsmittel bekommen.
- Häufigere kleine Mahlzeiten pro Tag (drei oder vier) können hilfreich sein, damit der Hund die Nährstoffe besser verstoffwechseln kann und die Leber weniger gestresst wird.

Leber-Diät

Diese Diät wurde speziell für Hunde mit Lebererkrankungen konzipiert und enthält ausgesuchte Ergänzungsstoffe zur Unterstützung der Leber. Daher sollte in diesem Fall nicht die normale Ergänzungsmischung zusätzlich oder alternativ gegeben werden.

1,2 l Wasser	Bringen Sie das Wasser in einem großen Topf zum Kochen.
455 g Hähnchenschenkel ohne Knochen und Haut, in 1 cm große Würfel geschnitten 450 g mittelkörniger weißer Reis 1 rote Paprika, entkernt und in 1 cm große Stücke geschnitten oder gerieben	Geben Sie das Hühnerfleisch, den Reis und die Paprika dazu und lassen Sie das Ganze wieder aufkochen. Schalten Sie die Temperatur dann herunter und lassen Sie alles 25 Minuten köcheln, bis die gesamte Flüssigkeit aufgesaugt ist. Nehmen Sie den Topf vom Herd und lassen Sie die Mischung abkühlen.
2 Multivitamintabletten für Hunde 2 (50 mg) Zinktabletten	Zerdrücken Sie die Multivitamin- und Zinktabletten und geben Sie das Pulver in die Küchenmaschine.
1 Paranuss 4 EL Sojalecithin-Granulat 2½ TL Eierschalenpulver (Seite 17) 2 TL getrocknetes Seealgenpulver 1 TL Kaliumchlorid 3 EL Oliven- oder Färberdistelöl	Geben Sie die Paranuss, das Sojalecithin, Eierschalenpulver, Seealgenpulver, Kaliumchlorid und das Öl ebenfalls in die Küchenmaschine und mixen Sie alles so lange, bis es gut vermischt ist und die Paranuss zu feinem Mehl geworden ist.
450 g magerer Hüttenkäse	Verrühren Sie den Hüttenkäse, die Hühnchen-Reis-Mischung und die Ergänzungsmischung in einer großen Schüssel, bis alle Zutaten gleichmäßig vermischt sind.

Ergibt: 11 Tassen; 325 Kalorien pro Tasse

TAGESRATION:

Teilen Sie die Tagesmenge auf zwei Mahlzeiten auf oder servieren Sie eine halbe Portion pro Tag und die Hälfte der normalen Trockenfutterration.

4,5-KILO-HUND	9-KILO-HUND	18-KILO-HUND	27-KILO-HUND	36-KILO-HUND
¾ bis 1¼ Tassen	1½ bis 2 Tassen	2⅓ bis 3¼ Tassen	3⅓ bis 4¼ Tassen	4¼ bis 5¼ Tassen

MAGEN-DARM-ERKRANKUNGEN

Der Verdauungstrakt des Hundes kann aus einer Vielzahl von Gründen erkranken. Die häufigsten Anzeichen sind Durchfall, Erbrechen, Inappetenz oder Bauchschmerzen. Die Fütterung von Hunden mit chronischem Durchfall oder Erbrechen stellt eine echte Herausforderung dar, denn nur wenige Futtermittel bleiben lange genug an Ort und Stelle, damit ausreichend Nährstoffe aufgenommen werden können. Das ständige Saubermachen ist außerdem auch kein Vergnügen. Wenn Ihr Hund ernsthafte Verdauungsprobleme hat, sollten Sie am besten den Tierarzt aufsuchen, um die Ursache zu finden und eine medizinische Behandlung einzuleiten. Das Fütterungsregime ist aber in den meisten Fällen gleich.

Bei der Fütterung von Hunden mit Kolitis, Gastritis oder Pankreatitis geht es vor allem darum, ausreichend Nährstoffe zuzuführen, ohne den Verdauungstrakt noch mehr zu reizen. Alle Veränderungen müssen langsam vorgenommen werden, um zu vermeiden, dass es durch eine plötzliche Umstellung zu einer Verschlimmerung kommt. Hunde mit einem normalen Verdauungsapparat vertragen oft problemlos eine Vielzahl von Futtermitteln, aber bei einem Hund, der eine Erkrankung der Verdauungsorgane hat, kann selbst eine geringfügige Änderung zu tagelang anhaltendem Durchfall oder Erbrechen führen. Deshalb sollten Sie Veränderungen immer in winzigen Schritten vornehmen.

Die Anzahl der Futtermittel, die sich für eine Magen-Darm-Diät eignen, ist äußerst begrenzt, da sie hoch verdaulich sein müssen. Eier sind die beste Quelle für leicht verdauliches Eiweiß und für ihre Verdauung werden weniger Enzyme benötigt, sodass mehr Nährstoffe leichter resorbiert werden können. Hähnchenbrust ist ebenfalls eine gute Proteinquelle, da sie fettarm und eiweißreich ist. Was das Getreide angeht, so sollte man weißen Reis nehmen, der hoch verdaulich ist, sofern man ihn gut kocht. Wenn Sie merken, dass Ihr Hund den Reis nicht vollständig verdaut, nehmen Sie beim Kochen noch mehr Wasser.

Durch die Einschränkung von Fett kann das Risiko einer Darmentzündung mit daraus resultierendem Durchfall reduziert werden. Allerdings brauchen Hunde etwas Fett, deshalb wird der Diät Öl in kleinen Mengen hinzugefügt. Lachsöl wirkt entzündungshemmend und liefert die Vitamine A, D und E. Ein weiterer positiver Effekt ist, dass Lachsöl die Diät schmackhafter macht. Schließlich kann es irgendwann einmal langweilig werden, Tag für Tag nur Huhn und Reis zu essen. Obwohl Hunde normalerweise Vitamin K im Darm bilden können, brauchen Hunde mit einer Störung des Verdauungsapparates zusätzliche Unterstützung, deshalb sollte man bei Bedarf Oliven-, Färberdistel- oder Maiskeimöl hinzufügen, das gleichzeitig auch Vitamin E liefert.

Eine Ergänzung ist notwendig, da Magen-Darm-Erkrankungen mit einer verminderten Resorption der Nährstoffe einhergehen und Reis, Ei und Huhn zwar ausgezeichnete Futtermittel sind, aber nicht alle benötigten Nährstoffe liefern können. Zink und Kaliumchlorid als Salzersatz unterstützen sowohl des Immunsystem als auch den Verdauungsapparat; sie werden noch zusätzlich ergänzt, da sie in dem Multivitamin-Präparat nicht in ausreichender Menge enthalten sind.

- Füttern Sie häufiger kleine Mahlzeiten. Wie bereits erwähnt, erleichtern drei bis vier Mahlzeiten täglich dem angeschlagenen Verdauungstrakt Ihres Hundes die Arbeit. Selbst wenn die Mahlzeiten nur wenige Stunden auseinander liegen, ist das schon hilfreich.
- Lassen Sie die Finger von Käse, Milch, Joghurt und Hüttenkäse, und geben Sie sie auch nicht als gelegentliche Leckerbissen, da der darin enthaltene Milchzucker die Beschwerden Ihres Hundes verschlimmern könnte. Probieren Sie stattdessen das Rezept für Sardinen-Croûtons auf Seite 60 aus; diese eignen sich hervorragend als Belohnungshäppchen.
- Der gelegentliche Zusatz von Kürbispüree kann Durchfall lindern. Geben Sie es aber nur in kleinen Mengen, um den Verdauungstrakt Ihres Hundes nicht mit zu vielen Ballaststoffen zu belasten. Sie können auch 2 bis 3 TL Flohsamenschalen zufügen, wenn Ihr Tierarzt empfiehlt, mehr Ballaststoffe zu füttern, damit ein Teil der Nahrung im Dünndarm besser verdaut wird. Allerdings sollte zu Beginn der Behandlung der Anteil an Rohfaser bzw. Ballaststoffen gering gehalten werden.

Reisbrei für die schnelle Genesung

Wenn Ihr Hund kränkelt oder sich nach medizinischen Maßnahmen in der Rekonvaleszenz befindet, wird von tierärztlicher Seite meist leichte Kost empfohlen. Reis eignet sich ganz hervorragend zum Anfüttern, da er sehr magenschonend ist. Eine Freundin brachte mir Reisbrei, als ich während einer Geschäftsreise in Asien krank wurde. Sie sagte, dass ihre Mutter diesen Brei immer für sie gekocht hätte, wenn sie als Kind krank war. Er half mir, und er wird auch Ihren kranken Hund mit Nährstoffen versorgen.

Für die ersten Mahlzeiten sollten Sie ihn sehr einfach halten. Mit zunehmender Besserung und wenn der Appetit Ihres Hundes wiederkehrt, können Sie einen von den unten aufgeführten Zusätzen dazugeben. Wenn Sie sicher sind, dass Ihr Hund wieder alles gut verträgt, können Sie den Reisbrei einen Tag lang mit dem normalen Trockenfutter im Verhältnis 1:1 mischen.

Da dieses Rezept dafür gedacht ist, Ihren Hund wieder auf die Pfoten zu bringen, kann es aufgrund seiner Einfachheit nicht ernährungsphysiologisch ausgewogen sein und sollte daher nur über einen kürzeren Zeitraum gefüttert werden.

480 ml Hühnerbrühe (Seite 73)
480 ml Wasser
225 g mittelkörniger weißer Reis

Zusätze:
160 g Hähnchenbrust, gewürfelt, gekocht und abgetropft, oder 115 g Rinderhack, 85 % Magerfleischanteil, gekocht und abgetropft, oder 115 g magerer Hüttenkäse

Bringen Sie die Brühe, das Wasser und den Reis in einem mittelgroßen Topf zum Kochen.

Schalten Sie auf niedrige Hitze herunter und lüften Sie den Deckel, damit der Dampf entweichen kann.

Lassen Sie das Ganze 30 Minuten köcheln, bis der Reis dick und cremig ist. Rühren Sie gelegentlich um, damit der Reis nicht anbrennt. Lassen Sie den Brei vor dem Servieren auf Zimmertemperatur abkühlen.

Ergibt: 4 bis 5 Tassen, in Abhängigkeit von den Zusätzen

RATION PRO MAHLZEIT:

ERSTE MAHLZEIT: Ein Drittel der normalen Ration Ihres Hundes, sofern er es verträgt.

ZWEITE MAHLZEIT: Zwei Drittel der normalen Ration Ihres Hundes, sofern er es verträgt.

DRITTE UND VIERTE MAHLZEIT: Vermischen Sie den Reisbrei mit Trockenfutter, sofern Ihr Hund es verträgt.

Reis und Ei für den empfindlichen Magen

Hunde mit einem empfindlichen Magen brauchen oft leicht verdauliches Futter, das ihren Magen nicht in Aufruhr versetzt und gleichzeitig einen maximalen Nährstoffgehalt hat. Wenn man den Reis in reichlich Wasser kocht, kann er im Magen leichter aufgeschlossen werden. Und die Verwendung von Eiklar liefert weitere Nährstoffe ohne zusätzliches Fett, das zu Problemen führen könnte.

1,9 l Wasser
900 g mittelkörniger weißer Reis

- Geben Sie das Wasser und den Reis in einen 4-Liter-Topf und bringen Sie das Ganze bei mittlerer bis hoher Hitze zum Kochen.
- Schalten Sie den Herd auf niedrige Stufe herunter und lassen Sie den Reis 30 Minuten köcheln, bis er das ganze Wasser aufgesaugt hat.
- Nehmen Sie den Topf vom Herd und lassen Sie ihn zugedeckt noch 5 Minuten stehen.

12 große Eier

- Trennen Sie 6 Eier und heben Sie das Eiweiß auf. Das Eigelb können Sie für andere Zwecke verwenden.
- Vermischen Sie das Eiweiß mit den verbliebenen 6 ganzen Eiern in einer mittelgroßen Schüssel vorsichtig mit einer Gabel, bis sich alles gut vermischt hat.

Diese Ergänzungsmittel sollten bei allen längerfristigen Diäten zugefügt werden, sofern sie vertragen werden:

- Erhitzen Sie eine beschichtete Pfanne bei mittlerer bis niedriger Hitze.
- Geben Sie die Eier hinein und rühren Sie vorsichtig 5 bis 6 Minuten lang, bis das Rührei trocken ist. Nehmen Sie die Pfanne vom Herd und lassen Sie die Eier abkühlen.

2 Multivitamintabletten für Hunde
1 (50 mg) Zinktablette
2 EL Wasser

- Vermischen Sie die Multivitamin- und Zinktabletten mit dem Wasser in einer kleinen Schüssel und lassen Sie sie 20 Minuten stehen. Rühren Sie um, damit sich die n auflösen; gegebenenfalls müssen Sie sie mit dem Löffel zerkleinern.

2 EL Lachsöl
2 EL Hefeflocken
1 EL Eierschalenpulver (Seite 17)
½ TL Kaliumchlorid (Salz-Ersatz)

- Fügen Sie das Lachsöl, die Hefeflocken, das Eierschalenpulver und das Kaliumchlorid zu der Tabletten-Wasser-Mischung und verrühren Sie alles gut.
- Vermischen Sie das Rührei mit dem Reis und der Ergänzungsmischung unter Rühren in einer großen Schüssel.

Ergibt: 14 Tassen; 260 Kalorien pro Tasse

TAGESRATION:

Tagesration: Teilen Sie die Tagesmenge auf zwei Mahlzeiten auf.

4,5-KILO-HUND	9-KILO-HUND	18-KILO-HUND	27-KILO-HUND	36-KILO-HUND
1 bis 1⅓ Tassen	1⅔ bis 2⅓ Tassen	3 bis 4 Tassen	4 bis 5¼ Tassen	5 bis 6½ Tassen

Huhn und Reis für den empfindlichen Magen

Eine weitere qualitativ hochwertige Eiweißquelle neben Ei ist Hähnchenbrust. Hähnchenbrust ist mager und beugt damit ebenfalls Magenbeschwerden durch zu viel Fett vor. Es wird ein wenig Oliven- oder Färberdistelöl hinzugefügt, um sicherzustellen, dass der Hund auch genügend essenzielle Fettsäuren bekommt.

680 g Hähnchenbrust ohne Knochen und Haut, in 1 cm große Würfel geschnitten

780 g mittelkörniger weißer Reis

1,7 l Wasser

1 EL Oliven- oder Färberdistelöl

¼ TL Salz

Vermischen Sie alle Zutaten in einem 4-Liter-Topf und bringen Sie sie bei mittlerer bis hoher Hitze zum Kochen.

Schalten Sie dann auf niedrige Hitze herunter und lassen Sie das Ganze 25 Minuten köcheln, bis das ganze Wasser aufgesaugt ist.

Nehmen Sie den Topf vom Herd und lassen Sie ihn zugedeckt noch 5 Minuten stehen. Vor dem Servieren sollte die Reismischung abgekühlt sein.

Ergibt: 13 Tassen; 275 Kalorien pro Tasse

TAGESRATION:

Tagesration: Teilen Sie die Tagesmenge auf zwei Mahlzeiten auf.

4,5-KILO-HUND	9-KILO-HUND	18-KILO-HUND	27-KILO-HUND	36-KILO-HUND
1 bis 1¼ Tassen	1²⁄₃ bis 2¼ Tassen	2²⁄₃ bis 3²⁄₃ Tassen	4 bis 5¼ Tassen	5 bis 6½ Tassen

NIERENERKRANKUNGEN

Die Nieren filtern das Blut und eliminieren Abfallprodukte über den Urin. Außerdem regulieren sie das Verhältnis von Calcium und Phosphor im Blut. Im Anfangsstadium einer Nierenerkrankung erscheinen zuerst Giftstoffe im Blut, allerdings nicht in gefährlichem Ausmaß. Im zweiten Stadium nimmt die Konzentration der Toxine zu, aber es treten immer noch keine sichtbaren Symptome auf. Symptome wie Lethargie, gesteigerter Durst, häufiger Harnabsatz und Appetitverlust stellen sich ein, wenn die Hunde in das dritte Stadium der Nierenerkrankung eintreten. In diesem Stadium ist nur noch ungefähr ein Drittel der Nierenfunktion erhalten. Wenn sie auf 25 Prozent der normalen Funktion absinkt, kommt es zum Nierenversagen. Da sich die Nieren nicht regenerieren, besteht das primäre Ziel der Behandlung in der Aufrechterhaltung der Nierenfunktion und der Verlangsamung des Fortschreitens der Erkrankung.

Eine Nierenerkrankung lässt sich am besten behandeln, wenn Sie die Anweisungen Ihres Tierarztes speziell für Ihren Hund befolgen. Eine entsprechende Anpassung der Ernährung wird die Belastung der Nieren ebenfalls mindern. Schreitet die Nierenerkrankung fort, wird Ihr Hund zunehmend mehr trinken und oft die Futteraufnahme verweigern. Leider sind die handelsüblichen Nierendiäten für Hunde oftmals sehr fade und nicht dazu angetan, den Appetit anzuregen. Eine Nierendiät für Hunde sollte in erster Linie so konzipiert sein, dass sie möglichst wenig Stoffe enthält, welche die Nierenfunktion einschränken bzw. nur schwierig zu eliminieren sind, aber gleichzeitig soll sie auch appetitanregend sein. Nachstehend einige Informationen zu den wichtigsten Nährstoffen, die man bei der Fütterung eines nierenkranken Hundes im Auge behalten sollte:

- Phosphor wird für die Knochen benötigt und dient auch dem Energietransfer in jede Zelle des Körpers. Bei Hunden mit einer Nierenerkrankung wird überschüssiger Phosphor nicht ausreichend über den Urin eliminiert. Dies führt dazu, dass die Nieren Calcium aus den Knochen freisetzen, um das Verhältnis von Calcium und Phosphor im Blut wieder ins Gleichgewicht zu bringen. Das ist weder für die Knochen noch für die Nieren gut. Trockenfutter für nierenkranke Hunde enthält nur ca. 80 Prozent der normalerweise empfohlenen Phosphormengen, und auch die hier aufgeführten Rezepte berücksichtigen diese niedrigeren Werte.
- Eiweiß wird im ganzen Körper gebraucht, aber damit es seine Arbeit machen kann, muss es im Rahmen der Verdauung erst einmal aufgespalten werden. Wird Eiweiß verstoffwechselt, entstehen giftige Abfallprodukte, die normalerweise über die Nieren eliminiert werden. Die Fütterung von qualitativ höherwertigem Protein in geringerer Menge vermindert die Belastung der Nieren, senkt den Bluthochdruck und verlangsamt das Fortschreiten der Nierenerkrankung.
- Die Reduktion von Natrium senkt ebenfalls den Bluthochdruck, es bedarf allerdings schon einer gewissen Menge Natrium, damit ausreichend Wasser

durch die Nieren fließt. Die hier aufgeführten Rezepte enthalten geringfügig weniger Natrium als die normalerweise empfohlene Tagesdosis.

- Die normalerweise empfohlene Tagesdosis von Magnesium wird weitestgehend beibehalten, um das Auskristallisieren von Calcium und damit die Bildung von Nierensteinen zu verhindern.
- Kalium kann durch den gesteigerten Urinabsatz zu sehr abnehmen, deshalb wurde der Gehalt geringfügig gegenüber der normalerweise empfohlenen Tagesmenge gesteigert.
- Herkömmliches Trockenfutter enthält oft bis zu sechsmal mehr Vitamin D als nötig. Bei Hunden mit einer normalen Nierenfunktion spielt das keine Rolle. Allerdings ist Vitamin D nephrotoxisch, das heißt, es kann die Nierenkörperchen (die sog. Nephrone), aus denen die Niere besteht und die für die Filtration zuständig sind, schädigen. Die hier aufgeführten Rezepte enthalten eine angemessene, aber nicht zu sehr reduzierte Menge Vitamin D.
- Fermentierbare Faserstoffe helfen, die Ausscheidungslast der Nieren teilweise auf den Dickdarm (das Colon) zu verlagern. Eine Quelle dafür sind die hier eingesetzten Flohsamenschalen.
- Wenn Ihr Hund mehr Wasser trinkt, kann es passieren, dass wasserlösliche Vitamine ausgeschieden werden, bevor sie vollständig resorbiert wurden. Deshalb wurden in den Rezepten erhöhte Mengen an B-Vitaminen und Vitamin C berücksichtigt.
- Omega-6- und Omega-3-Fettsäuren sollen die Nierenfunktion unterstützen. Normalerweise liegt das empfohlene Verhältnis von Omega-6 zu Omega-3 bei 10 zu 1. Bei Hunden mit einer Nierenerkrankung soll die Menge von Omega-3-Fettsäuren so weit gesteigert werden, dass das Verhältnis nur noch 5:1 beträgt. Dies wird mit der Zugabe von Lachsöl erreicht.
- Manche nierenkranken Hunde leiden an Zink- und Eisenmangel. Konsultieren Sie Ihren Tierarzt, um zu schauen, ob Sie diese Elemente der Ergänzungsmischung noch hinzufügen sollten.

Einen Hund dazu zu bringen, dass er etwas frisst, wenn ihm einfach nicht danach ist, kann sich als sehr schwierig erweisen. Es wurden ein paar Rezepte aufgenommen, die den vorgenannten Erfordernissen Genüge tun, aber die Mahlzeiten auch interessant machen und die verhältnismäßig kalorienarm sind. Wenn Ihr Hund gerne frisst, stellen Sie hervorragende Diätfuttermittel dar, wenn er aber mäkelt, ist es vielleicht besser, sie mit einem kommerziellen Nierendiätfutter zu kombinieren. Die handelsüblichen Diätfuttermittel enthalten meist mehr Kalorien, es mangelt ihnen aber oft an Geschmack. Durch die Kombination von selbst gekochtem und kommerziellem Futter erhöhen Sie die Schmackhaftigkeit und sorgen gleichzeitig dafür, dass Ihr Hund sein Gewicht hält.

Kartoffeln und Rind für gesunde Nieren

Wenn Sie etwas zurückbehaltenes Kartoffelkochwasser mit dem Rindfleisch vermischen, verteilt sich das Rinderaroma, selbst wenn nicht viel Rindfleisch enthalten ist. Durch die Zugabe von Fischöl erhöht sich der Gehalt an Omega-3-Fettsäuren, und die Hefeflocken sind eine wahre Vitamin B-Bombe.

2,3 kg Kartoffeln, mit Schale, ohne Augen und grüne Flecken, geviertelt

Wasser

Bringen Sie die Kartoffeln mit so viel Wasser, dass sie gut bedeckt sind, in einem großen Topf bei starker Hitze zum Kochen. Dann schalten Sie auf niedrige Hitze herunter und lassen die Kartoffeln 15 bis 20 Minuten köcheln, bis sie leicht mit einer Gabel eingestochen werden können.

Gießen Sie die Kartoffeln in ein Sieb, wobei Sie 120 ml des Kochwassers aufheben.

340 g Rinderhackfleisch (75 % Magerfleischanteil)

1 mittelgroße rote Paprika, entkernt und gewürfelt

Geben Sie das verwahrte Kochwasser zusammen mit dem Rindfleisch und der Paprika zurück in den Topf, den Sie für die Kartoffeln genommen haben, und kochen Sie das Ganze 10 bis 12 Minuten bei mittlerer bis niedriger Hitze, bis das Rindfleisch gebräunt ist. Rühren Sie gelegentlich um, um das Rindfleisch aufzulockern.

60 g gehackte frische Petersilie

4 EL Hefeflocken

4 EL Lachsöl

2 TL Flohsamenschalen

Nehmen Sie den Topf vom Herd und lassen Sie ihn abkühlen. Geben Sie die Kartoffeln, Petersilie, Hefeflocken, das Lachsöl und die Flohsamenschalen dazu und verrühren Sie alles gut.

Ergibt: 15 Tassen; 230 Kalorien pro Tasse

TAGESRATION:

Teilen Sie die Tagesmenge auf zwei Mahlzeiten auf oder servieren Sie eine halbe Portion pro Tag und die Hälfte der normalen Trockenfutterration.

4,5-KILO-HUND	**9-KILO-HUND**	**18-KILO-HUND**	**27-KILO-HUND**	**36-KILO-HUND**
1 bis 1½ Tassen	2 bis 2½ Tassen	3⅓ bis 4¼ Tassen	4½ bis 5⅔ Tassen	5½ bis 7 Tassen

Reis und Ei für gesunde Nieren

Ein mäkeliger Esser kehrt an seinen Napf zurück, wenn Sie ihn mit dem Geschmack von Eiern locken; diese sind weitaus aufregender für ihn als langweiliger alter Reis. Dieses Rezept hat mehr Kalorien als das vorherige Rezept mit Kartoffeln und Rind. Wenn Ihr Hund also nicht viel frisst, ist dies eine gute Möglichkeit, ihn bei Kräften zu halten.

780 g brauner Reis
2,15 l Wasser
4 EL Oliven- oder Färberdistelöl

Geben Sie den Reis mit dem Wasser und Öl in einen 2-Liter-Topf mit Deckel.

Bringen Sie das Ganze bei starker Hitze zum Kochen, rühren Sie ein- oder zweimal um und verschließen Sie den Topf dann mit dem Deckel.

Schalten Sie die Herdplatte auf die kleinstmögliche Stufe herunter und lassen Sie den Reis 35 bis 40 Minuten köcheln, bis er weich ist. Lassen Sie den Topf während des gesamten Kochvorganges geschlossen.

7 große Eier
30 g gehackte frische Petersilie

Vermischen Sie die Eier und Petersilie in einer mittelgroßen Schüssel. Erhitzen Sie eine kleine Bratpfanne bei mittlerer Hitze und geben Sie die Eimischung hinein. Braten Sie die Eier 4 bis 5 Minuten an und wenden Sie sie ab und zu, bis sie gestockt sind.

1 (100 g) Dose Sardinen in Tomatensoße
2 TL Kaliumchlorid (Salzersatz)
2 TL Flohsamenschalen

Wenn der Reis gar ist, nehmen Sie ihn vom Herd und rühren die Eimischung, die Sardinen, das Kaliumchlorid und die Flohsamenschalen unter. Lassen Sie das Ganze abkühlen, bevor Sie etwaige Ergänzungsmittel dazugeben.

Ergibt: 12 Tassen; 300 Kalorien pro Tasse

TAGESRATION:
Servieren Sie diese Menge mit der Hälfte der normalen Trockenfutterration.

4,5-KILO-HUND	9-KILO-HUND	18-KILO-HUND	27-KILO-HUND	36-KILO-HUND
$2/3$ bis $1¼$ Tassen	$1½$ bis 2 Tassen	$2 2/3$ bis $3 1/3$ Tassen	$3½$ bis $4½$ Tassen	$4½$ bis $5 2/3$ Tassen

GEWICHTSREDUKTION

Der Schlüssel zur Gewichtsreduktion, egal ob bei Mensch oder Tier, liegt darin, sich mehr zu bewegen und weniger zu essen. Das hört sich zwar einfach an, ist aber schwierig umzusetzen. Wenn Rover angelaufen kommt und bettelt, weil sein Magen knurrt, ist es sehr schwer, dem Blick seiner süßen Knopfaugen zu widerstehen. Und nur weil Rover weniger frisst, heißt das noch lange nicht, dass sein Bedarf an Protein, Vitaminen und Mineralstoffen vermindert wäre. Das Ziel sollte sein, Futtermittel einzusetzen, die kalorienarm sind, also weniger Kalorien pro Portion enthalten, gleichzeitig aber einen hohen Nährwert haben. Die Rezepte für Puten-Minestrone (Seite 117) und Geschmortes Hühnchen und Gerste (Seite 115) liefern mehr Masse und weniger Kalorien pro Portion. Außerdem enthalten sie einen gesunden Anteil an Gemüse, der Nährstoffe liefert, die Ihr Hund gut gebrauchen kann.

Um Kalorien zu reduzieren, sollten Sie Ihren Hund wiegen und die unten stehende Tabelle heranziehen, um die entsprechende Kalorienmenge zu bestimmen. Bei den meisten Hunden besteht das Ziel darin, über einen Zeitraum von 4 bis 12 Wochen 1 Prozent pro Woche zu verlieren. Muss Ihr Hund mehr als 1 bis 2,5 kg verlieren, sollten Sie sich erst das nächst niedrigere Gewicht als Ziel setzen. Sobald dieses erreicht ist, reduzieren Sie die Kalorien erneut, um wiederum das nächst niedrigere Gewicht anzupeilen. Auf diese Weise kann Ihr Hund langsam abnehmen, ohne dass die Futtermenge plötzlich drastisch gekürzt wird. So bleibt Ihr Hund zufrieden und Sie müssen kein schlechtes Gewissen haben.

Eine weitere Methode zur Kalorienreduktion besteht darin, einen Teil des Trockenfutters Ihres Hundes durch ein Futtermittel mit weniger Kalorien zu ersetzen. Sie können beispielsweise ein Viertel des Trockenfutters durch einen entsprechenden Anteil Kartoffeln oder Yamswurzeln ersetzen. Dadurch bleibt der Bauch voll, aber die Kalorienaufnahme wird um 15 Prozent reduziert. Im Verlauf einer Woche entspricht das dem Auslassen einer ganzen Tagesration. Geben Sie keine Butter oder anderes Fett dazu, denn das würde gleich wieder Kalorien zuführen.

Versuchen Sie mindestens 40 Minuten am Tag mit Ihrem Hund spazieren zu gehen. Wenn Ihr Hund sehr phlegmatisch und mehr an seinem Futternapf als an einer Runde um den Block interessiert ist, sollten Sie langsam anfangen und die Wegstrecke nach und nach verlängern. Wir wissen selbst, dass man Geduld und Ausdauer braucht, wenn man abnehmen möchte.

Wiegen Sie Ihren Hund regelmäßig, wenn er sich einem Programm zur Gewichtsreduktion unterziehen muss, aber auch, wenn Sie nur das Futter wechseln. Und wenn Ihr Hund schließlich sein Idealgewicht erreicht hat, herzlichen Glückwunsch! Nun können Sie ihm die Kalorien geben, die seinem Idealgewicht und Aktivitätsgrad entsprechen.

Hunde ähneln uns Menschen dahingehend, dass nicht jeder dem Standard entspricht. Wenn Sie Ihrem Hund bereits weniger Kalorien als empfohlen geben, er aber immer noch überhaupt nicht abnimmt, sollten Sie zusammen mit Ihrem Tierarzt nach der bestmöglichen Strategie suchen. Es ist immer besser, sofort den Tierarzt mit ins Boot zu holen, um den Hund in Form zu halten, als wenn man ihn später aufsuchen muss, weil der Hund aufgrund seines Übergewichts krank wird.

Unten stehend sind die Tagesrationen für zwei Rezepte angegeben, die nicht nur sehr sättigend sind, sondern auch weniger Kalorien enthalten.

		TAGESRATION	
DERZEITIGES GEWICHT IN KG	TÄGLICHE KALORIENMENGE, UM EINE GEWICHTSABNAHME ZU ERZIELEN	GESCHMORTES HÜHNCHEN UND GERSTE	LASAGNE FÜR FAULPELZE
1,8	120	½ Tasse	½ Tasse
2,3	140	½ Tasse	²/₃ Tasse
3,6	180	²/₃ Tasse	¾ Tasse
4,5	210	¾ Tasse	1 Tasse
5,4	230	1 Tasse	1 Tasse
6,8	270	1 Tasse	1 Tasse
8,2	320	1¼ Tassen	1¹/₃ Tassen
9,1	340	1¹/₃ Tassen	1½ Tassen
11,3	410	1½ Tassen	1¾ Tassen
13,6	480	1¾ Tassen	2 Tassen
15,9	550	2 Tassen	2¹/₃ Tassen
18,1	620	2¹/₃ Tassen	2²/₃ Tassen
20,4	680	2²/₃ Tassen	3 Tassen
22,7	750	2¾ Tassen	3¼ Tassen
24,9	820	3 Tassen	3½ Tassen
27,2	890	3½ Tassen	3²/₃ Tassen
29,5	960	3²/₃ Tassen	4 Tassen
31,8	1.020	4 Tassen	4½ Tassen
34,0	1.090	4¼ Tassen	4²/₃ Tassen
36,3	1.160	4½ Tassen	5 Tassen
38,6	1.230	4²/₃ Tassen	5¹/₃ Tassen
40,8	1.300	5 Tassen	5²/₃ Tassen
43,1	1.370	5¼ Tassen	6 Tassen
45,4	1.430	5¼ Tassen	6¼ Tassen
47,6	1.500	5¾ Tassen	6½ Tassen
49,9	1.570	6 Tassen	6¾ Tassen
52,2	1.640	6¹/₃ Tassenl	7 Tassen
54,4	1.710	6½ Tassen	7¹/₃ Tassen
56,7	1.770	6¾ Tassen	7²/₃ Tassen
59,0	1.840	7 Tassen	8 Tassen

Fortsetzung nächste Seite

DERZEITIGES GEWICHT IN KG	TÄGLICHE KALORIENMENGE, UM EINE GEWICHTSABNAHME ZU ERZIELEN	TAGESRATION GESCHMORTES HÜHNCHEN UND GERSTE	LASAGNE FÜR FAULPELZE
63,5	1.980	7²/₃ Tassen	8²/₃ Tassen
65,8	2.050	7¾ Tassen	9 Tassen
68,0	2.120	8 Tassen	9¼ Tassen
70,3	2.180	8¹/₃ Tassen	9½ Tassen
72,6	2.250	8²/₃ Tassen	9¾ Tassen
77,1	2.390	9 Tassen	10¹/₃ Tassen
81,6	2.520	9²/₃ Tassen	11 Tassen
86,2	2.660	10¼ Tassen	11½ Tassen
90,7	2.800	10¾ Tassen	12 Tassen

Geschmortes Hühnchen und Gerste hat 260 Kalorien pro Tasse; Lasagne für Faulpelze hat 230 Kalorien pro Tasse. Eine Tasse entspricht einem Fassungsvermögen von 240 ml.

BERECHNUNG DER KALORIEN: WENN VIOLET ABNEHMEN MUSS

Violet ist ein ziemlich properes Hundemädchen, das mit fast 39 kg sehr viel mehr als die knapp 32 kg auf die Waage bringt, die sie eigentlich haben sollte. Aber keine Angst, Violet; dadurch, dass wir schrittweise vorgehen und allmählich die Kalorien reduzieren, helfen wir dir, dein Zielgewicht zu erreichen, ohne dass du Hunger leiden musst.

DERZEITIGES GEWICHT IN KG	ZIELGEWICHT IN KILO	ZEITDAUER BIS ZUM ERREICHEN DES ZIELGEWICHTS	KALORIENMENGE, UM DAS ZIELGEWICHT ZU ERREICHEN
38,6	36,3	Woche 1–12	1.230
36,3	34,0	Woche 13–24	1.160
34,0	31,8	Woche 25–36	1.090
31,8		Woche 37+	1.270*

* Solange Violet ihr Gewicht hält, erhält sie wieder die Kalorienmenge für einen inaktiven Hund mit einem Gewicht von 31,8 kg.

Das Rezept für „Geschmortes Hühnchen und Gerste" auf Seite 115 wurde speziell für Hunde wie Violet konzipiert, genau wie die unten dargestellte Methode der langsamen Kalorienreduktion.

DIE AUSWAHL VON HANDELSÜBLICHEM TROCKENFUTTER

Trockenfutter ist die beliebteste Art von Hundefutter. Die Gründe dafür sind die bequeme Handhabung und Wirtschaftlichkeit sowie die Sicherheit, den Hund mit 100 % der notwendigen Nährstoffe versorgt zu wissen.

Juckreiz ist wahrscheinlich die häufigste Beschwerde, die Hundebesitzer im Hinblick auf das Futter ihres Vierbeiners äußern, und meistens wird die Schuld dann einer nicht näher diagnostizierten Futtermittelallergie in die Schuhe geschoben. Wenn ich die Leute frage, was für ein Futter sie ihrem Hund geben, überläuft mich oft ein Schaudern, weil es sich um ein Billigfutter handelt, das mehr Getreide als Fleisch enthält. Handelsübliche Futtermittel, die hauptsächlich aus Getreide bestehen, mögen aus wissenschaftlicher Sicht „vollwertig und ausgewogen" sein; aber wenn Ihr Hund mit diesem Futter nicht gedeiht, hält es nicht, was es verspricht. Es handelt sich nicht immer um eine echte allergische Reaktion; manchmal ist einfach die Qualität des Futters schlecht. Auf der anderen Seite schießen die Leute oft über das Ziel hinaus, wenn sie sagen, dass Hunde überhaupt kein Getreide bekommen sollten. Es gibt einen Mittelweg. Wie wäre es, wenn wir einfach kein Futter nehmen, das überwiegend aus Getreide besteht, vor allen Dingen aus Mais?

Einer meiner Dog Stew-Kunden hat einen wundervollen Labrador namens Paddy, der von Hot Spots übersät war und sich wie verrückt kratzte. Paddy bekam ein ziemlich gutes kommerzielles Trockenfutter, das ich früher auch einmal Jackson gegeben hatte. Als wir Paddy auf frisches Futter umstellten, bekam er alle drei von mir entwickelten Grundrezepte. Diese enthielten Reis, Gerste und Haferflocken. Paddys Besitzer riefen mich eine Woche nach der Umstellung an und waren völlig aus dem Häuschen, weil sich sein Zustand schon so gebessert hatte. Ich konnte kaum glauben, dass die Veränderung so schnell eingetreten sein sollte, deshalb schaute ich mir Paddy selbst an, als ich in der nächsten Woche das Futter auslieferte. Seine Hot Spots waren in Abheilung und der Juckreiz war verschwunden. Es ging nicht darum, dass das Futter Getreide enthielt, welches die Probleme verursachte, sondern es ging um die Qualität und Menge des Getreides. Als sich mein Kundenstamm vergrößerte, bot sich mir die Gelegenheit, noch mehr Hunde mit Futter zu versorgen, die genau das gleiche Trockenfutter wie Paddy bekamen und exakt dieselben Probleme hatten. Ich gab ihnen auch Getreide, und trotzdem verschwanden ihre Hautprobleme vollkommen.

Wenn Sie sich Sorgen machen, dass Ihr Hund eine Allergie haben könnte, sollten Sie Ihren Tierarzt bitten, Sie an einen Spezialisten zu überweisen. Aber schauen Sie sich auch genau das Futter an, das Sie verfüttern, und überlegen Sie, ob es wirklich für Ihren Hund geeignet ist.

Hunde entwickeln oft Hautprobleme, wenn sie Trockenfutter bekommen; außerdem wird es mit der Zeit häufig langweilig. Obwohl die gängige Meinung herrscht, dass man das ganze Hundeleben lang bei ein und demselben Futter bleiben sollte, ist es doch sinnvoller, Abwechslung in den Speiseplan zu bringen und verschiedene Futtermittel im Wechsel zu geben. Eventuellen Verdauungsstörungen kann man dabei vorbeugen, indem man eine neue Trockenfuttersorte ganz allmählich einführt. Damit verhindert man gleichzeitig, dass der Hund Allergien entwickelt, was oft geschieht, wenn man immer nur eine Futtersorte gibt.

	MINDERWERTIGE QUALITÄT: LASSEN SIE ES IM REGAL STEHEN	OK MIT QUALITATIV HÖHERWERTIGEN INHALTSSTOFFEN	BESSERE QUALITÄT: LEGEN SIE ES IN IHREN EINKAUFSWAGEN
FLEISCH	Hydrolisiertes Geflügelfleisch Hydrolisiertes Fleisch Fleischnebenerzeugnisse Fleisch- und Knochenmehl Nebenerzeugnismehl Blutmehl	Trockenei Lachsmehl Fischmehl Käseerzeugnis Hydrolisiertes Sojaeiweißisolat	Eier Namentlich genannte Fleischsorten: Huhn, Rind, Lamm, Pute, Ente, Lachs etc. Leber, Herz, Niere – wenn die spezifische tierische Quelle genannt wird
GEMÜSE, OBST	Rote-Bete-Mark Kartoffelerzeugnis oder Kartoffelstärke Erdnussschalen Sojabohnenschalen Zellulosepulver Traubentrester Zitruspulpe	Tomatentrester Apfeltrester Kartoffeln Sellerie Erbsenstärke oder Erbsenfaser	Yamswurzel, Süßkartoffel, Kürbis Grünes Blattgemüse: Spinat, Grünkohl, Petersilie Erbsen, Karotten, Grüne Bohnen, Brokkoli, Zucchini Äpfel, Bananen, andere Früchte Cranberrys, Blaubeeren
GETREIDE	Mehl (Weizen, Gerste etc.) Reisbruch (Brewer's Rice), Reisgluten Sojabohnen, Sojamehl, Sojagranulat Hirse (Sorghum, Milo) Maisstärke, Maisglutenmehl Weizenkleie (hitzebehandelt, Wheat Mill Run)	Weißer Reis Vollkornweizen Vollkornmehl Eine Getreidesorte mit ihren verschiedenen Bestandteilen Reiskleie Alfalfamehl	Amaranth, Hirse, Hafergrütze, Quinoa Hafer Gerste, Roggen Vollkornreis Tapioka
FETT	Tierische Fette Rindertalg Mineralöl Sojaöl Baumwollsamenöl	Pflanzenöl Maiskeimöl	Lachsöl Fischöl Hühnerfett Leinöl Olivenöl Distelöl
KONSERVIERUNGSSTOFFE	BHA (Butylhydroxyanisol) BHT (Butylhydroxytoluol) Ethoxyquin TBHQ (Tertiäres Butylhydrochinon) Natriumdisulfit	Zitronensäure	Rosmarinextrakt Andere Kräuter und Kräuterextrakte Vitamin E (Tocopherolmischung)
VITAMINE, MINERALSTOFFE	Menadion oder Vitamin K-Ergänzung Zinkoxid Eisenoxid	Nicht-chelierte Mineralstoffe Hydroxyapatit (Calcium) Flohsamenschalen	Chelierte oder aufgespaltene Mineralstoffe Leinsamen Lactobacillus acidophilus Yucca schidigera
ZUSATZSTOFFE	Zucker „Fleischbrühe" Glukose-Fruktose-Sirup (Mais) Farbstoffe	Salz Melasse Leberaroma	Hühnerbrühe, Rinderbrühe etc. Apfelessig

IM TIERFUTTERLADEN

Wenn Sie handelsübliches Hundefutter kaufen, sollten Sie sich ein paar Minuten Zeit nehmen, um die Zutatenliste zu lesen. Die erste Hälfte des Etiketts sollte qualitativ hochwertige Zutaten auflisten, die leicht als solche zu erkennen sind, denn diese machen den größten Teil des Futters aus. Werden bestimmte Inhaltsstoffe nur mit ihren wissenschaftlichen Namen aufgeführt, sollten Sie das Personal im Geschäft unbedingt nach deren Bedeutung fragen. Wissen die Mitarbeiter es selbst nicht auf Anhieb, sollten sie in der Lage sein, die Informationen schnell irgendwo nachzuschlagen. Ist dies nicht der Fall, sollten Sie es in einem anderen Geschäft versuchen.

Die nachstehende Tabelle listet die Qualität der häufigsten Zutaten von Trockenfuttermitteln auf. In jedem Kästchen sind die einzelnen Bestandteile wiederum nach ihrer Schmackhaftigkeit geordnet, wobei die beliebtesten zuerst aufgeführt sind.

Wie man ein Etikett liest

Die Zutaten werden entsprechend ihren Gewichtsanteilen aufgeführt. Je früher der einzelne Bestandteil in der Zutatenliste erscheint, desto abhängiger ist Ihr Hund davon, dass dieser Bestandteil auch einen entsprechenden Nährwert hat. Nicht nur für Sie, auch für Ihren Hund sollte die Nahrung am besten aus vollwertigen Futtermitteln bestehen und nicht nur mit Vitaminen aufgepeppt werden, die am Ende des Herstellungsprozesses hinzugefügt werden. Seien Sie nicht überrascht, dass so viele Vitamine und Mineralstoffe eingemischt werden; die Hersteller wollen auf Nummer sicher gehen und den etwaigen Bedarf vollständig decken.

Zwei Beispiele:

(Die Buchstabengröße entspricht dabei den ungefähren Gewichtsanteilen.)

Das erste Beispiel ist das Futter, das ich verwende, um die Mahlzeiten, die ich selbst für meine eigenen Hunde zubereite, zu ergänzen.

Fleisch wird als erste Zutat aufgeführt, damit sind wir schon einmal auf dem richtigen Weg. Hühnerfleischmehl kommt als Nächstes, und kurz darauf Putenfleischmehl und Fischmehl – das ist schon eine ganze Menge Fleisch. Hier kommt allerdings schon der erste Vorbehalt zum Tragen: Drei verschiedene Eiweißquellen könnten bestehende Allergien verschlimmern. Hunde, die an Allergien leiden, sollten nur eine einzige Proteinquelle bekommen. Für Hunde, die keine Allergien haben, stellt dieses Futter aber eine Möglichkeit der Versorgung mit verschiedenen Proteinen und damit eine gute und gesunde Wahl dar.

Haferflocken stehen in der Liste ziemlich weit unten, ebenso wie Leinsamen und ein klitzekleines bisschen Gerste (sehr weit unten). Dies sind die einzigen Getreidesorten, die überhaupt in diesem Futter enthalten sind, damit macht Getreide insgesamt nur einen kleinen Teil aus. Karotten, Süßkartoffeln (ganze, nicht nur die Schale), Blaubeeren und Cranberrys sind zudem hervorragende Ergänzungen im Hundefutter.

Beachten Sie, dass Salz sehr weit unten in der Zutatenliste steht. Der Hersteller hat so viele gute Inhaltsstoffe verarbeitet, dass er den Geschmack nicht künstlich mit Salz aufpeppen muss.

Das Futter enthält keine besorgniserregenden Konservierungsstoffe. Dieser Hersteller ist offensichtlich stolz auf seine Zutaten, und das zu Recht. Wenn Sie ein Futter wie dieses finden, können Sie beruhigt den Napf Ihres Hundes damit füllen.

Wenn Sie das Kleingedruckte lesen, werden Ihnen einige interessante Inhaltsstoffe auffallen:

- Glucosamin wird für die Gesundheit der Gelenke zugesetzt.
- *Yucca schidigera*-Extrakt vermindert den Geruch des Kotes und übermäßige Gasbildung im Darm.
- Grüntee-Extrakt enthält Antioxidantien und soll krebsvorbeugend wirken.
- Getrocknete Zichorienwurzel dient als Ballaststoffquelle und ist qualitativ minderwertigen Produkten wie Erdnussschalen oder Rote-Bete-Mark eindeutig vorzuziehen.

Futtermittel wie dieses findet man am ehesten in lokalen und unabhängigen speziellen Tierfuttergeschäften. Meiner Erfahrung nach ist die Erfahrung des Personals in kleineren Läden größer und die Qualität der dort angebotenen Futtermittel höher.

HAUPTGANG

Die ersten zwei bis drei Zutaten

BEILAGEN

Vierte Zutat bis zum ersten hinzugefügten Fett

GARNITUR

Erste Zutat nach Fett bis zum ersten Vitamin

ALLES, WAS DURCH DIE OBIGEN ZUTATEN NICHT ABGEDECKT IST

Vitamine, Mineralstoffe und Konservierungsstoffe

Entbeintes Huhn, Hühnerfleischmehl,

Kartoffelstärke, Putenfleischmehl,
Fischmehl, Tomatentrester,
Hühnerfett,*
natürliches Hühneraroma, Haferflocken,

ganze Karotten, ganze Süßkartoffeln,
Blaubeeren, Cranberrys, Leinsamen,
Gras, getrocknete Petersilie, Alfalfamehl, Algenmehl,

Taurin, L-Carnitin, L-Lysin, Glucosaminhydrochlorid, Yucca schidigera-Extrakt, Grüntee-Extrakt, Gelbwurz, Heringsöl, Fructooligosaccharide, Monooligosaccharide, getrockneter Chicoree, Gerstenmalz, Rosmarinöl, Vitamin-A-Ergänzung, Vitamin-C-Ergänzung, Vitamin-E-Ergänzung, Vitamin-D3-Ergänzung, Betakarotin, Calciumascorbat, Vitamin-B12-Ergänzung, Niacin, Calciumpantothenat, Riboflavin, Pyridoxinhydrochlorid, Thiaminhydrochlorid, Folsäure, Biotin, Cholinchlorid, Calciumchlorid, Zink-Aminosäuren-Komplex, Eisen-Aminosäuren-Komplex, Kupfer-Aminosäuren-Komplex, Mangan-Aminosäuren-Komplex, Kalium-Aminosäuren-Komplex, Kobaltproteinat, Kaliumchlorid, Natriumselenit, Salz, Lactobacillus acidophilus, Bacillus subtilis, Bifidobacterium thermophilum, Bifidobacterium longum, Enterococcus faecium. *konserviert mit einer Mischung aus natürlichen Tocopherolen

Das nachstehende zweite Beispiel ist weit weniger geeignet, und es würde mich nicht überraschen, wenn es Ihrem Hund damit nicht so gut geht.

HAUPTGANG
Wirklich? Mais als Hauptzutat? Und Nebenerzeugnisse?

BEILAGEN
Viel mehr Getreide als Fleisch – nicht gut.

GARNITUR
Rindfleisch ist keine Hauptzutat, sondern lediglich Garnitur – zusammen mit Zucker, den Ihr Hund nun wirklich nicht braucht.

VITAMINE UND KONSERVIERUNGS-STOFFE
Dieses Futter enthält mehr Salz als getrocknete Erbsen und Karotten. Zutaten minderer Qualität erfordern den Zusatz einer Vielzahl von Vitaminen, Mineralstoffen und Aminosäuren.

Maismehl, Hühnernebenerzeugnismehl,

Maisglutenmehl,
Vollkornmehl,
tierische Fette,*

Reismehl, Rind, Sojamehl,
Zucker, Sorbitol,

Tricalciumphosphat, Wasser, Salz, Phosphorsäure, hydrolisiertes Fleisch, Kaliumchlorid, Dicalciumphosphat, Sorbinsäure (ein Konservierungsmittel), L-Lysin-Monohydrochlorid, getrocknete Erbsen, getrocknete Karotten, Calciumcarbonat, Calciumpropionat (ein Konservierungsmittel), Cholinchlorid, Farbstoffe (Gelb 5, Rot 40, Gelb 6, Blau 2), DL-Methionin, Vitamin E-Ergänzung, Zinksulfat, Eisensulfat, Vitamin A-Ergänzung, Mangansulfat, Niacin, Vitamin B_{12}-Ergänzung, Calciumpantothenat, Riboflavin-Ergänzung, Kupfersulfat, Biotin, Knoblauchöl, Thiaminhydrochlorid, Pyridoxinhydrochlorid, Thiaminmononitrat, Folsäure, Vitamin D_3-Ergänzung, Menadion-Natrium-Bisulfit-Komplex (Vitamin K-Quelle), Calciumiodat, Natriumselenit.
* konserviert mit einer Mischung aus Tocopherolen (Form von Vitamin E)

Mais ist die erste und dritte Zutat, was bedeutet, dass die Ernährung Ihres Hundes zum größten Teil durch Getreide gedeckt wird. Mais liefert zwar einige wichtige Nährstoffe und es macht viel her, aber es steckt nicht viel dahinter. Mais wird im Vergleich mit anderen Getreidesorten wegen seines Gehalts an Linolsäure (Omega-6) gelobt, aber ¼ TL Leinöl enthält fast genauso viel Omega-6-Fettsäuren wie 150 g Maismehl und dazu noch einen höheren Anteil an Omega-3-Fettsäuren. In den Vereinigten Staaten ist Mais sehr billig, deshalb belastet er das Budget des Herstellers nur geringfügig; allerdings ist er weit davon entfernt, eine qualitativ hochwertige Zutat zu sein.

Gemäß der Definition der AAFCO (American Association of Feed Control Officials) bestehen Hühnernebenerzeugnisse aus Hälsen, Füßen, ungelegten Eiern und Eingeweiden. Auch wenn solche Teile gewisse Nährstoffe enthalten, sind sie wirklich die beste Nahrung für Ihren besten Freund? Enthält die Zutatenliste den Begriff „Nebenerzeugnis", sollten Sie das Produkt stehen lassen.

Tierische Fette stehen in der Mitte, aber von welchem Tier stammen sie? Ein derart allgemeiner Begriff bedeutet, dass der Hersteller keine bestimmte Quelle verwendet und somit jede erdenkliche Tierart enthalten sein kann. Wenn Sie Ihrem Hund die ganze Zeit ein und dasselbe Futter geben und er plötzlich Probleme entwickelt, kann das daran liegen, dass sich bei solchen allgemeinen Zutaten etwas geändert hat.

Der Hersteller bewirbt dieses Futtermittel folgendermaßen: „Feuchte und weiche Brocken mit echtem Rindfleisch, die reich an Eiweiß sind und damit den Aufbau kräftiger Muskeln fördern." Allerdings enthält dieses Futter nicht wirklich viel Rindfleisch, wenn man in Betracht zieht, dass dieses in der Zutatenliste zwischen tierischen Fetten und Zucker angesiedelt ist.

Ihr Hund hat keinen Bedarf an Zucker und Sorbitol. Diese Geschmacksverstärker werden immer noch aufgenommen, weil Hunde einen Hang zum Süßen haben und das Futter ohne diese Zusätze möglicherweise nicht so interessant fänden.

Per definitionem darf **HYDROLISIERTES** Fleisch, das in geringer Menge enthalten ist, keine Haare, Hörner, Zähne, Hufe oder Federn enthalten. Das ist ein Trost. Die schlechte Nachricht ist, dass es sich um eine sehr allgemeine Bezeichnung handelt und Sie auch hier nicht wissen, welche Tierart oder welche Teile des Tierkörpers verarbeitet wurden. Die Zusammensetzung kann sich zudem von Charge zu Charge ändern.

Der Hersteller hat getrocknete Erbsen und Karotten verwendet, was sich auf dem Etikett erst einmal großartig liest; aber dieses Futter enthält mehr Salz als Erbsen oder Karotten. Es ist schade,

EINE EINFACHE RECHNUNG: GEBEN SIE EIN BISSCHEN MEHR AUS UND SPAREN SIE EINE MENGE

Anmerkung zu den Kosten: Das erste Beispiel war ein 13,5-kg-Sack für € 30, das zweite ein 14-kg-Sack für € 22. Wie es bei den meisten Dingen ist, bekommen Sie das, wofür Sie bezahlen. Da die Ernährung eine Schlüsselrolle für die Gesundheit spielt, könnte es von Vorteil sein, pro Monat ein wenig mehr für ein qualitativ höherwertiges Futter auszugeben.

€ 30 – € 22 =
€ 8 zusätzliche Kosten
€ 8 × 12 Monate = € 96/Jahr
€ 96 × 14 Jahre =
€ 1.344 zusätzliche Futterkosten für die gesamte Lebensdauer

Verglichen damit beliefen sich meine Tierarztrechnungen allein für die Behandlung von Jacksons Lymphom auf mehr als 5.500 Euro. Die Kosten für die Behandlung von Baxters Diabetes mit Insulin, Bluttests und Besuchen in der Tierarztpraxis betragen ungefähr 1.200 Euro pro Jahr. Die Behandlung von Chloes Herzerkrankung einschließlich der notwendigen Medikamente kommt in etwa auf das Gleiche heraus.

dass Erbsen und Karotten auf der Verpackung mehr hervorgehoben werden als in der Packung selbst.

Außerdem setzt der Hersteller rote, gelbe und blaue Farbstoffe zu. Ihren Hund kümmert es nicht, welche Farbe sein Futter hat, also wieso besteht die Notwendigkeit dafür? Der einzige positive Aspekt ist, dass dieses Futter zumindest keine besorgniserregenden Konservierungsstoffe enthält.

Dieses und ähnliche Futtermittel verkaufen sich gut. Sie werden überall in Zeitschriften und Werbespots im Fernsehen beworben. Wenn ein Futtermittel im Einzelhandel so preisgünstig ist und der Hersteller dermaßen viel Geld in die Werbung steckt, kann man sich gut vorstellen, dass nicht mehr viel für qualitativ hochwertige Zutaten übrig bleibt. Je mehr Werbung ich für eine bestimmte Marke sehe, desto weniger bin ich geneigt, sie zu kaufen.

WIE MAN ZU EINEM ANDEREN FUTTER WECHSELT

Wollen Sie von einem kommerziellen Futter zu einem anderen wechseln, dann sollten Sie die Umstellung immer langsam vornehmen. Die nachstehende Tabelle zeigt die Veränderung der Gewichtsanteile des alten und neuen Futters im Verlauf einer Woche. Hat Ihr Hund einen empfindlichen Magen, so können Sie die Zeitspanne auch auf zwei oder drei Wochen ausdehnen, um mögliche Probleme zu vermeiden.

	Derzeitiges Futter	**Neues Futter**
Tag 1	75 %	25 %
Tag 2	75 %	25 %
Tag 3	50 %	50 %
Tag 4	50 %	50 %
Tag 5	25 %	75 %
Tag 6	25 %	75 %
Tag 7	0 %	100 %

RUND UM DIE MAHLZEIT

*Bei der Fütterung geht es nicht nur darum,
WAS Sie Ihrem Hund zu fressen geben, sondern auch darum,
WIE Sie ihren besten Freund füttern.*

Immer wenn wir unserem Hund etwas zu fressen geben, sei es eine Mahlzeit oder ein Belohnungshäppchen, so ist dies eine wichtige Handlung, die mehr Aufmerksamkeit und Respekt sowohl von uns als auch von unseren Hunden verdient. Viel zu oft läuft die Fütterung in Hektik ab: Wir schütten das Futter in den Napf und werden dann von unseren Hunden fast über den Haufen gerannt, sobald wir den Napf auf den Boden stellen. Für unsere Hunde ist es ein Wettrennen, für uns eine lästige Pflicht. Allein in einem Jahr geben Sie Ihrem Hund mindestens 700 Mal etwas zu fressen. Warum sollte man den Vorgang dann nicht etwas langsamer ablaufen lassen und eine ruhigere, bedeutungsvollere und angenehmere Routine schaffen?

ES IST ANGERICHTET

Bevor Sie irgendetwas in den Napf geben, sollten Sie vielleicht einige Dinge im Hinblick auf die Auswahl und Pflege der Näpfe und des Futterplatzes beherzigen.

- Wasser- und Futternäpfe sollten entweder aus rostfreiem Stahl oder bleifreier Keramik sein. Amerikanische Keramik ist größtenteils bleifrei, aber fremdländische Keramik kann u. U. einen hohen Gehalt an Blei aufweisen, das dann in das Wasser übergehen kann. Vermeiden Sie Plastik und Aluminium, da aus diesen auch Chemikalien freigesetzt werden können. Auch Glasschüsseln sind nicht ideal, da sie leichter zerbrechen als Keramikgeschirr.
- Achten Sie auf Absplitterungen oder Risse und ersetzen Sie beschädigte Näpfe im Zweifelsfall. Wenn ein Napf plötzlich kaputt geht, während Ihr Hund frisst, ist es fraglich, ob er seine Mahlzeit unterbrechen würde.
- Erwägen Sie die Anschaffung einer erhöhten Futterstation, bei der Ihr Hund beim Fressen den Kopf nicht unter Schulterniveau absenken muss. Dies ist besonders bei älteren Hunden sehr hilfreich.
- *Eine sauber ausgeleckte Schüssel ist keine saubere Schüssel.* Sorgen Sie bei jeder Mahlzeit für einen sauberen Napf, damit sich keine Bakterien darin entwickeln können. Bei manchen Hunden, die krank sind oder Durchfall haben, muss einfach nur der Napf regelmäßig gereinigt werden. Wir haben angefangen, Müsli- oder Nudelschüsseln zu verwenden, weil diese gut in die Geschirrspülmaschine passen. In Second-Hand-Läden oder bei Garagenverkäufen können Sie sich einen Vorrat günstiger Schalen zulegen, die Sie dann im Austausch einsetzen können.

DIE GLOCKE ZUM ABENDESSEN ERTÖNT

Wenn Sie der Fütterung eine größere Bedeutung verleihen möchten, fängt es schon mit der Art und Weise an, wie Sie Ihrem besten Freund sein Futter darreichen. Im weiteren Verlauf dieses Kapitels finden Sie nähere Informationen zu speziellen problematischen Verhaltensweisen im Rahmen der Fütterung, aber zu Beginn möchte ich Ihnen erst einmal einige allgemeine Tipps geben, wie Sie die Fütterungszeit sowohl für Ihr Tier als auch für Sie selbst angenehmer gestalten:

- Wenn es Zeit für die Fütterung ist, rufen Sie Ihren Hund zum Futterplatz und lassen Sie ihn absitzen und bleiben.
- Dann befüllen Sie den Napf, behalten Ihren Hund dabei aber immer im Auge.
- Wenn Sie eine selbst zubereitete Mahlzeit servieren, die durch die Kühlung etwas fest geworden bzw. erstarrt ist, können Sie sie leicht erwärmen oder etwas warmes Wasser dazugeben. Eine Mahlzeit, deren Temperatur leicht über Raumtemperatur liegt, entfaltet ein gewisses Aroma, das zu der geschmacklichen Erfahrung für Ihren Hund beiträgt. Die Zugabe von Wasser erleichtert zudem die Verdauung und Aufnahme der Nährstoffe.
- Während Ihr Hund immer noch brav auf seinem Platz verharrt, stellen Sie langsam den Napf ab. Macht Ihr Hund dabei einen Satz auf Sie zu, bleiben Sie mit dem Napf in der Hand stehen. Jedes Mal, wenn Ihr Hund unerlaubt nach vorne geht, sollten Sie wieder in Ihre ursprüngliche aufrechte Position zurückkehren. Bewegen Sie sich immer langsamer, während Sie versuchen, den Napf auf den Boden zu stellen, ohne dass Ihr Hund seinen Platz verlässt. Seien Sie nicht frustriert, wenn Sie ein paar Anläufe brauchen. Wenn es sich um ein neues Verhalten handelt, versteht Ihr Hund vielleicht nicht, warum es plötzlich einen Wechsel in der bisherigen Routine gibt.
- Jedes Mal, wenn sich Ihr Hund bewegt oder versucht, Ihnen zu folgen, bleiben Sie stehen. Geht Ihr Hund nicht von sich aus auf seinen ursprünglichen Platz zurück, stellen Sie den Napf auf einer erhöhten Fläche ab, führen ihn an seinen Platz zurück und beginnen von Neuem.
- Steht der Napf endlich auf dem Boden, bleiben Sie dabei stehen und nehmen einen tiefen Atemzug. Entspannen Sie sich. Dann geben Sie Ihrem Hund das entsprechende Kommando für die Fütterung. Zu Hause sagen wir „Mangia!", und dieser Ausdruck ist ausschließlich der Fütterungszeit vorbehalten.

Eine neue Fütterungsroutine zu etablieren dauert einige Zeit. Ihr Hund kann aber lernen, geduldig abzuwarten, wenn Sie selbst die entsprechende Geduld aufbringen und konsequent bleiben. Es kann durchaus einige Wochen in Anspruch nehmen, aber schließlich geht es nicht darum, einen neuen Ablauf nur für einen Tag oder eine Woche einzuführen. Wenn Sie sich die Zeit nehmen, um eine befriedigendere Routine zu etablieren, bauen Sie gleichzeitig eine intensivere Bindung zu Ihrem Hund auf, die dann die nächsten mehr als 7.000 Mahlzeiten bzw. die Lebenszeit Ihres Hundes überdauert.

Es ist nicht empfehlenswert, dem Hund Trockenfutter zur ständigen freien Verfügung hinzustellen. Ihr Hund wird schon nicht verhungern, wenn Sie tagsüber bei der Arbeit sind, außerdem können Sie ihm einen befüllten Kong als Snack dalassen. Frisches Futter sollte man nicht länger als 30 Minuten stehen lassen, damit sich keine Bakterien ansiedeln können.

Wasser

Der Körper unserer Hunde besteht zu zwei Dritteln aus Wasser. Deshalb zählt Wasser zu den wichtigsten Bestandteilen des Futters. Es spielt eine wichtige Rolle für die Verdauung und Resorption der Nährstoffe, ist aber auch für die Aufrechterhaltung der Körpertemperatur von großer Bedeutung.

- Als Faustregel sollte man dem Hund pro Tag mindestens die 2½-fache Menge an Wasser zur Verfügung stellen, wie er an Futter aufnimmt. Bei heißem Wetter ist es ganz besonders wichtig, dass Ihr Hund immer freien und unbegrenzten Zugang zu frischem und sauberem Wasser hat.
- Wenn Sie eine Mahlzeit zubereiten, spülen Sie alle Futter- und Wassernäpfe und stellen Sie frisches Wasser hin. Gießen Sie mit dem überschüssigen Wasser Ihre Pflanzen in Haus und Garten, um Ressourcen zu schonen.
- Leitungswasser sollten Sie eine Minute lang laufen lassen, bevor Sie den Napf befüllen, damit erst einmal alle Ablagerungen von Mineralien oder Giftstoffen aus den Rohren gespült werden.
- Wenn Sie für sich selbst zum Kochen in Flaschen abgefülltes Wasser verwenden, sollten Sie dies auch für Ihren besten Freund tun. Wenn Sie selbst nicht den Geschmack Ihres Leitungswassers mögen, dann geht es Ihrem Hund vielleicht genauso.
- Wenn die Trinkmenge Ihres Hundes dramatisch zu- oder abnimmt, sollten Sie Ihren Tierarzt aufsuchen.
- Frisches Futter enthält viel Feuchtigkeit und deckt damit schon ein Teil des Wasserbedarfs Ihres Hundes. Dennoch sollten Sie sicherstellen, dass ihm immer ausreichend Wasser zur Verfügung steht.
- Wenn Sie hauptsächlich Trockenfutter füttern, sollten Sie zu 2 Teilen Trockenfutter 1 Teil Wasser geben, damit Ihr Hund seinen Wasserbedarf besser decken kann.
- Hunde, die winters wie sommers viel Zeit draußen verbringen, benötigen mehr Wasser.
- Wenn Sie Ihren Hund zum Wandern oder Zelten mitnehmen, sollten Sie auch für ihn ausreichend Trinkwasser dabeihaben. Lassen Sie ihn kein stehendes Wasser trinken oder Wasser mit Algenbewuchs. Wenn möglich, hindern Sie Ihren Hund auch daran, aus fließenden Gewässern zu trinken, da gefährliche Bakterien oder Einzeller darin vorkommen können. (Im September 2009 starben vier Hunde zu unterschiedlichen Zeiten, nachdem sie aus dem Elk Creek in Oregon getrunken hatten.)

Dein bester Freund ist robust gebaut.

PROBLEMATISCHE VERHALTENSWEISEN BEI DER FÜTTERUNG

Leider haben sich die Tischmanieren unserer vierbeinigen Begleiter nicht in dem Maße weiterentwickelt wie ihre Beziehung zu uns. Wenn wir nicht abschätzen können, wie sich ein Hund im Hinblick auf Futter verhält, kann das zu Problemen führen. Aber auch, wenn es vorhersehbar ist wie ein Weckruf um 5 Uhr morgens, kann es ein echtes Ärgernis darstellen. Will man Verhaltensprobleme verändern, bedarf es der Konsequenz und des Vertrauens – und in vielen Fällen auch ganz neuer Regeln. In den meisten Fällen reicht die beharrliche Wiederholung eines bestimmten Musters über mehrere Wochen bereits aus, damit Ihr Hund dieses übernimmt. Die Mühe lohnt sich in jedem Fall, da das Ergebnis entscheidend für viele Tausend nachfolgender Mahlzeiten ist.

Allerdings kann ich Ihnen nur Glück wünschen, wenn Sie auch noch versuchen, Ihren Hund dazu zu bringen, dass er mit geschlossenem Mund kaut!

Betteln

Ein häufiger Irrtum ist der Glaube, dass man seinen Hund zum Betteln ermutigt, wenn man ihm irgendetwas anderes als handelsübliches Futter bzw. kommerzielle Leckerlis gibt. Futter animiert Ihren Hund nicht zum Betteln – es sind die von Ihnen eingeführten Abläufe, die dazu führen. Wenn Sie Ihren Hund bei Tisch füttern, lernt er, dass er nur in der Nähe des Tisches herumlungern muss, um seinen Anteil zu ergattern. Füttern Sie ihn hingegen in der Küche, lernt er, dass dies ein großartiger Ort ist, um ein paar leckere Extrahäppchen zu bekommen. Es besteht kein Zweifel: Hunde fressen gerne und werden Verhaltensweisen wiederholen, mit denen sie an Futter kommen.

Bringen Sie Ihrem Hund bei, außerhalb des Esszimmers zu warten und führen Sie dabei den folgenden Ablauf ein:

- Wenn Sie sich zum Abendessen hinsetzen möchten, bringen Sie ein Belohnungshäppchen für Ihren Hund mit an den Tisch. (Zeigen Sie ihm nicht, dass Sie ein Leckerli haben.)
- Wenn Sie Ihr Essen auf den Tisch gestellt haben, führen Sie Ihren Hund aus dem Zimmer und lassen Sie ihn Sitz und Bleib machen.
- Geben Sie ihm ein kleines Leckerli, wiederholen Sie das Kommando Bleib und essen Sie in Ruhe.
- Verlässt Ihr Hund den ihm zugewiesenen Platz, sagen Sie nachdrücklich „Nein" und führen ihn falls nötig zu genau derselben Stelle zurück, diesmal allerdings ohne Leckerli.
- Wenn Sie fertig mit Essen sind, gehen Sie mit dem Belohnungshäppchen in der Hand zu Ihrem Hund. Rufen Sie ihn nicht zu sich, da er sonst darin bestätigt wird, dass Leckerlis im Esszimmer gegeben werden.
- Loben Sie Ihren Hund überschwänglich, z. B. mit „Guter Hund, fein Bleib."

Geben Sie ihm das Leckerli und loben Sie ihn erneut.
 Entlassen Sie ihn aus der Bleib-Position. Wir machen das mit „Okay, lauf!"
 Wenn Ihr Hund daraufhin sofort ins Esszimmer läuft, sagen Sie laut und deutlich „Nein" und führen ihn weg.

Das Entscheidende dabei ist, dass Ihr Hund auf seinem Platz bleibt, bis Sie ihm das Leckerli gegeben und ihn aus der Bleib-Position entlassen haben – ansonsten keine Belohnung. Es wird eine Weile dauern, bis Ihr Hund begriffen hat, was Sie von ihm verlangen, aber denken Sie immer daran, dass er Verhaltensweisen wiederholen wird, die in der Vergangenheit funktioniert haben. Durch Wiederholung erlernt er ein neues bzw. verbessertes Verhalten.

Sturm auf die Arbeitsplatte / Räubern und Plündern

Als ich Jackson adoptierte, wusste er bereits, wie man Schränke öffnet. So schmiss er seine eigenen Müll-Partys, was zwar für ihn ein Heidenspaß war, für uns als Putzkolonne aber weniger. Wir gingen später dazu über, den Schrank, in dem der Müll aufbewahrt wurde, mit einem Schloss zu versehen, aber immer, wenn wir ihn versehentlich offen ließen, erinnerte sich Jackson daran, wie er an das Gewünschte herankam.

War Jackson nur ein paar Augenblicke unbeaufsichtigt, stahl er Steaks, Brot, Kräcker und Käse von der Arbeitsplatte. Diese Verhaltensweise war ihm mit am schwierigsten auszutreiben. Ich versuchte es mit doppelseitigem Klebeband auf der Arbeitsplatte, denn für manche Hunde ist es ein solches Horrorerlebnis, wenn sie mit den Pfoten kleben bleiben, dass sie fortan einen großen Bogen um die Arbeitsplatte machen – nicht so aber für Jackson. Er riss das Klebeband ab und rannte damit durchs ganze Haus, bis er es schließlich in kleine Schnipsel zerriss.

Eines Tages stahl Jackson einen Blaubeerauflauf und hatte den ganzen Abend einen Zuckerrausch. Er drehte sich im Kreis, bellte und rannte den Flur auf und ab, um seinen Zuckerschock abzubauen. Ich war völlig frustriert und wusste, dass ich diesen Räubereien ein für alle Mal ein Ende bereiten musste. Ich fragte mich: „Was mache ich falsch, dass so etwas passieren kann?" Bis zu diesem Moment war es immer allein Jacksons Schuld gewesen, aber nun dämmerte es mir, dass es in meiner Verantwortung lag, die Arbeitsflächen freizuräumen und zu verhindern, dass Jackson Zugriff auf meinen Auflauf bekam. Seitdem bin ich schon oft, wenn ich bereits im Auto saß, noch einmal umgekehrt, weil ich nicht genau wusste, ob ich irgendetwas auf der Arbeitsfläche stehen gelassen hatte. Es ist immer besser, auf der sicheren Seite zu sein, als hinterher ein schlechtes Gewissen zu haben.

Hier sind noch ein paar weitere Tipps, um das Plündern der Arbeitsplatte zu verhindern:

 Wenn Sie Ihrem Hund etwas abgeben möchten, während Sie Ihr Essen zubereiten (was wir durchaus begrüßen), sollten Sie es in seinen Napf tun oder es ihm außerhalb der Küche geben. Vermeiden Sie es, Ihrem Hund direkt etwas von der Arbeitsplatte zu geben.

- Wenn Ihr Hund Ihnen vor den Füßen liegt oder herumläuft, während Sie das Essen zubereiten, ist das für Sie beide eine gefährliche Angelegenheit. Ich bin schon mehrfach beinahe über einen Hund gestolpert, während ich eine heiße Pfanne in der Hand hielt. Schicken Sie Ihren Hund immer aus der Küche, wenn Sie Speisen herausholen oder Mahlzeiten zubereiten.
- Halten Sie die Arbeitsflächen immer frei, selbst wenn Sie nur kurz hinausgehen, um den Grill anzuzünden; das ist die ideale Gelegenheit, um Steaks zu stehlen. Wenn Ihr Hund regelmäßig die Arbeitsplatte absucht, sollten Sie keine Gläser oder anderen zerbrechlichen Gegenstände auf der Arbeitsfläche stehen haben.
- Sie können Ihren Hund nur bestrafen, wenn Sie ihn in flagranti beim Stehlen erwischen, denn ansonsten kann er Ihre Reaktion nicht mit seiner Tat verbinden. Sie dürfen sich natürlich ärgern, nur nicht direkt gegenüber dem Hund. Es ist vollkommen in Ordnung, wenn Sie mit empörter Stimme fragen: „Wo ist mein Auflauf?", während Sie auf die leere Auflaufform zeigen. Richten Sie Ihren Ärger nur nicht direkt gegen den Hund. Auch wenn sich das seltsam anhören mag – lassen Sie Ihren Frust an der Auflaufform aus. Ihr Hund zeigt vielleicht ein schuldbewusstes Verhalten, das bedeutet aber nicht unbedingt, dass er persönlich die Verantwortung für das Geschehen übernimmt, sondern nur, dass er nicht mit einer „bösen" Auflaufform in Verbindung gebracht werden möchte.
- Wenn Sie sich Sorgen wegen der aufgenommenen Speisen oder deren Menge machen oder wenn Ihr Hund apathisch wirkt bzw. starken Durchfall oder Verstopfung hat oder anfängt zu erbrechen, sollten Sie sofort einen Tierarzt aufsuchen.

Appell im Morgengrauen

Es gibt kaum etwas Schlimmeres, als wenn man versucht zu schlafen, und der eigene Hund einen aufweckt, weil er sein Frühstück möchte. Es ist verständlich, wenn Ihr Hund Sie weckt, weil er nach draußen muss, um ein Geschäft zu verrichten, aber wenn er es macht, weil er glaubt, dass Sie der Küchenchef sind, der jederzeit seine Bestellung entgegennimmt, läuft irgendetwas schief. Hier sind ein paar Dinge, die Sie ausprobieren können:

- Füttern Sie Ihren Hund zweimal täglich, um extremem Hunger und Völlegefühl vorzubeugen.
- Stellen Sie sicher, dass Ihr Hund ausreichend Auslauf hat, indem Sie abends vor dem Zubettgehen noch eine zusätzliche Runde mit ihm drehen.
- Füttern Sie Ihren Hund nicht unmittelbar nach dem Aufstehen. Geben Sie ihm manchmal etwas zu fressen, bevor Sie unter die Dusche steigen, ein anderes Mal danach. Stehen Sie auf, holen Sie die Zeitung, machen Sie sich einen

Kaffee und verlassen Sie die Küche für ein paar Minuten. Schließlich fordern Sie Ihren Hund ganz beiläufig mit einem einfachen „Komm" auf, Sie in die Küche zu begleiten.

- Machen Sie keine große Sache aus dem Frühstück, indem Sie Ihren Hund etwa fragen: „Möchtest du Frühstück?" oder „Hast du Hunger?" Sie wissen die Antwort wahrscheinlich schon, also besteht kein Grund, ihn in Aufregung zu versetzen.
- Lassen Sie Ihren Hund ruhig sitzen, während Sie sein Futter zubereiten. Wenn er sich bewegt, halten Sie inne! Machen Sie nicht weiter, bevor Ihr Hund sich nicht wieder hingesetzt hat und ruhig abwartet. Wenn er allerdings speichelt, müssen Sie das wohl oder übel hinnehmen.
- Wenn Ihr Hund wirklich penetrant ist und nicht lernen will, müssen Sie Ihre Strategie ändern. Befüllen Sie eine leere Getränkedose mit ein paar Cent-Stücken und stellen Sie sie neben Ihr Bett. Wenn Ihr Hund seinen Weckruf erschallen lässt, schütteln Sie die Dose ein paarmal heftig und sagen Sie „Nein", bevor Sie versuchen, wieder einzuschlafen.
- Sie sollten unter gar keinen Umständen sofort aufstehen und Ihren Hund füttern.
- Falls nötig, führen Sie Ihren Hund aus dem Zimmer oder lassen Sie ihn hinaus, damit er sich erleichtern kann. Lassen Sie so viel Zeit wie möglich zwischen dem Aufstehen und dem Zeitpunkt, wenn Sie Ihren Hund füttern, verstreichen. Gehen Sie wieder ins Bett und warten Sie mindestens 20 Minuten ab oder noch besser, versuchen Sie, wieder einzuschlafen.
- Wenn die Dose mit den Geldstücken nicht funktioniert, probieren Sie es mit einer Trillerpfeife.
- Zeigt auch das nicht die erwünschte Wirkung, versuchen Sie es mit einem Topf, auf den Sie mit einem Löffel schlagen.

Ihr Hund kapiert es vielleicht nicht gleich in der ersten Nacht, aber Sie sind eh wach, also können Sie genauso gut einige Zeit in das Training investieren, damit Sie vielleicht nächste Woche schlafen können.

Aggression / Verteidigung von Futter

Es kann einem ganz schön Angst machen, wenn sich ein Hund gegen einen wendet, vor allem, wenn es sich dabei um den eigenen Hund handelt. Ganz instinktiv möchte der Hund seine Mahlzeit genießen, ohne befürchten zu müssen, dass ihm sein Futter weggenommen wird. Daher ist es wichtig, eine Vertrauensbasis zu schaffen. Die nachfolgende Vorgehensweise wird Ihren Hund allmählich daran gewöhnen, dass Sie sich in der Nähe seines Futternapfes aufhalten:

- Befüllen Sie den Napf Ihres Hundes, dann setzen Sie sich irgendwo bequem hin und halten Sie den Napf auf dem Schoß.

- Rufen Sie Ihren Hund zu sich und lassen Sie ihn sich mit dem Gesicht zu Ihnen gewandt hinsetzen.
- Wenn er ruhig dasitzt, schütten Sie ungefähr ein Achtel des Futters in Ihre Handfläche.
- Erlauben Sie Ihrem Hund, die erste Handvoll zu fressen. Dann warten Sie ca. fünf Sekunden ab, bevor Sie wieder etwas Futter in die Hand nehmen und die Fütterung auf diese Weise so lange fortsetzen, bis Ihr Hund alles aufgefressen hat. Zählen Sie die fünf Sekunden nur in Ihrem Kopf und nicht laut. Fünf Sekunden sind eine ausreichende Zeitspanne, um Ihren Hund Geduld zu lehren, aber nicht so lang, dass er unruhig wird.
- Wenn die Mahlzeit vorbei ist, heben Sie die Hände mit den Handflächen zu Ihrem Hund und sagen Sie „Alles weg". Dann stellen Sie den Napf auf den Boden und lassen Sie Ihren Hund ihn inspizieren, damit er sichergehen kann, dass wirklich nichts mehr drin ist.
- In der zweiten Woche messen Sie das Futter in einer separaten Schüssel ab und geben Sie nach und nach kleine Portionen in einen Napf, der vor Ihnen auf dem Boden steht.
- Wenn Ihr Hund seine Sache gut macht, stellen Sie den Napf wieder auf seinen ursprünglichen Platz. Ihr Hund sollte immer Sitz und Bleib machen, während Sie sein Futter zubereiten, und er darf sich dem Napf nicht ohne Ihre Erlaubnis nähern. Geben Sie nach und nach eine Portion in den Napf, während Sie dicht danebenstehen.
- Mit zunehmender Übungsdauer können Sie zwischendurch auch ein paar extra Leckerbissen oder ein bisschen von der normalen Ration in den Napf tun. Dies sollten Sie bereits im Welpenalter üben, um der Verteidigung von Futter von Anfang an vorzubeugen.

Der Aufbau von Vertrauen dauert eine gewisse Zeit, deshalb sollten Sie sich in Geduld üben. Auch wenn das Training jetzt ein paar Minuten Ihrer Zeit in Anspruch nimmt, bauen Sie damit doch eine Bindung auf, die bestehen bleibt, solange Ihr Hund lebt. Sie machen sich damit zwar die Hände schmutzig – aber wofür gibt es Seife?

Sie sollten sich unter gar keinen Umständen in Gefahr bringen. Wenn Ihr Hund Sie anknurrt oder Sie Angst haben, dass er Sie beißen könnte, wenden Sie sich an einen qualifizierten Trainer.

Schlingen

Nur wenige Hunde fressen langsam und bedächtig. Die meisten schlingen ihr Futter buchstäblich herunter. Wenn ein Hund zu hastig frisst, riskiert er, sich zu verschlucken und einen Erstickungsanfall zu bekommen. Oder er schluckt mit dem Futter so viel Luft, dass eine Aufblähung die Folge ist. Eine zu starke Füllung des Magens mit Gas kann wiederum zu einer lebensbedrohlichen Magendrehung führen. Ist dieser Zustand einmal aufgetreten, wiederholt er sich oftmals, und jeder Vorfall ist noch schwerwiegender als der vorherige. Hunde mit einem tiefen Brustkorb sind besonders anfällig für eine Magendrehung. Suchen Sie sofort Ihren Tierarzt auf, wenn Ihr Hund ein hastiger Fresser ist und die ersten Symptome einer Magendrehung zeigt: Brechreiz und Würgen, ohne dass etwas herauskommt, starkes Speicheln, einen harten Bauch, ungewöhnliches Unbehagen im Stehen oder Liegen oder plötzliche Schwäche.

Manche Hunde können lernen, langsamer zu fressen, andere müssen bei jeder Mahlzeit überwacht werden. Probieren Sie es mit demselben Fütterungsregime wie bei Futteraggression. Funktioniert das nicht, müssen Sie härtere Geschütze auffahren:

- Erwärmen Sie das Futter auf eine Temperatur, die etwas geringer ist als die, mit der Sie Ihr eigenes Essen servieren würden.
- Frieren Sie das Futter ein und lassen Sie es Ihren Hund dann langsam im Garten fressen, während es auftaut. Das Futter muss nicht unbedingt vollkommen durchgefroren sein, aber es sollte kalt sein.
- Stopfen Sie das Futter in einen Kong oder ein anderes Spielzeug, sodass Ihr Hund sich anstrengen muss, das Futter herauszubekommen.
- Füllen Sie das Futter in eine Gugelhupfform, vorzugsweise eine mit vielen Rillen.
- Breiten Sie das Futter auf einem umrandeten Backblech aus.
- Kaufen Sie einen Futternapf, der speziell für Schlinger konzipiert ist.
- Füttern Sie häufiger kleinere Mahlzeiten.
- Legen Sie einen oder zwei saubere Gummibälle mit in den Napf, sodass Ihr Hund sich beim Fressen darum herum arbeiten muss. Die Bälle sollten so groß sein, dass er sie nicht verschlucken kann. Große, glatte Steine gehen genauso gut.

Wenn Sie merken, dass eine Methode nicht funktioniert, füttern Sie diese Mahlzeit aus der Hand zu Ende und probieren Sie bei der nächsten Fütterung eine andere Methode aus.

Warten Sie nach der Mahlzeit eine Stunde ab, bevor Sie mit ihrem Schlinger einen Spaziergang machen oder etwas anderes unternehmen, bei dem gesteigerte Aktivität gefordert ist.

Mäkeln

Es ist nicht ungewöhnlich, dass ein Hund ab und zu eine Mahlzeit auslässt, und in den meisten Fällen sind ein oder zwei Mal pro Woche kein Grund zur Besorgnis. Wenn Ihr Hund aber länger als einen Tag nichts fressen will, sollten Sie Ihren Tierarzt aufsuchen. Es gibt zahlreiche Erkrankungen oder Zahnprobleme, die dazu führen können, dass Ihr Hund lieber hungert, als Beschwerden zu ertragen.

Wenn beim Tierarzt alles in Ordnung ist, ist der nächste Schritt, einen genaueren Blick auf das Futter zu werfen, das Sie Ihrem Hund geben. Auch wenn handelsübliche Futtermittel als

„Hundefutter" verkauft werden, sind Hunde oftmals nicht sonderlich daran interessiert, wenn sie weniger schmackhafte Zutaten enthalten. Der Geruchssinn eines Hundes ist mindestens 100.000-mal stärker als unser eigener. Wenn das Futter Stoffe enthält, die für Ihren Hund abstoßend oder suspekt riechen oder überhaupt nichts darin enthalten ist, was auch nur im Mindesten gut für ihn duftet, lässt er es möglicherweise einfach links liegen. Wenn er lieber darauf wartet, dass er etwas „Besseres" bekommt, dann sollten Sie vielleicht auch etwas Besseres besorgen. Wer kann schon behaupten, dass er angesichts bunter Verpackungen und vollmundiger Versprechungen vonseiten der Futtermittelhersteller immer die richtigen Entscheidungen trifft?

Vielleicht ist es an der Zeit, ein neues Futter auszuprobieren. Lesen Sie ab Seite 179 die Hinweise zur Auswahl von Trockenfutter. Die Qualität des Futters kann für die Gesundheit Ihres Hundes von entscheidender Bedeutung sein, daher sollten Sie bereit sein, etwas mehr dafür auszugeben. Und wenn Sie ein neues Futter einführen möchten, gehen Sie langsam dabei vor.

Wenn Sie sich schon Gedanken darum machen, was Ihr Hund frisst, dann möchten Sie vielleicht auch, dass er Spaß dabei hat. Wenn er signalisiert, dass ihm sein Futter zu langweilig ist, dann machen Sie es einfach interessanter, indem Sie ein paar gute Dinge dazugeben: etwas Wasser, ein Ei, selbst gemachte Brühe, einen Löffel Joghurt oder Kürbis. Versuchen Sie es mit unwiderstehlichem Käsegeschmack in Form von ein wenig geriebenem Parmesan.

Auch die nachfolgenden Hinweise können dazu beitragen, dass die Mahlzeit für Ihren Hund ansprechender wird:

- Stellen Sie sicher, dass Ihr Hund nirgendwo anders etwas Fressbares aufnimmt. Ist der Mülleimer geschlossen? Ist die Katzentoilette eigenartig sauber? Treffen Sie entsprechende Vorkehrungen, wenn diese Bereiche anziehend auf Ihren Hund wirken.
- Überprüfen Sie den Standort des Futternapfes. Ist er zu tief oder zu groß? Klappert das Halsband, wenn es gegen den Napf schlägt? Wird Ihr Hund in einem Teil des Hauses gefüttert, wo er sich wohlfühlt? Manchmal reicht es schon aus, die Napfgröße zu verändern, das Halsband vor der Fütterung abzunehmen oder sicherzustellen, dass Ihr Hund beim Fressen auf einer rutschfesten Unterlage steht und nicht in eine Ecke schaut, damit er seine Ängste und Unsicherheit rund um die Fütterung verliert.
- Füttern Sie Ihren Hund zweimal täglich immer zur gleichen Zeit. Ältere Hunde nehmen pro Mahlzeit oft weniger Futter auf, dann ist es oft hilfreich, auf drei Mahlzeiten täglich umzustellen.
- Gehen Sie sicher, dass Ihr Hund ausreichend Bewegung hat. Machen Sie vor jeder Fütterung einen flotten Spaziergang, um den Appetit anzuregen.

Du und dein bester Freund seid das Herzblut der Gesellschaft.

Nehmen Sie Kontakt zu Ihrer örtlichen Ortsgruppe des Deutschen Roten Kreuzes auf und fragen Sie nach Möglichkeiten, wie Sie selbst Blut spenden können bzw. erkundigen Sie sich in Ihrer Tierklinik, wie Ihr Hund helfen kann, Leben zu retten.

DANKSAGUNG

Auch wenn dieses Buch das Ergebnis von fünf Jahren der Forschung, des Ausprobierens von Rezepten und Schreibens ist, kann ich nicht behaupten, dass ich es ganz alleine bewerkstelligt hätte. Die Unterstützung meiner Familie, Freunde, Mitarbeiter, Förderer und Hundebesitzer motivierte mich und half mir, mich auf das Wesentliche zu konzentrieren.

SALTY

Du hast nicht nur Hunde, sondern auch Liebe in mein Leben gebracht, und Deine Unterstützung bedeutet alles für mich. Ich danke Dir, dass Du meinen schier unerschöpflichen Ideen zugehört und Deine eigenen beigesteuert und gleichzeitig dafür gesorgt hast, dass wir immer noch genug Zeit haben, das Leben zu genießen. Ich für mein Teil tue es.

ALICIA DICKERSON GRIFFITH

Ein Bild sagt mehr als tausend Worte, und Dein Beitrag zu diesem Buch spiegelt die Beziehung zwischen Mensch und Hund auf wunderschöne und realistische Weise wider. Deine Vision kommt in großartigen Bildern zum Ausdruck.

MICHELLE BRENES

Ich hätte vermutlich niemals diesen Weg eingeschlagen, wenn Du nicht gesagt hättest: „Du magst Hunde, du kochst gerne, also koch doch für Hunde." Danke, dass Du mir geholfen hast, mir über meine Lebensaufgabe klar zu werden.

DIE KUNDEN VON DOG STEW

Ihr seid großartige Menschen, die nicht nur ihre Hunde über alles lieben, sondern die mir auch ihr Vertrauen geschenkt und mir erlaubt haben, für sie zu sorgen. Ich danke Euch für Eure Treue, Vorschläge und Ermutigung.

SALLY EKUS

Vom ersten Tag an, als ich Dir meinen Vorschlag unterbreitete, warst Du mein Cheerleader, meine Ratgeberin, Vertrauensperson und eine gute Freundin. Danke, dass Du mir bewusst gemacht hast, was zwischen diesen Buchdeckeln liegt.

ADIDAS FINANCE

Meine Freunde, die zufällig auch meine Berufskollegen sind, haben es zugelassen, dass viele Besprechungen zu Gesprächen über Hunde und über den Fortschritt des Buchs geworden sind. Danke für Eure Geduld und unschätzbaren Rückmeldungen.

DANKSAGUNG

CAROL GARDNER
Als ich an einem Tiefpunkt angelangt war und die unvermeidbare Katastrophe auf mich zukommen sah, hast Du mich vorangetrieben und mir auf die Erfolgsspur zurückgeholfen. Dieses Buch ist das Ergebnis. Es ist ganz klar, woher Zelda ihre Weisheit bezieht.

RALEIGH, BAXTER, CHLOE UND DUNCAN
Meine Vorkoster, Gesellschafter in langen Stunden am Keyboard und Küchenhilfen. Danke, dass Ihr mich genötigt habt, mit Euch spazieren zu gehen, aber auch für Eure unglaubliche Geduld und Liebe.

JANE CRIST
Mama, ich danke Dir für die endlosen Tage, die Du mit mir zusammen in der Küche verbracht hast – sowohl bei Dog Stew als auch zu Hause. Jeder sollte eine Mutter haben, die so voller Hingabe und eine solche Stütze ist.
Dieses Buch ist Jackson gewidmet, genauso aber auch Dir.

LANE BUTLER
Ich stellte eine Million Fragen, und Du gabst eine Million Antworten. Danke, dass Du meine Vision verstanden und mit mir zusammen im Team von Andrews McMeel gearbeitet hast, sodass das Ergebnis noch sehr viel besser wurde.

TIM LISZT
Ich danke Dir vor allem für Deine Freundschaft, aber auch dafür, dass Du mir geholfen hast, Dog Stew optisch zu gestalten, und jedes Mac Dilemma zu lösen, in das ich gestolpert bin.

SUZANNE MARTIN
Viele Menschen haben gesagt: „Ich liebe Dein Buch." Du warst die Erste, die sagte: „Du kannst es noch besser machen." Ich hoffe, dass es mir gelungen ist und danke Dir für Deinen Beitrag.

KARLA THOMAS
Jahrelang lag mir dieses Buch am Herzen. Du hast es als Erste gelesen, und Du hast mir gezeigt, was ging und was noch überarbeitet werden musste.

COLETTE PECK
Ich kann die Stunden nicht mehr zählen, die Du damit verbracht hast, die Küche hinter mir aufzuräumen und sicherzustellen, dass ich alles doppelt und dreifach überprüfte. Deine Detailgenauigkeit hat meine verbessert.

RYAN FICEK
Danke, dass Du so ein großartiger Freund, „kleiner Bruder" und Beschützer unseres Rudels bist.

MAC UND WENDY SETTER
Vielen Dank, dass Ihr mir einen Platz zum Schreiben, eine Testküche, Hunde zum Füttern und einen wundervollen Ort zum Erholen gegeben habt.

WEITERFÜHRENDE INFORMATIONEN

Informationen zur Ernährung von Hunden

Diese Quellen waren bei meinen eigenen Recherchen zur Ernährung von Hunden von unschätzbarem Wert. Sie sind weitaus verlässlicher und fundierter als das, was die meisten Suchmaschinen im Internet hergeben:

- *Nutrient Requirements of Cats and Dogs* vom National Research Council (National Academies Press, 2006).
- *Home-Prepared Dog & Cat Diets: the Healthful Alternative*, von Donald R. Strombeck, DVM, PhD (Wiley-Blackwell, 1999): Enthält ausführliche, etwas fachlichere Informationen zu selbst gekochtem Futter. Eine großartige Quelle, um die Bedürfnisse von Hunden mit bestimmten Erkrankungen zu verstehen.
- *Canine Nutrition: What Every Owner, Breeder, and Trainer Should Know*, von Lowell Ackerman, DVM (Alpine Publications, 1999): Liefert ähnliche Informationen, v. a. im Hinblick auf kranke Hunde.
- *Small Animal Clinical Nutrition, 4. Auflage (Mark Morris Associates, 2006)*: Ist extrem fachlich ausgerichtet, bietet aber eine unglaubliche Fülle von Details.
- *The Inflammation-Free Diet Plan,* von Monica Reinagel (*McGraw-Hill, 2007*): Beschreibt ausführlich, wodurch Entzündungen entstehen und wie die Auswahl der richtigen Nahrungsmittel diese reduzieren kann.
- *101 Foods That Can Save Your Life*, von David Grotto, RD, LDN (Bantam, 2010): Liefert detaillierte Informationen zu den Inhaltsstoffen von Lebensmitteln mit krankheitsverhütendem Potenzial und eine Vielzahl schmackhafter Rezepte für die ganze Familie.
- *Your Dog: The Owner's Manual*, von Dr. Mary Becker und Gina Spadafori (Grand Central Life & Style, 2011): Eine Fundgrube wertvoller Hinweise und Informationen.
- Banfield Pet Hospitals: Für die Informationen aus ihrem *State of Pet Health Bericht von 2011* bin ich sehr dankbar.

BEZUGSQUELLEN

In unserem Online-Shop www.unimedica.de in der Kategorie „Gesunde Ernährung – Tiernahrung" finden Sie hochwertiges und natürliches Hundefutter.
Auch viele Ergänzungsfuttermittel wie z. B. Wildlachsöl, Hagebuttenschalen oder Seealgenmehl sowie Bachblüten und Schüsslersalze für Heimtiere sind dort erhältlich.

INDEX

A
Aggression 199
Aktive Hunde 20
Alkoholische Getränke 28
Alleinbleiben 54
Allergien 71, 148
American Association of Feed Control Officials (AAFCO) xviii, 5, 187
Aminosäuren 2
Ammoniak 164
Analyse xvi
Antioxidantien xviii, 9, 10, 156
Äpfel 33
    Bratäpfel 46
Apfelessig 13
Apfelmus 55
Appetithäppchen mit Speck 101
Aprikosen 34
Arginin 2, 156
Arroz con Pollo 109
Arthritis 150
Auswahl und Pflege der Näpfe und des Futterplatzes 192
Avocados 32

B
Backzeiten 83
Ballaststoffe 4, 154
Bananen 34
    Erdnussbutter- und Bananeneis 65
Belohnungshäppchen 54
Berechnung der Kalorien 178
Betteln 196
Biotin 10
Birnen 33
Blaubeeren
    Blaubeerkekse 98
    Blaubeer-Pfannkuchen 47
Bor 8
Bratäpfel 46
Brauner Reis 39
Brokkoli 35
Brot 38
Brühe 40
    Fischbrühe 74
    Hühnerbrühe 73
    Rinderbrühe 72
    Schottische Brühe 131
Bulgur
    Rind mit Bulgur 121
B-Vitamine 9, 161

C
Calcium 5, 16, 17, 171
Cetylmyristoleat 150
Cheddar-Käse 37, 54
Chemotherapie xiv
Chlor 7
Cholin 10
Chondroitin 150
Chrom 8
Cobalamin 10

D
Diabetes 154
Dorschlebertran 13

E
Eier 38
    Eierschalenpulver 13, 17
    Mama Hubbards Eier und Haferflocken 108
    Reis und Ei für den empfindlichen Magen 169
    Reis und Ei für gesunde Nieren 175
    Rührei 41
Eiscreme
    Erdnussbutter- und Bananeneis 65
    Kürbiseis 64
Eisen 7
Eiweiß 2, 171
Entenherzen 71
Entzündungen 150

Erbsen 35
    Schälerbsensuppe gegen Krebs 157
    Weihnachtsbäumchen aus grünen Erbsen 92
Erdnussbutter 39
    Eigene Erdnussbutter herstellen 88
    Erdnussbutter- und Bananeneis 65
    Erdnussbutter-Zimt-Kekse 88
    Kong-Füllung 55
Ergänzungsmischung 16
Ergänzungsstoffe 13
Ernährung von Welpen 137
Essenzielle Aminosäuren 2
"Essigmutter" 13

F

Fast Food xvii
Fermentierbare Faserstoffe 172
Fett 4, 29, 181
Fettlösliche Vitamine 9
Fisch 39
Fischbrühe 74
Fleisch 39, 181
Folsäure 10
Fond 40
Forelle, rohe 30
Frikadellen 128
Frischkäse 37, 55
Frühstücksflocken 38
Frühzeitiges Wecken 198
Füllungen für den Kong 54
Futteraggression 199
Futtermittelallergie 148, 180
Fütterung 191
Fütterungsroutine 193
Futterwechsel 104, 188

G

Geburtstagskuchen mit Rind (oder Pupcakes) 122
Gemüse 35, 181
Gemüsepfanne mit Reis 116
Gerste
    Geschmortes Hühnchen und Gerste 115
    Pute und Gerste bei Diabetes 155
Geschmortes Hühnchen und Gerste 115
Getreide 38, 181
Gewicht 23
Gewichtsreduktion 176
Glucosamin 150
Glutenfreie Mehle 83
Goldene Koi 87
Grüne Bohnen 35
Gute Mädchen mögen Muskelmägen 70

H

Hackbraten 126
Haferflocken 38
    Mama Hubbards Eier und Haferflocken 108
    Puten-Frühstücks-Porridge 120
    Weiche Haferkekse 100
Hamburger 128
Handelsübliche Futtermittel xvii, 104, 179
Haut 29
Hefeflocken 13
Hefeteig 31
Herzkrankheiten 160
Hirse
    Lamm, Hirse und Yamswurzel bei Allergien 149
    Makrele und Hirse lindern Arthritis 151
Histidin 2
Holländischer Baby-Pfannkuchen 45
Hühnchen
    Arroz con Pollo 109
    Gute Mädchen mögen Muskelmägen 70
    Hähnchenschenkel und Taboulé 113
    Hühnchen fürs Hündchen 110
    Hühnchen, geschmort und Gerste 115
    Hühnchen-Quinoa-Kasserolle 111
    Hühnerbrühe 73
    Hühnerparty 112
    Huhn und Reis für den empfindlichen Magen 170
    Huhn und Reis für ein gesundes Herz 163
    Kebab für Hunde 48
    Kraftnahrung für Welpen 143
    Reisbrei für die schnelle Genesung 168

I
Inaktive Hunde 21
Ingwer 116, 152
Insulin 154
Isoleucin 3

J
Jod 7
Joghurt 13, 37, 55
Juckreiz 148, 180

K
Kalium 7, 160, 172
Kalorien
    Bedarf 20, 24
    Berechnung 178
Kaninchen-Eintopf 134
Karotten 35
Kartoffeln 36
    Kartoffeln und Rind für gesunde Nieren 174
    Rindfleisch mit Kartoffeln 127
    Soße aus Innereien 77
Kartoffelwasser 36
Käse 37
    Käse-Chips 51
    Käsecracker 86
Kebab für Hunde 48
Kekse 81
    Appetithäppchen mit Speck 101
    Blaubeerkekse 98
    Erdnussbutter-Zimt-Kekse 88
    Goldene Koi 87
    Käsecracker 86
    Kekse für frischen Atem 96
    Leberkekse 90
    Parmesankekse 91
    Pfefferkuchenmänner 97
    Plätzchen, zum Bellen gut 95
    Süßigkeiten mit Pfiff 94
    Weiche Haferkekse 100
    Weihnachtsbäumchen aus grünen Erbsen 92
Kleine Thunfisch-Nudel-Kasserolle 129
Knochen 31
Knochenmehl 16
Kochtipps 105

Kohlenhydrate 3
    Komplexe 154, 157
Kong, Füllungen für den 54
Konservierungsstoffe 181
Körpertyp 22
Kosten 187
Kraftnahrung für Welpen 143
Kranke Hunde 145
Krebs xiii, xviii, 156
Kupfer 7, 164
Kürbis
    Kürbiseis 64
    Kürbiskerne 79
    Kürbis-Poppies 59
    Kürbispüree 78

L
Lachs
    Lachs-Frikadellen 44
    Öl 13
    roher 30
Lamm
    Lamm, Hirse und Yamswurzel bei Allergien 149
    Lamm-Muffins 130
    Schottische Brühe 131
Lasagne für Faulpelze 118
L-Carnitin 160
Leber 32
Leber-Brownies 68
Leber-Diät 165
Leberkekse 90
Leberkrankheiten 164
Leber-Pâté als Treuebonus 58
Leucin 3
Lycopin xvii
Lymphom xiii
Lysin 3

M
Macis 30
Magen-Darm-Diät 166
Magen-Darm-Erkrankungen 166
Magnesium 7, 161, 172
Mahlzeiten 103
Mais 186
Mäkeln 201
Makrele und Hirse lindern Arthritis 151

Makromineralien 5
Mama Hubbards Eier und Haferflocken 108
Mangan 8
Mangos 34
Meereskekse 61
Mehlsorten 82
Melonen 34
Methionin 3
Mikromineralien 8
Milchprodukte 31, 37
Mineralstoffe 5, 181
Molybdän 8
Multivitamintabletten 15
Muskatnuss 30

N

Nährstoffanalyse xvii
Nährstoffe 1, 161
Natrium 7, 30, 160, 164, 171
Nebenschilddrüse 17
Niacin 10
Nierenerkrankungen 171
Nudeln mit Schweinefleisch 133
Nüsse 29, 38

O

Obst 33, 181
Obstkerne 30
Omega-3-Fettsäuren xviii, 5, 172
Omega-6-Fettsäuren 4, 172
Onkologe xiii
Orangen 34
Osteoarthritis 150

P

Paniermehl (Panko) 44
Pantothensäure 10
Papayas 34
Paprika 35
Paranüsse 13
Parmesan 37
    Parmesankekse 91
    Wan-Tan trifft auf Parmesan 66
Pesto 76
Petersilie 36
    Pesto 76

Pfannkuchen
    Blaubeer- 47
    Holländischer Baby- 45
Pfefferkuchenmänner 97
Pflaumen 34
Phenylalanin 3
Phosphor 5, 17, 171
Plätzchen, zum Bellen gut 95
Poppies (Vollkorn) 38
Portionsgröße 19
Prostaglandine 150
Protein 2
Pupcakes 122
Pute
    Lasagne für Faulpelze 118
    Pute gegen Krebs 159
    Puten-Frühstücks-Porridge 120
    Putenhackbraten 119
    Puten-Minestrone 117
    Pute und Gerste bei Diabetes 155
Pyridoxin 10

Q

Quinoa
    Hühnchen-Quinoa-Kasserole 111

R

Räubern und Plündern 197
Reis 39
    Gemüsepfanne und Reis 116
    Huhn und Reis für den empfindlichen Magen 170
    Huhn und Reis für ein gesundes Herz 163
    Kraftnahrung für Welpen 143
    Reisbrei für die schnelle Genesung 168
    Reis neu belebt 63
    Reis und Ei für den empfindlichen Magen 169
    Reis und Ei für gesunde Nieren 175
Riboflavin 9
Rind
    Geburtstagskuchen mit Rind 122
    Hackbraten 126
    Hamburger 128
    Kartoffeln und Rind für gesunde Nieren 174

Rinderbrühe 72
Rinderburger (mit einem Hauch Käse) 125
Rindfleisch mit Kartoffeln 127
Rind mit Bulgur 121
Rind mit Herz 124
Rind und Süßkartoffel lindern Arthritis 152
Rind und Yamswurzel für ein gesundes Herz 162
Roberts Leberhäppchen 56
Rohfleischfütterung 104
Rosinen 29
Rührei 41

S
Salz 30
Sardinen 40
   Golden Koi Kekse 87
   Sardinen-Croûtons 60
Schälerbsensuppe gegen Krebs 157
Schimmel, Speisen mit 30
Schlingen 200
Schokolade 29
Schottische Brühe 131
Schwarzer Pfeffer 30
Schweinefleisch
   Nudeln mit Schweinefleisch 133
   Speck 39, 101
Schwitzen 64
Seetang 13, 16
Sekundäre Metaboliten xvi
Selen 8, 76, 156
Sojalecithin 13
Soße aus Innereien 77
Speck 39
   Appetithäppchen mit 101
Spurenelemente 8
Suppen
   Schälerbsensuppe gegen Krebs 157
Süßigkeiten mit Pfiff 94
Süßkartoffeln 36
   Rind und Süßkartoffeln lindern Arthritis 152
   Süßkartoffelfritten zum Teilen 42

T
Taboulé
   Hühnchenschenkel und Taboulé 113
Taurin 3
Thiamin 9
Threonin 3
Thunfisch
   Kleine Thunfisch-Nudel-Kaserolle 129
   Thunfisch-Sandwich-Reste 50
Tomaten 37
Trockenfleisch 69
Trockenfutter 179
Trockenfutter zum Kauen 135
Tryptophan 3

U
Übergewicht 4, 23, 150, 154, 161, 176
Untergewicht 23

V
Valin 3
Verhaltensprobleme 196
Vitamin A 9, 156, 164
Vitamin B1 9
Vitamin B2 9
Vitamin B3 10
Vitamin B5 10
Vitamin B6 10
Vitamin B12 10
Vitamin C 10, 156
Vitamin D 9
Vitamine 9, 181
Vitamin E 9, 156
Vitamin K 9
Vollkorngetreide 82

W
Wachstum 138
Wan-Tan trifft auf Parmesan 66
Wasser 194
Wasserhaushalt 161
Wasserlösliche Vitamine 9, 172

Weiche Haferkekse 100
Weihnachtsbäumchen aus grünen Erbsen 92
Weintrauben 29
Welpen 137

Y

Yamswurzel 36. *Siehe auch* Süßkartoffeln
   Lamm, Hirse und Yamswurzel bei Allergien 149
   Rind und Yamswurzel für ein gesundes Herz 162
Yucca schidigera 94

Z

Ziegenkäse 37
Zink 8, 164
Zusatzstoffe 181
Zutatenliste 182
Zwiebeln 30

ABBILDUNGSVERZEICHNIS

S. ii © Andrews McMeel Publishing
S. v, xiii, xx © Rick Woodford
S. 1 © Jun Xiao - shutterstock.com
S. 19 © Jaromir Chalabala - shutterstock.com
S. 27 © schubbel - shutterstock.com
S. 53 © Annette Schaff - shutterstock.com
S. 81 © Rob Kemp - shutterstock.com
S. 103 © AVAVA - shutterstock.com
S. 137 © Jarun Ontakrai - shutterstock.com
S. 145 © MitjaM - shutterstock.com
S. 179 © dogboxstudio - shutterstock.com
S. 191 © Aux trois couleurs - shutterstock.com
Alle weiteren Abbildungen © Alicia Dickerson Griffith, www.fourleggedphoto.com

Dr. W. Jean Dodds & Diana R. Laverdure

NUTRIGENOMIK FÜR HUNDE

Die neuesten Erkenntnisse der Genforschung für die optimale Ernährung

312 Seiten, geb., € 29,80

Dieses Werk vermittelt bahnbrechende Erkenntnisse auf dem Gebiet der Hundeernährung. Es zeigt, wie Sie die Zellgesundheit Ihres Hundes, den Garant für ein langes, aktives Leben, allein durch das optimale Futter erreichen und bewahren.

Die renommierte Tiermedizinerin Jean Dodds und die Expertin für Hundeernährung Diana Laverdure beziehen sich dabei auf die Ergebnisse der noch jungen, vielversprechenden Wissenschaftsdisziplin Nutrigenomik, die das Zusammenspiel zwischen Genen und Ernährung untersucht.

Entscheidend für unsere Gesundheit und die unseres Hundes ist, wie die Nahrung, die wir aufnehmen, zu unseren Zellen „spricht" und dadurch die Genexpression reguliert. Die Gene, mit denen wir auf die Welt kommen, sind zwar nicht veränderbar, aber wir können ihr Verhalten steuern. Genau hier setzen die Autorinnen an. Sie zeigen, wie herauszufinden ist, welche Nahrungsmittel die Genexpression und Zellgesundheit optimal fördern und welche zu chronischen Krankheiten führen. Mit bestimmtem Futter ist es möglich, Erkrankungen wirksam zu behandeln und zu heilen. Dodds und Laverdure haben „drei Schlüssel" erarbeitet, mit denen Sie künftig das Hundefutter gemäß den Prinzipien der Nutrigenomik zusammenstellen können. Selbst Futtermittelunverträglichkeiten können Sie zukünftig wirksam behandeln.

Zak George

REVOLUTION IM HUNDETRAINING

Hundeerziehung durch liebevolles Training

288 Seiten, geb., € 19,80

Denken Sie darüber nach, sich einen Hund zuzulegen? Oder haben Sie sogar schon einen? Dann ist dieses Buch genau für Sie gemacht! Der berühmte Hundetrainer Zak George – bekannt von YouTube und aus vielen Fernsehshows – hat sein Insiderwissen für Sie gebündelt. Herausgekommen ist eine Revolution: Erlernen Sie die humansten und effektivsten Methoden für Hundetraining, -haltung und -erziehung!

Hunde sind intelligente Lebewesen mit einer ausgeprägten Fähigkeit zu lieben. Und genau diese Fähigkeit ist es, die Menschen geradezu verrückt nach ihnen macht. Zak George hat mit Tausenden Hunden gearbeitet. Sein Border Collie Venus hat Zak vor Langem gezeigt, dass Hunde umso einfacher lernen, je mehr die Beziehung zu ihnen an oberster Stelle steht. Und dass eine Kommunikation, die von Herzen kommt, erstaunliche Ergebnisse erzielt.

Zak George hilft Ihnen bei der Auswahl des Hundes, beim Eingewöhnen, er informiert über Futter, Erziehung und Sozialisierung bis hin zu den Themen Pflege und Gesundheit. Sie finden in diesem Buch eine Einkaufsliste, eine Anleitung, wie Sie Ihr Zuhause hundesicher machen, Notfall- und Checklisten sowie begleitende YouTube-Videos. Zak erklärt, wie Sie auftretende Verhaltensprobleme lösen können – beispielsweise unaufhörliches Bellen, zerstörerisches Verhalten, Zwicken und Anspringen. Er berät zu den Themen Reisen und Arbeit. Und er gibt Ihnen wertvolle Übungen und coole Tricks an die Hand.

Schaffen Sie gemeinsam mit Zak die Rahmenbedingungen für etwas, das sich zu einer der liebevollsten und erfüllendsten Beziehungen entwickeln kann, die Sie jemals haben werden.

Richard Pitcairn & Susan H. Pitcairn

Natürliche Gesundheit für Hund und Katze

Die neuesten Erkenntnisse der Genforschung für die optimale Ernährung

616 Seiten, geb., € 39,–

Dieser Leitfaden liefert eine unglaubliche Fülle an wertvollen Hinweisen zur Gesunderhaltung von Haustieren in ihren unterschiedlichen Lebensphasen. Die englische Ausgabe ist mit über 500.000 verkauften Exemplaren bereits ein Bestseller.

Richard Pitcairn ist der wohl bekannteste homöopathische Tierarzt in den USA. Auf 600 Seiten gibt er wichtige Empfehlungen zur homöopathischen Behandlung und zu naturheilkundlichen Maßnahmen bei den häufigsten Erkrankungen von Hund und Katze.

Die Gesundheit fängt bereits beim Tierfutter an. Kritisch hinterfragt Dr. Pitcairn dessen Zusammensetzung und gibt einfache Rezepte für selbst gemachte Tiernahrung sowie spezielle Hinweise für kranke Tiere. Dr. Pitcairn gibt Antworten auf viele Fragen: Wie wähle ich ein gesundes Tier? Wie pflege ich ein krankes Tier? Wie erfolgt die Sterbebegleitung?

Die praktischen Behandlungshinweise reichen von Beschwerden wie Allergien, Haarausfall, Hauterkrankungen, Würmern, Appetitverlust, Durchfall, Husten und Augenerkrankungen über Vergiftungen und Notfälle, Epilepsie, Probleme nach Impfungen und Kastration bis zur Hüftgelenksdysplasie, Arthrose, Tumoren, feliner Leukämie, Toxoplasmose, Staupe und Verhaltensproblemen. Ein Ratgeber, der sowohl Tierhaltern als auch Therapeuten eine unglaubliche Fülle an wertvollen Tipps gibt.

Peter Gregory

Praxisbuch Tierhomöopathie

Grundlagen, Miasmen, Fallaufnahme und Mittelbilder

568 Seiten, geb., € 69,–

Peter Gregory zählt zu den erfahrensten homöopathisch arbeitenden Tierärzten Großbritanniens. Sein besonderes Engagement gilt dabei der homöopathischen Ausbildung.

Dieses Werk gibt eine fundierte Einführung in die veterinärhomöopathische Praxis. Dabei sind die Erklärungen äußerst originell und basieren auf der großen Erfahrung Gregorys. So schildert er die Miasmen aus einem neuen Blickwinkel und erklärt, warum z. B. Jagdhunde tuberkulinisch sind.

Besonders wertvoll ist der große Materia-Medica-Teil, der fast die Hälfte des Buches ausmacht. Dabei geht er über die in der Tierhomöopathie oft noch üblichen Mitteleinzelbeschreibungen hinaus und erklärt viele der Polychreste anhand ihrer Familienzugehörigkeit. So vermittelt er z. B. das Mittelbild Sepia in Bezug auf die Meeresmittel sowie Pulsatilla und die Hahnenfußgewächse. Die Mittelbilder sind originell und durch die Beziehung zur Mittelfamilie leichter zu verstehen und zu verinnerlichen.

Weitere Themen sind u. a. die Konstitution, Fallaufnahme mit Übungen zur Entwicklung der Achtsamkeit, Erst- und Folgeverschreibungen, Potenzwahl, Supervision, Betreuung von sterbenden Tieren und die Zukunft der Tierhomöopathie. Ein erfrischend neuer Leitfaden, der kaum einen Wunsch offenlässt.

Sue E. Armstrong

Grundlagen der homöopathischen Krebstherapie bei Tieren

208 Seiten, geb., € 49,–

Homöopathie hat sich auch bei Tieren in der Krebstherapie schon seit vielen Jahren bewährt. Die britische Tierärztin Sue Armstrong konnte in über 30 Jahren umfangreiche klinische Erfahrungen bei der homöopathischen Behandlung von tierischen Krebspatienten sammeln.

Im ersten Band ihrer Schriftenreihe erläutert die erfahrene Tierärztin umfassend die Möglichkeiten der Homöopathie. Zunächst geht sie auf die Grundlagen der Krebsentstehung ein, genetische Ursachen und beschreibt die Rolle von entzündlichen Prozessen und von Sauerstoff. Im Hauptteil bespricht die Autorin die Entwicklung der homöopathischen Krebsbehandlung – von Hahnemann bis heute – und zeigt erfolgreiche Ansätze berühmter Therapeuten wie Kent, Grimmer, Ramakrishnan und Burnett auf.

Ausführlich beschreibt Sue Armstrong ihren bewährten Ansatz. Dabei unterscheidet sie verschiedene Stadien. So kann bei stark gefährdeten Tieren mit noch keiner augenscheinlichen Krebserkrankung bereits prophylaktisch durch Ernährungsumstellung und miasmatische Behandlung viel erreicht werden. Bei bestätigtem Tumor wird die Therapie abhängig vom Krebsstadium differenziert und erwogen, ob z.B. ein chirurgischer Eingriff nötig ist. Eindrückliche Fallbeispiele dokumentieren ihr Vorgehen. Das Werk wird abgerundet von einer übersichtlichen Materia Medica der Krebsmittel.

Francis Hunter

Homöopathie für Tiere

Natürliche Hilfe bei den wichtigsten Beschwerden – für Hunde, Katzen, Pferde, Vögel, Hamster, Kaninchen, Ziegen, Schildkröten und viele weitere Tierarten

432 Seiten, geb., € 34,–

Die Homöopathie hat sich seit vielen Jahren bei den verschiedensten Tierarten bewährt. Dieser Ratgeber beschreibt auf einmalige Weise die homöopathische Behandlung von über 20 Haustierarten – von Hund und Katze über Reptilien, Vögel bis hin zu Schafen und Pferden. Der englische Tierarzt Francis Hunter blickt auf über 40 Jahre Erfahrung mit der Homöopathie zurück und ist wie kein anderer geeignet, dieses Werk zu verfassen.

Praxisnah erläutert er die wichtigsten Beschwerden und deren homöopathische Behandlung – von Verletzungen und Husten beim Pferd, Euterentzündung bei der Kuh, Fußfäule beim Schaf, Durchfall bei der Ziege, Abszessen beim Schwein bis hin zu Hüftfehlbildung beim Hund, Blasenentzündung bei der Katze, Parasiten beim Vogel und Hamster, Bissverletzungen beim Frettchen und vielem mehr. Ausführlich werden auch Erste-Hilfe-Maßnahmen besprochen.

Es gibt wohl kaum ein Werk, welches in dieser Kompaktheit so viele spezifische Erkrankungen beschreibt. Daneben enthält das Buch eine umfassende Arzneimittellehre sowie praktische Anhänge, die zum Beispiel erklären, was in die homöopathische Hausapotheke gehört. Ein Werk, das für Anfänger geeignet ist, schnell und sicher zur Mittelwahl zu kommen, aber auch für erfahrene Homöopathen ungewöhnliche Tipps parat hält.

Gertrud Pysall

DAS GEHEIMNIS DER PFERDESPRACHE

Wie gelingt die Kommunikation mit meinem Pferd?

304 Seiten, geb., € 29,–

Die meisten Pferdebesitzer würden behaupten, dass ihr Pferd ihnen vertraut. Aber wenn sie in sich hineinhorchen, dann stellen nicht wenige fest, dass etwas fehlt. Es ist diese letzte Distanz, diese durchsichtige und doch undurchdringliche Wand, die zwischen dem Tier und seinem Menschen zu stehen scheint.

Gertrud Pysall hat es sich zur Aufgabe gemacht, diese Wände beiseitezuschieben, den Weg frei zu machen und diese Verbindung zwischen Pferd und Mensch herzustellen. Dafür hat sie die Sprache und das Verhalten domestizierter Pferde erforscht und analysiert.

Die artspezifische Kommunikation mit dem Pferd ermöglicht den echten Zugang zur Pferdeseele – denn viele scheinbar gewaltfreie Ausbildungsmethoden bedeuten Stress für das Tier und sind weder sanft noch artgerecht.

Oft sind es scheinbar unbedeutende Gesten und Handlungen, die aus Pferdesicht aber eine immense Bedeutung haben – denn Pferde reden immer! In der Stallgasse, auf dem Weg zur Weide oder beim Ausritt – Pferde sind richtige Kommunikationstiere und haben dem Menschen gegenüber „Redebedarf". Genau dort setzt das MOTIVA-Training an.

Gertrud Pysall hat die Pferdesprache für den Menschen sprechbar gemacht. Damit gibt sie Pferdebesitzern, aber auch Tierärzten und Therapeuten eine hocheffektive Kommunikationshilfe an die Hand, die sich in allen Situationen des täglichen Umgangs mit Pferden einsetzen lässt. Auch wer glaubt, schon „alles darüber zu wissen", dürfte nach der Lektüre des Buches überrascht sein. Lernen Sie auf Dinge zu achten, denen Sie vorher gar keine Bedeutung beigemessen haben. Erleben Sie den erstaunten Blick Ihres Pferdes, wenn Sie plötzlich etwas „zu sagen" haben.

Kevin Richardson

DER LÖWENFLÜSTERER

Mein Leben unter den Großkatzen Afrikas

280 Seiten, geb., € 19,–

In diesem Werk erzählt der berühmte Löwenflüsterer Kevin Richardson über sein Leben und wie er zu der innigen Beziehung zu Löwen, Hyänen und weiteren Wildtieren kam. Wir hören von den Löwen Napoleon und Tao, die er seine „Brüder" nennt, von der ungewöhnlichen Löwin Meg, der Richardson das Schwimmen beibrachte, dem wilden Tsavo, der ihn fast umbrachte, und der rührenden kleinen Hyäne Homer, die ihr erstes Lebensjahr nicht vollenden konnte.

Ein ungewöhnliches Buch, dass einen tiefen Einblick in die Seele dieser Tiere gibt und viele Vorstellungen über Raubkatzen infrage stellt.